# 昭和史の真実

渡部昇一

PHP文庫

○本表紙図柄＝ロゼッタ・ストーン（大英博物館蔵）
○本表紙デザイン＋紋章＝上田晃郷

# はじめに

今年（平成二十七年〈二〇一五〉）は大東亜戦争（アメリカ側の呼称では太平洋戦争）の終結以来七十年ということで、いろいろの話題が出されている。

私は今年、八十五歳になる。小学校に入ったときにシナ事変（のちに日華事変、戦後は日中戦争）が始まり、小学五年生のときにアメリカ、イギリスと戦争が始まり、終戦のときは中学三年生であった。つまり私は日本が戦争しているあいだ、ずっとそれを切実な気持ちで眺める立場にあった。「子供に何がわかるか」という意見もあろうが、当時の日本の男の子はすべて軍国少年といってよかった。「そのうち自分も戦場に行くことになるかもしれない」という気持ちで育っていたのである。

今日の子供たちはサッカーなどに興味があり、自国以外の選手のことにも詳しかったりする。われわれが子供のときの戦争に関する興味や関心は、その十倍、百倍も鋭敏だったと思われる。アメリカやイギリスの軍艦の名前を覚えることや、その大砲の口径などに関する知識でも子供同士で競い合ったものである。何しろすぐ近所の人たちが戦場に行き（シナ事変の頃は帰還した人もいた）、また親類や知人からも、戦死する人が出ていた。いまの子供のサッカーに対する関心とはまるで次元が違うのだ。

こんな記憶もある。私と次姉が口喧嘩したことがあった。それは私が親から贔屓されているという不満を次姉が主張したことから起こった。すると母が出てきて、こういったのだ。

「男の子はいつ戦争に行くかわからないものなあ」

それで次姉は黙ってしまった。

実際の戦場に、私が出ることはなかった。被爆の経験もないし、外地からの引揚げの苦労も知らない。学徒勤労動員で土木工事や開墾作業や学校工場などで働かされたにすぎない。戦争中の日本では最も戦争から遠い所にいたことになる。ところが逆説的になるが、かえって戦争全般を見渡すときに、それは有利な立場にあったのではないかと思われるのだ。

こういう考えを持ったのは私だけでない。外交官であった故・岡崎久彦氏も同じような考えを持っておられて、こんな主旨のことを語られたことがある。

「会社が潰れた場合、それについて全体がわかる人は社長とか重役しかいない。係長ぐらいでは状況全体の把握などできるわけがない。日本が敗戦したときも、その全体のことがわかる立場にいた人は、いわゆるA級戦犯といわれたぐらいの人たちだろう。ところが戦後は、破産会社の係長ぐらいの人たちが戦争全体を把握していたかのように語っている。むしろ戦争全般を見渡せる立場にあったのは、昭和五年前後に生まれた（岡崎氏も私も昭和五年生まれ）戦争当時の中学生だったのではないか」と。

これには私も同感するところがあった。何とかというお経の中にある「群盲象ヲ撫ズ」という言葉が思い出されてならなかったからである。これは何人かの盲目の人が象を撫でる話である。象の腹を撫でた人は太鼓のようだといい、牙を撫でた人は角のようなものといい、足を撫でた人は太い柱のようなものだといい……といった具合になる。各人が、確実に体験したことだからと主張して譲らない。しかし、それは嘘ではないのだ。

この場合、遠くから象を眺めてスケッチした少年がいたとしたらどうか。少年は象のどこにも触れておらず、スケッチはごくごく簡単な、かつ不正確なものであろう。しかし象の一部に触れた人の話よりも象の実態に近いのではないか。

岡崎氏のいわれた昭和五年前後生まれの少年たちの多くは、戦争のどの分野にも全身を挙げて関わることはなかった。しかし戦争には激しく鋭い関心を持ち続けた。新聞を読み続け、『週報』〈昭和十一年〈一九三六〉から終戦の年まで発刊された週刊の政府広報誌〉さえ読み続けた者もいた。ラジオも聴けた。戦時中の大本営発表も聞き続けた。

そして戦後は、戦記物や手記物をいろいろ読み続けて、傘寿も超えた。戦後に出た外国のものも読む機会があったし、東京裁判も知り、パル判決書も東條英機大将の宣誓供述書も、マッカーサーの米国上院軍事外交委員会の証言も比較的偏見なく――つまり自分の個人的体験に左右されることが少なく――視野に入れてきたように思う。

たまたま終戦七十年ということもあって、現在のエリート官僚を中心とした小グループのために、この前の戦争について語る機会をいただいた。昭和史の通史はいろいろ出ているわけだから、私は通史では扱いにくいが、昭和史の理解のためには必要な事柄を数回にわたって座談的に語ることにした。戦前・戦中の雰囲気を伝えるのに効果的なものに、軍歌や歌謡曲がある。その頃、私や同級生たちがよく歌い、私がいまでも歌うことのできるものを入れたのはそのためである。

そもそも通史的に昭和史を語ることではなく、私が個人的に昭和史の理解に役立ちそうなことを数回にわたって語ったものが一冊の本になったのは、ＰＨＰ研究所学芸出版部の川上達史氏の努力のおかげである。そのおかげでできたこの本が、「戦争を知らなかった人たち」の昭和史理解に少しでもお役に立つことができれば幸甚である。

平成二十七年六月廿日

渡部昇一

# 昭和史の真実

●目次●

はじめに　3

## 第一章　誰が東アジアに戦乱を呼び込んだのか

「客観的かつ科学的な歴史」という偽り　18
あの当時、相手側が何をしたのか　21
張作霖はソ連にとっての大いなる邪魔者　25
イギリスはわかっていた　29
田中隆吉vs『紫禁城の黄昏』　35
「ノモンハン事件は日本の大敗北」は誤り　39
司馬遼太郎がノモンハンを書かなかった理由　46

日本軍は負け方を知らなかった　49
エリート軍人たちと「ガッツ」　51
なぜ大バクチは画竜点睛を欠いたか　56
上層部は身内をかばい、責任は現場に　59
ガダルカナルに大和は出撃しなかった　62
シナ側が仕掛けたシナ事変　64
土鼠（もぐら）退治と高笑い　68
コミンテルンが東アジアに戦乱を呼び込んだ　72
「講談としての歴史」の重要性　77

## 第二章　軍縮ブームとエネルギー革命の時代

「明治の精神」の死　82
シビリアン・コントロールを知っていた木越安綱　85
「みんなみんなやさしかったよ」　88
ドイツでさえ軍部大臣現役武官制ではなかった　92

些細なことが大きな出来事に　93
連合国から感謝された日本艦隊　96
シナの宣伝で嵌められた「対支二十一カ条」　99
シベリア出兵と尼港事件の惨劇　103
「軍人には娘を嫁がすな」　108
日英同盟廃棄という致命的な失敗　111
尊王攘夷とアジア主義　115
日本はアメリカにしてやられている　117
なぜ「九カ国条約」を見直さなかったか　120
いわゆる「不戦条約」の偽善　123
当時の指導者の不見識は何に起因するのか　124
悲劇の時代を率いた「教育勅語を知らない世代」　130
四個師団廃止と軍の近代化を進めた日本　134
宇垣軍縮を理解できなかった将軍たち　137
「石炭の煙」で日露戦争に勝ったが　139
満洲にアメリカの石油会社を招致すればよかった　143

資源問題の軽視は、あまりに愚 146

## 第三章 社稷を念ふ心なし——五・一五事件への道

若者に歌い継がれた『青年日本の歌』 152
「軍人さんに占領されているみたい」の真相 157
「右翼の社会主義者」の強烈な主張 161
特高の取り締まり対象は左翼より右翼 165
保護貿易と金解禁がもたらした昭和恐慌 169
天才・高橋是清の貢献も時すでに遅し 173
喜んで売られていった娘さんもいた 175
「統帥権干犯問題」を煽ったマスコミ 178
ジョン・ダワーの「日本人発狂説」 181
派閥意識が少なかった「薩の海軍」 184
ロンドン軍縮会議をめぐる大問題 188
「条約派」と「艦隊派」の対立という悲劇 191

陸軍大将・上原勇作という人物 193
未遂に終わったクーデター・三月事件の衝撃 196
半年後に再び計画された十月事件 202
首謀者たちに下されたきわめて甘い処分 206
海軍の青年将校が主導した五・一五事件 208
そして減刑嘆願書が山積みにされた 211

## 第四章 二・二六事件と国民大衆雑誌『キング』

田中・宇垣派と上原派の対立の行方 218
荒木・真崎時代の到来 222
「反皇道派」の巻き返し 225
叛乱の前触れ――十一月事件の波紋 229
永田鉄山斬殺事件 232
叛乱勃発と昭和天皇の激怒 234
息を吹き返した「軍部大臣現役武官制」 239

軍隊は民主主義のルールには臆病である 243
恐怖心、パイプ断絶、日本人軽侮 245
なぜ三国同盟が結ばれてしまったか 250
事件の背景にある国際的な軍拡競争 255
国家社会主義に幻惑された日本人 257
『キング』が伝える昭和十一年の日本 260
日本人は本来「自由」を愛する国民だったのに 263

## 第五章　満洲事変と石原莞爾の蹉跌

なぜ満洲が重要だったのか 270
アメリカとソ連が火をつけた「民族自決」 274
幣原外交の致命的失敗 278
激化する革命外交と排日運動 282
満洲事変への批判を招いた幣原外相の罪 284
どう考えても大義名分が立つ行為だった 287

崇高だった五族協和の理念　291
なぜ満洲国のみで自重できなかったか　295
参謀本部が止められなかったシナ事変　298
南京大虐殺という虚説を封じる反論　302
虐殺後の南京に「汪兆銘政府」ができるか？　305
反省すべきは説得できなかった力量不足　308

## 第六章　人種差別を打破せんと日本人は奮い立った

「卑怯な黄色い人間に負けてたまるか」　314
名実ともに人種差別国家だったアメリカ　317
渋沢栄一の「悔し涙」演説　321
人種平等案否決が大東亜戦争の遠因　333
日本型資本主義の精神と渋沢栄一　337
ハリマン提案を蹴った「深みのなさ」　340
西洋人たちに見下されてたまるか　344

早熟度がはげるとき 347
なぜ「ガッツ」のない人間ができるのか 351
華々しく勇敢だった若者に去来した思いとは 353
なぜ対英米開戦に爽快さを覚えたのか 358
大東亜会議を再評価せよ 361
アジア独立こそ日本の生きる道だった 366
最後まで失われなかった誇り 368

## 第七章　歴史を愛する日本人の崇高な使命

真珠湾攻撃を「騙し討ち」にした大失態 374
宣戦布告遅延の責任はどこにあるのか 377
「軍国主義」より「官僚制度の罪」を猛省せよ 379
世界に恥ずべき虚構を広めた朝日新聞 382
なぜシナや韓国は反日に熱を上げるのか 386
「敗戦利得者」が強調した「暗い戦前」 390

「捧げし人のただに惜しまる」 395
マッカーサーは東條証言をそのまま認めた 398
なぜ重要な証言が知られなかったのか 404
太平洋戦争における最大のリビジョニストはマッカーサー 407
身をもって体験した「赤化の危険」 410
国連で喝采されたA級戦犯 414
「サンフランシスコ平和条約第十一条」問題 417
東京裁判史観が崩れるとき 422
日本の情報を世界に発信する重大性 424
欧米の言葉・文脈・文化の中で反駁（はんばく）せよ 427
英訳『細雪』がシナ事変を伝えてくれる 429
歴史を取り戻そう 433

# 第一章

# 誰が東アジアに戦乱を呼び込んだのか

## 「客観的かつ科学的な歴史」という偽り

作家の半藤一利氏が書いた『昭和史』（平凡社）は大変によく売れた本だ。昭和元年（一九二六）から敗戦までと戦後篇の二冊があるが、平成二十七年（二〇一五）現在で累計七十万部を超えるベストセラーになっている。昭和史としては日本で最も多く読まれた書の一つともいえるだろう。

私は半藤氏をよく存じ上げている。彼が月刊誌『文藝春秋』の編集長を務めていた頃、企画などをよく頼まれていたのだ。半藤氏は教養あるジェントルマンで、奥さんは夏目漱石のお孫さんである。私と同い年で、大東亜戦争にも大変興味を持っておられ、戦後、司馬遼太郎氏をはじめ、いろいろな人と交流を持ちつつ多くの関係者に取材し聞き書きを行なっておられる。

だから、半藤氏の『昭和史』に書かれていることは、時代の一面を非常にうまく切り取っている。口述を文章にまとめたものだから、とても読みやすく、面白いエピソードも数多く入っている。どの話も事実であろう。

だがしかし、そうであるがゆえに、ある意味で危険ともいえる面がある。そのことを、本書の冒頭でぜひ示しておく必要がある。

私の見るところ、半藤氏は終始、いわゆる「東京裁判史観」に立っておられる。つまり、東京裁判が日本人に示した（言葉を選ばずにいえば、日本人に「押し付けようとした」）歴史観の矩を一切踰えていない。

戦後、占領軍の命令で、東京裁判（極東国際軍事裁判、昭和二十一年〈一九四六〉～二十三年〈一九四八〉）のためにあらゆる史料が集められた。それがあまりに膨大なものであったため、それらの史料こそが「客観的かつ科学的な歴史」の源であり、それらなしには二度と昭和史の本を書くことができないような印象さえ世間に与えた。

だが、実はこの「客観的かつ科学的」というのが、大きな偽りなのである。

一般にはあまり知られてこなかったことではあるが、終戦直後に、七千点を超える書籍が「宣伝用刊行物」と指定されて禁書とされ、GHQの手で秘密裏に没収されている。その状況については、現在、西尾幹二氏が著作を発表されておられる。

また、当時の日本人の多くが気づかないうちに、戦後のメディア報道はきわめて厳重に検閲され、コントロールされていた。そのことについては、江藤淳氏の労作をはじめ、さまざまな研究がなされている。

さらに、これは気をつけなくてはならない点だが、そのような状況下で「歴史観」がつくられていくと、実際に体験をした人の「記憶」も巧妙に書き換えられていくのである。なぜなら、全体を見渡せるような立場にいた人は少ないからだ。自分が経験したことは、大きな時代の流れの一局面にすぎない。だから、外から「実はお前がやらされていたことは、こういう動きの一部分なのだ」と指摘されると、「そんなものかなあ」と思わされてしまうことも多い。

また、それに輪をかけて気をつけなくてはいけないのが、実際に体験した人々の話を編集したり、聞き書きする人の歴史観である。体験談は多くの場合、もちろん編集者の目を経て発表される。しかも体験者はプロの書き手ではないから、誰かに聞き書きをしてもらうことも多い。その編集者や、体験談をまとめる書き手が一定の歴史観に縛られていたとすれば、残された「記録」の方向性に大きなバイアスがかかってしまうのである。

戦後のメディアの「言論空間」の中では、編集者や書き手の歴史観が、大きく東京裁判に影響されたことはいうまでもない。

東京裁判以後の歴史観が、残された史料によって必然的に「東京裁判史観」に墜ちていってしまうのは、このような背景があるからだ。また、戦争の時代を生きた当事者の聞き書きだからといって、簡単に「『東京裁判史観』の影響を受けていない歴史の真実だ」と断ずることができないのも、いま指摘した通りだ。

## あの当時、相手側が何をしたのか

さらに、「あの当時、相手側が何をしたのか」をきちんと書かないと、「戦争をしたがる日本人がどんどん堕落して馬鹿な戦争を始め、彼らのせいで罪なき日本人が戦地で無残な死を遂げ、空襲で焼かれ、ついには原爆を落とされて負けた」という一方的な話になってしまう。これは非常に危険なことである。

その一例として、「満洲事変」のことを考えてみよう。

東京裁判は、日本の侵略戦争の始まりは満洲事変（昭和六年〈一九三一〉）だと断定した。半藤氏も次のように書いておられる。

〈（前略）強国になった日本を保持し、強くし、より発展させるためにはどうしても朝鮮半島と満州を押さえておかなければならない。未来永劫（みらいえいごう）に。それにはどんど

張作霖

ん悪化しつつある状況にどう対応すべきか、問題をどう処理すべきか、これが日本にとっての大使命であり、昭和の日本人がもっとも解決を急がされる命題としてつきつけられた。ここから昭和がはじまるのです。

昭和史の諸条件は常に満州問題と絡んで起こります。そして大小の事件の積み重ねの果てに、国の運命を賭した太平洋戦争があったわけです。とにかくさまざまな要素が複雑に絡んで歴史は進みます。その根底に〝赤い夕陽の満州〟があったことは確かなのです〉

現在の日本人の中には、このような意見を聞いて心の底から納得する人も多いだろう。「なぜ軍部は満洲などという地を手に入れようとしたのか。そんなところに進出して、ズルズルと戦線を拡大させた馬鹿な軍部エリートのせいで、日本は悲惨な末路を迎えることになったのだ」――そう考えている人も多いはずだ。

その満洲事変の遠因になったのが張作霖爆殺事件（昭和三年〈一九二八〉）である。

これは関東軍参謀の河本大作大佐を首謀者とする日本陸軍の陰謀だということになっており、歴史を研究している人たちの多くも、いま普通にそう考えている。

私は平成十八年（二〇〇六）に出版した『東條英機　歴史の証言』（祥伝社）で、同事件について検証したことがある。

田中義一首相は当初、容疑者を軍法会議で処罰すると上奏したが、陸軍の反対で果たせず、事件をうやむやのうちに処理しようとした。それに怒った昭和天皇は田中首相を叱責し、田中内閣は総辞職した。田中首相は昔気質の元軍人で、天皇陛下の信任を失ったことを気に病み、悶死したともいわれている。

では、張作霖爆殺事件は日本軍の仕業だったか。

田中義一

実は近年、その戦後の通説を覆す見方がいろいろ出てきた。たとえば精力的に近現代史を研究しておられる加藤康男氏が、近年イギリスで公開されたイギリス課報機関の情報を調査して、当時、イギリス側ではそのときの爆薬まで分析していて、それがソ連製であることもつかんでいたことを突き止めたのである（同氏著『謎解き「張作霖爆殺事件』〈PHP研究所〉)。当時はイギリスの諜報員も数多くシナに入り込んでいたから、飛散した爆弾の破片を集めて持って行ったのだろう。彼らはそれを分析してソ連製の爆弾だと踏んだのだ。

張作霖は北京から奉天に向かう京奉線の列車に乗り、奉天を目指していた。そして奉天近郊まで来たとき、京奉線の上を満鉄(南満洲鉄道)が交差する高架橋の付近で爆発が起き、殺害されたのであった。通説では、河本大作大佐が高架橋の先の線路脇に爆薬を設置して爆殺したとされている。だが、同事件の現場検証の写真をよく見ると、壊れているのは張作霖が乗っていた特別列車の天井であり、線路が爆破されているのではないのである。

加藤氏によれば、イギリスの公文書館にも事件の写真が数多く残っていて、いずれも線路の爆破ではないことを証明しているという。MI6も、列車内に爆薬が仕掛けられていて、それが高架橋下で点火され爆発した結果だと報告しているという。そういわれれば、京奉線の線路は大丈夫で、車両の天井が吹き飛んでいるのも不思議でも何でもない。

私はそこまでは知らなかったが、東京裁判のときにも河本大作が生きていて、中国国民党の山西軍に協力していたことが不思議でならなかった。彼は第二次国共内戦（昭和二十一年〈一九四六〉～二十四年〈一九四九〉）で中国共産党軍に敗れて戦犯として逮捕され、収容所で死んでいるが、河本大作がそれほどまでに悪い陰謀を手がけた男なら、連合国はなぜ彼を東京裁判に引き出さなかったのか。

加藤康男氏は、左翼に転向した張学良が、父親である張作霖を殺そうと図ったという説を提示しておられるが、たしかにそう考えると、腑に落ちることがいくつもある。

張学良ならば、父の張作霖が乗っている車両の中に時限爆弾を置くことは難しくはなかっただろう。手下を送って車内で爆弾を爆発させることも可能だったはずだ。もちろんこれは仮説ではあるのだが。

もしくは、関東軍の中にも左翼のシンパがいて、そういう手引きをしたのではないかという説もある。河本大作は左翼で、ソ連の特務機関が手を下したとの説を唱える人もいる。張作霖の暗殺計画に乗っていたのではないか、というのだ。

## 張作霖はソ連にとっての大いなる邪魔者

われわれが忘れてはならないのは、すでに大正十一年（一九二二）にはロシアに共産党政権ができていて、共産主義を世界に広げるべく活発な活動を行なっていたことだ。

大正六年（一九一七）のロシア革命で成立したソビエト連邦は、さらに革命を世界に広めていくことを真剣に模索した。そのための機関がコミンテルン（共産主義インターナショナル〈第三インターナショナル〉）である。当初、コミンテルンが目指したのはヨーロッパ、とくにドイツにおける共産革命であった。だが、第一次世界大戦後、ドイツで共産革命を目指したスパルタクス団が暴動を起こすものの失敗し（一九一九年）、指導者のカール・リープクネヒトやローザ・ルクセンブルクが殺害されるに至って、この路線は完全に失敗する。大正十三年（一九二四）にレーニンが死去し、スターリンの時代になると、スターリンは「一国社会主義」（ソ連だけで社会主義国家を建設していく）という方針を打ち出しつつ、矛先を東アジアにおける主要な仮想敵である日本に向けるようになっていく。

コミンテルンの手法は、敵の政権内部に共産主義者を浸透させて内部から攪乱（かくらん）・崩壊を狙うことである。現実に、ソ連のシンパが、日本陸軍や外務省など政権中枢に入り込んでいた形跡もある。

そしてソ連の対日戦略において、重要な場となったのがシナであった（ちなみに本書ではいわゆる「中国」のことを「シナ」と表記することを標準とする。それは本来、「中国」という言葉が「自分にとって一番大切な国」という意味であって、日本でも幕末に至るまで自国〈＝日本〉を「中国」と記す例があったからだ。しかも「中国」という場合、華夷思想に基づいて、周辺国は「蛮族」だという認識も付随する。翻って「シナ」という言葉は英語の「China」と同義であり、なんら差別的意味合いはない。「中国」は中華民国、あるいは中華人民共和国の略称、あるいは現在のシナ大陸の政権を指すのに用いる）。ソ連は中国共産党と国民党にそれぞれ援助を与えつつ、両党を合作（国共合作）させ、反日運動を煽っていた。

その際、ソ連にとっての大いなる邪魔者の一人が、軍閥として満洲から華北を支配していた張作霖であった。

もともと張作霖は満洲の馬賊（盗賊などへの自衛のために結成された非合法の軍事集団、匪賊（ひぞく））に加入してめきめき頭角を現わし、日露戦争では日本軍のスパイとしても活躍した男である。日露戦争後には清朝に帰属して袁世凱（えんせいがい）に従うようになり、そして袁世凱の没後に軍閥として自立し（奉天派）、日本ともつかず離れずの協力関係を結んで「満洲王」と呼ばれるほどの権勢を振るうようになった。

張作霖はソ連が後押しする国民党や中国共産党とは対立していた。大正十五年

（一九二六）十二月に彼は北京で大元帥に就任し、自らが中華民国の主権者であると宣言している。昭和二年（一九二七）、蔣介石率いる国民革命軍（国民党＋中国共産党）が南京に侵攻し、各国領事館の人々を凌辱殺害する事件（南京事件）が起きると、張作霖は「黒幕はソ連だ」として北京のソ連大使館を家宅捜索して武器や宣伝ビラを押収。さらに共産党シンパを弾圧して、ソ連とは敵対関係に入っていたのである。

面白いことに、張作霖爆殺事件の当時、現地で調査を行なった日本軍の報告書でも外交筋の報告書でも、関東軍が列車を爆破したことにはなっていなかった。だが不思議なことに、誰が情報を抑えたのかはわからないのだが、その報告書が日本の上層部の意思決定に大きな影響を与えることはなかった。

もしかすると、日本陸軍や外務省に入り込んだソ連シンパが情報操作を行なう一方、ソ連はコミンテルンなどを使って関東軍が張作霖を爆殺したという情報を流し、日本軍を悪者に仕立て上げたのかもしれない。そういうストーリーも描けるのである。

## イギリスはわかっていた

一方で、イギリスはきちんと情報を分析していた。
そう考えていくと納得できるのだが、満洲事変が起きたあと、昭和七年（一九三二）に国際連盟がリットン調査団を派遣し、そこには団長であるイギリス人のリットン卿を筆頭に、五カ国から調査委員が加わっているのだが、彼らが作成したリットン報告書も、不思議なことに日本をあまり厳しく非難していないのである。
おそらくリットン卿は、現地における調査を重ね、張作霖爆殺事件や満洲事変における真相を知ったのだろう。だから、
〈問題は極度に複雑だから、いっさいの事実とその歴史的背景について十分な知識をもったものだけがこの問題に対して決定的な意見を表明する資格があるというべきだ。この紛争は、一国が国際連盟規約の提供する調停の機会をあらかじめ十分に利用し尽くさずに、他の一国に宣戦を布告したといった性質の事件ではない。また一国の国境が隣接国の武装軍隊によって侵略されたといったような簡単な事件でも

上海に上陸したリットン調査団（国際連盟日支紛争調査委員会）の面々

ない。なぜなら満洲においては、世界の他の地域に類例を見ないような多くの特殊事情があるからだ〉（渡部昇一解説・編『全文　リットン報告書』〈ビジネス社〉）

と、リットン報告書は日本の立場をかなり認めているのである。

さらにいえば、リットン調査団が満洲を訪れる二、三年前に、あの『紫禁城の黄昏』が出版されていたら、何の問題も生じなかったと思う。

『紫禁城の黄昏』は、清朝最後の皇帝である愛新覚羅溥儀の家庭教師だったイギリス人、レジナルド・ジョンストンの著書である。ジョンストンは当時の世界的なシナ学者で、溥儀は彼を非常に信頼していた。ジョンストンは、昭和九年（一九三四）に出版された同書に、家庭教師時代から溥儀が満洲国の元首になるまでの皇帝周辺の事情や、清朝、中華民国における歴史的な動きなどを記している。

大正十三年（一九二四）に軍閥の馮玉祥が起こしたクーデター（北京政変）により、溥儀は紫禁城を追われて北京内城にある醇親王府（北府）に住んでいた。ところが馮玉祥が北府に軍隊を差し向けてくる恐れも出てきたため、溥儀は、砂塵朦々として警戒がゆるんだ風の日に、このイギリス人の家庭教師と一緒に逃げた。実は、そこが日本公使館なのである。

レジナルド・ジョンストン（左）、婉容（皇后、中央）、イザベル・イングラム（アメリカ人家庭教師、右）

日本公使は当惑しながらも、溥儀一行を丁重に処遇した。その前後の事情を誰よりも熟知しているのがジョンストンである。彼は、

〈私はまず日本公使館へ向かっ

た。そうしたのは、すべての外国公使の中で、日本の公使だけが、皇帝を受け入れてくれるだけでなく、皇帝に実質的な保護を与えることもでき、それも喜んでやってくれそうな（私はそう望むのだが）人物だったからだ〉

（R・F・ジョンストン著、中山理訳、渡部昇一監修『完訳 紫禁城の黄昏 下』〈祥伝社黄金文庫〉）

と書いている。

ジョンストンはまた、溥儀は紫禁城から追われたことも含め、「最も凶暴な敵に対してでさえ、今までただの一言も怒りや不平を漏らしたことがない」とも書いている。巨額の年金をもらえることになっていたこともあるが、しかしある事件をきっかけに「シナに対する皇帝の態度が変化した」という。

〈皇帝と満洲帝室が大惨事に見舞われて、深い悲しみに沈んだのは、私が威海衛にいた頃だった。シナ人の先祖崇拝や、漢人と満洲人の先祖の墓に対する深い畏敬の念を多少なりとも理解する者でなければ、その嘆きがどれほど深いものか、ほとんど計り知ることはできないだろう。帝室の御陵（北京の東方にある「東陵」）が、一

九二八年七月三日から十一日にかけて、破壊され冒瀆されたのである〉（同書）

皇族の霊廟は非常に頑丈につくられていたため、犯人たちは爆薬を使って墓を暴き、宝石や貴重品を略奪した。ところが当局は、特別法廷で下級犯罪者に軽い刑罰を科したにすぎず、高位の軍人を含む首謀者を逮捕することはなかったのだ。

ジョンストンは続けて、

〈その時まで皇帝は、満洲に勢力が結集していることは知っていたものの、独立運動にはまったく関与していなかった。また、皇帝自身が先祖の故郷の満洲へ戻るよう誘われる可能性についても、まともに考えたこともなかった。（中略）だが、（中略）それまで自国と先祖を辱めたシナに向いていた顔を、三百年前に帝国の強固な礎を築いた国土に向け、満洲を注視せよと、先祖の霊魂にせきたてられているのではないか、と思ったほどだ〉（同書）

とも書いている。

満洲は当時、「No Man's Land（主のいない土地）」という言葉通りの不毛の地で、人口は少ないものの、「禁封の地」と呼ばれて漢人の入植が禁じられていたため、純粋な満洲人が多かった。この事件をきっかけに、溥儀は満洲に戻ることを意識し始めたのだ。

その後、満洲国の建国にともない、溥儀は昭和七年（一九三二）に満洲に戻り執政（のちに皇帝）に即位する。当時、満洲ではいろいろな匪賊の首領が王様気取りになっていたのだが、溥儀が戻るとすぐにその家来になった。ジョンストンは大正十四年（一九二五）に帰国し、ロンドン大学の東方研究所の所長になっている。彼は溥儀の即位を非常に喜び、自分の研究室には満洲国の旗を飾っていた。だから、この『紫禁城の黄昏』がその当時に世に出ていたら、おそらく世論が変わっていただろう。

当時のイギリスの新聞にも「イギリスは清朝の味方だった」ということが書かれ始める。「満洲を祝福すべきではないか」という論調さえあった。

そういう中で満洲国が順調に育っていけば、万事がうまくいっていたとも考えられる。

## 田中隆吉VS『紫禁城の黄昏』

中華民国も昭和八年（一九三三）に日本との間に停戦協定である塘沽（タンクー）協定を結んでいるから、事実上、日本が満洲国に有する権益を認めていたことになる。ローマ法王庁をはじめとして、ドイツ、イタリア、スペイン、ポーランドなど二十一カ国が満洲国を承認し、ソ連も満洲国の領事館開設を認めている。

当時は、欧米列強の植民地だった国々が独立した現在とは異なり、国家の数は多くなかった。国際連盟の原加盟国は四十二カ国だったから、世界の大半といってもよい数の独立国家が満洲国を認めていたのだ。

ところが東京裁判では、全般的に信用できる第一級史料の『紫禁城の黄昏』を証拠書類として採用することが却下された。

同書に記されている、溥儀が紫禁城から追われてから満洲国設立に至るまでの記述を証拠として取り上げれば、日本を侵略国家として一方的に断罪しようという東京裁判そのものの存在意義が失われてしまうからだろう。そのため満洲国は、いわば歴史から消されてしまったのである。

そもそも満洲国の建国に最も反対したのはアメリカである。そのためであろうか。戦後、チベットやウイグルがシナの侵略を受け、弾圧され、国が消滅したことは国際的なニュースになったが、戦後、中国共産党の手によって満洲人たちが弾圧され、散り散りにされたことは誰も問題にしていない。戦争で日本に勝ったアメリカをはじめとする連合国は、「満洲国は日本の陰謀によってつくられた傀儡国家である」という立場を取っているから、その存在に触れることすら見送ったのだろう。それで満洲民族は現在では「消されて」しまっている。

東京裁判は、『紫禁城の黄昏』を証拠書類として採用しなかったが、その一方で、関東軍の参謀や陸軍省兵務局長などを務めた田中隆吉を証人として重用し、多くのエピソードを語らせた。

彼は関東軍参謀時代に内蒙古を独立させようとして謀略を行ない、失敗した男である。本来は戦犯になるはずだったが、東京裁判では検事側の証人として、検事たちがつくりあげた筋書きに沿った証言を行ない、戦犯指定を免れている。同僚の旧軍人たちが巣鴨プリズンに拘置されている頃、彼の自宅にはウイスキーから何から何まで物資が豊富にあったといわれている。

田中隆吉は東京裁判で、あたかも、どんな場面でも第一証言者になれる立場にいたような口を利いていた。だが実際には、そんな立場があるはずがない。これにはインドのパル判事も疑念を抱き、自身が執筆した意見書（通称「パル判決書」）の中で、「田中は検事側が証拠の埋め草に使った」と批判している。

こうした人物の証言とは比較にならないほど信用できるのが、誰が見ても一級史料中の一級史料であるレジナルド・ジョンストンの大著、『紫禁城の黄昏』なのである。

『紫禁城の黄昏』（初版本）

私もかつて、この本が重要な史料になると考え、原書を購入しようと思ったが、なかなか手に入らなかった。イギリスの書店やアメリカの古書店組合の会長をはじめ、さまざまなところに手を回して探してもらったのだが、見つからない。ようやく神田の古書店で探し当てたが、同書を見ると、出版されてから一年の間に数版を重ねていた。

出版されてすぐに数版を重ねたような本が、わずか数十年後に英米の古書店でも、たやすく見つからないこと自体がおかしいのだ。満洲国は敵国・日本がつくった傀儡国家だという理由で、本書も白眼視され、歴史の闇に抹殺されてしまっていたのだろうか。

私はその後も『紫禁城の黄昏』の原書を探し続け、アメリカでもう一冊探し当てた。そのうち、欧米の学者たちにも、これが重要な本だということがわかってきたのであろう。幸いなことに、いまではリプリントで手に入るようになっている。

このように見ていくと、一つの事件の解釈や新資料一つで、歴史の見方が大きく変わることが、実感としてわかってくる。

半藤氏の『昭和史』は非常に面白い本である。だが、

〈いよいよ昭和に入ります。

よく「満州某重大事件」といわれますが、張作霖という中国の大軍閥の親玉が乗った汽車を、日本軍が爆破して暗殺したという、いわゆる張作霖爆殺事件について話します〉

という第一章の書き出しから見ても、張作霖爆殺事件は日本人が手を下したという話を、そのまま真に受けていることがよくわかる。

しかし、歴史の見方は必ずしも一つではないことは、いままで見てきた通りである。

## 「ノモンハン事件は日本の大敗北」は誤り

もう一つ、歴史の見方が大きく変わる事例を紹介しよう。ノモンハン事件である。

半藤氏の『昭和史』では、ノモンハン事件は日本が日露戦争〈明治三十七年〈一九〇四〉〜三十八年〈一九〇五〉〉当時のままの武器で最新鋭のソ連の機械化部隊と戦った一方的な負け戦のように書かれているが、そんなことはない。

半藤氏は平成十年（一九九八）に『ノモンハンの夏』という作品を書いている。ところが同書を書いている頃に、ノモンハン事件におけるソ連側の被害が明らかになった。それで半藤氏は困って加筆をしている。

半藤氏は『昭和史』でも、平成二十一年（二〇〇九）に発行された平凡社ライブラリー版で「こぼればなし　ノモンハン事件から学ぶもの」という章を増補し、「確かではないが」と断り書きをして、日本の戦死・戦傷者は約一万七千七百人近く、ロシアは二万五千六百五十五人という数字を入れたことを紹介しつつ、こう書いている。

〈ところが豈図らんや、日本の第一線の兵隊さんたちは、後ろのほうの参謀本部、あるいは関東軍作戦課の拙劣なる戦争指導にもかかわらず、まことに勇戦力闘したようで、日本側のほうがむしろ死傷者が少なかったと、一九九八年にロシアが発表したのです〉

私はノモンハン事件の頃は小学生だったが、当時の小学生は戦争に興味があるから、当時の記憶はわりと鮮明にある。それゆえ戦後になって、ノモンハン事件で日本が負けたと聞いたとき、非常に信じ難い思いがしたものである。

なぜかというと、当時の従軍画家が戦場で描いたノモンハン事件の画集が、実家にもあり、その印象が強く頭に残っていたからである。

その絵を見ると、見渡す限りの草原の中でソ連の戦車が燃えている。ソ連の戦車が片っ端からやられていることがよくわかったものだ。それから私は、日本の飛行機がソ連の飛行機を毎日バタバタ落とすニュースをラジオや新聞で知り、小躍りし

「ノモンハンに於ける我軍の奮戦」（鈴木御水画、『靖国之絵巻』〈昭和14年〉より、画像提供：國學院大學研究開発推進センター HP）

「ノモンハンの空中戦闘」（村上松次郎画、『靖国之絵巻』〈昭和14年〉より、画像提供：國學院大學研究開発推進センター HP）

ていた。

当時の少年たちの英雄は、撃墜数五十八機を数え、陸軍のトップエースと謳われた篠原弘道准尉である。一機落とすごとに機体の胴体に赤い星マークを描くのだが、篠原准尉の飛行機は赤い星だらけになっているという話もニュースで知っていた。

あの頃は、大東亜戦争の頃のような情報操作は、あまりなかった。日本の上層部が嘘ばかりつくようになったのはミッドウェー海戦（昭和十七〈一九四二〉）以降の話である。

大本営発表も含めて、それまでは報道はほぼ正確だったので、ノモンハンで日本が一方的に敗れたという話はおかしいのではないかと私は思っていた。

ノモンハン事件が起きた昭和十四年（一九三九）の年末に、『空の勇士』という軍歌が発表された。読売新聞社が陸軍省の後援で公募し、西条八十と北原白秋の選定で世に出された歌だ。

当時、私は九歳頃であったが、さまざまなところに遊びに行く往復のときなどに、よく歌ったものである。いまでも歌詞を五番まできっちり暗記しており、歌うことができる。これは当時の子供たちが歌詞を覚える競争をしていたからであろう。記憶が川遊びと結びつくのは、考えてみるとノモンハン事件の頃は夏だったのだ。

『空の勇士』（大槻一郎作詞、蔵野今春作曲）

1　恩賜の煙草を　いただきて
　あすは死ぬぞと　決めた夜は
　広野の風も　腥く

ぐっと睨んだ　敵空に
星が瞬(またた)く　二つ三つ

2

すわこそ征(ゆ)けの　命一下
さっと羽ばたく　荒鷲へ
何を小癪(こしゃく)な　群雀(むらすずめ)
腕前見よと　体当たり
敵が火を噴く　墜ちてゆく

3

機首を回(かえ)した　雲の上
今の獲物を　見てくれと
地上部隊に　手を振れば
どっと揚った　勝鬨(かちどき)の
中の担架が　眼に痛い

4

しめたぞ敵の　戦車群

待てと矢を射る　急降下
煙る火達磨（ひだるま）　あとにして
悠々還る（かえ）　飛行基地
涙莞爾（かんじ）と　部隊長

5　世界戦史に　燦然（さんぜん）と
輝く陸の　荒鷲へ
今日もうち振る　日章旗
無敵の翼　とこしえに
守るアジアに　栄（さかえ）あれ

このような歌を歌っていたのだから、日本が負けたなどと思うはずがない。それにしても、実に雰囲気のある歌詞である。五番の「無敵の翼とこしえに、守るアジアに栄えあれ」という歌詞には、まさに当時の気分が横溢（おういつ）している。

実際に、ソ連崩壊後に明らかになった情報によると、この歌詞はまったく誇張でも何でもなかった。

その後に明らかにされた記録では、日本軍は戦車の損失が二十九台、飛行機の損失が百七十九機で、ソ連は飛行機千六百七十三機、戦車・装甲車両を八百台以上失っている。となると、「ノモンハン事件は日本の大敗北だった」という考え方を、根本的に改める必要があるのではないか。

もっとも、ソ連側はずっと自国の被害を隠していたから、当時の日本の軍人も真相を知ることはできなかった。そこを責めるわけにはいかないが、歴史を書く人は、そういうところまで考えなければ、その後のソ連の動きがわからなくなる。

ソ連軍の指揮官を務めたのは、のちにレニングラード包囲突破作戦（昭和十六年〈一九四一〉やスターリングラード攻防戦（昭和十七年〈一九四二〉）などを戦い抜いて英雄となった、ジューコフ将軍である。

戦後になって世界の新聞記者たちが、ジューコフ将軍に「いままで一番大変だった戦闘はどこか」と聞いた。するとジューコフ将軍は、ドイツ軍の戦車隊でもレニングラードの攻防戦でもなく、「ノモンハン」だと答えたという。

最近では、ノモンハン事件後の講和は、ソ連がドイツに仲介を依頼して進めたことがわかってきている。当時、日本側はソ連側の損害がわからず、「悲劇の小松原兵団」と呼ばれた第二十三師団が兵力の八割を失っていたから、「ソ連の機械化部隊は強い」と思い、これを幸いとばかりに講和に乗ったのだ。

なぜ日本軍はソ連軍が強いと思ったかといえば、それまで日本軍はシナ軍とばかり戦っていたからだ。シナ軍に比べれば、ソ連は火砲も戦車も強力で数も多かったから、非常に手強かっただろう。ところが実際には、戦場では日本の勝利であった。

## 司馬遼太郎がノモンハンを書かなかった理由

にもかかわらず、半藤氏はこうした事実には目をくれず、司馬遼太郎氏がなぜノモンハン事件を書かなかったのかについて、『昭和史』（平凡社ライブラリー）に書いている。

司馬氏は神田の本屋と提携し、執筆のテーマを決めるとお金を惜しまず史料を集めて、トラックで運んでいった人である。ノモンハンの史料もみなそうやって集めている。また司馬氏は、ノモンハン事件当時の部隊長で唯一の生き残りである須見新一郎氏からも話を聞いていた。

ところが司馬氏は突如、「ノモンハン事件は書かない」と言い出した。半藤氏は同書の中で、司馬氏がノモンハン事件を書かない理由について、あれこれ考えをめぐらせている。

たとえば司馬氏が小説に書いている坂本龍馬や河井継之助、土方歳三などの主人公は潔い人物だが、ノモンハン事件の当事者である陸軍参謀本部や関東軍の作戦課の軍人たちは、「司馬さん好みのさわやかさ」がない人ばかりだったから、書きたくなったのではないかと、半藤氏は解釈した。

しかし司馬氏は結局、ノモンハン事件を書かない理由のすべてを半藤氏にも話していないのだから、別の解釈も可能だろう。取材を進める中で、「もう少し頑張れば勝てたのに」という声に突き当たった可能性もあるのではないかと思うのだ。

事実、当時、関東軍参謀としてノモンハン事件を指揮した辻政信少佐は、

〈戦争は指導者相互の意志と意志との戦いである。もう少し日本が頑張っていれば、おそらくソ連側から停戦の申し入れがあったであろう。とにかく戦争というものは、意志の強い方が勝つ〉

（半藤一利『昭和史』）

といったという。

一方、司馬氏は陸軍の戦車隊出身だったが、日本の戦車は装甲が薄くて機関銃の弾が貫通するとか、日本は立派な戦車がつくれなかったというように、日本の戦車隊を非常に低く評価していた。

ところが、実際にノモンハンで戦った戦車隊の隊員たちの証言によれば、ソ連の戦車は装甲も厚くて火力も強いが、停止しなければ主砲が撃てない。日本の戦車は走りながら撃てたから、ソ連の戦車を次から次へと撃破できたという。そんな話を、ひょっとしたら司馬氏は聞いたのかもしれない。そうなると作品を書けなくなるのも無理はない。

結果として、平成十年（一九九八）にソ連からの情報が公開されたことによってノモンハン事件に対する考え方は一変したのだから、書くのをやめたことがある意味で、司馬氏の名誉を守ったともいえなくもない。作家の五味川純平以来、半藤氏も含めて、「ノモンハン事件は日本の一方的な敗北である」「日露戦争当時のままの武器で最新鋭の機械化部隊と戦って負けた」「こんな無謀な作戦を立てた日本の参謀は何をしていたのか」という論調ばかりだったのだから。

繰り返しになるが、ノモンハン事件における日本の戦車の損害二十九台に対して、ソ連の損害は八百台である。

## 日本軍は負け方を知らなかった

もう一つ付け加えるなら、大東亜戦争の後半、日本軍は当初、南方の小島でアメリカ軍相手に水際で戦ったものだから、日本の戦車隊は艦砲射撃などにやられてあまり役に立たなかった。しかし、終戦直後に行なわれたソ連軍との戦闘では、日本の戦車部隊が非常に健闘しているのだ。

戦前は日本の領土だった千島列島の一番北に、占守島（しゅむしゅ）という小さな島がある。そこには本土防衛作戦のために、第七十三旅団および満洲から転進した精鋭の戦車第十一連隊（通称「士魂部隊」――「十一＝士」という文字からの連想である）が主力部隊を置いていた。

これらの部隊は、カムチャツカ半島方面からのソ連の侵攻に備えていたわけだが、日本が昭和二十年（一九四五）八月十五日にポツダム宣言を受諾してから三日後の八月十八日未明、ソ連軍は突如、占守島に上陸を開始した。

当時、占守島には第七十三旅団と戦車第十一連隊を軸に、八千四百八十人、戦車六十台が守りについていた。一方、ソ連軍は八千八百二十四人が戦闘に参加している。日本軍は一時、ソ連軍を上陸地点にまで押し返す健闘を見せたが、中央の停戦命令に従い、八月二十一日に戦闘を停止し、ソ連軍に降伏した。

わずか三日あまりの戦闘だったが、ソ連側の史料でも日本軍の死傷者千十八人に対し、ソ連軍の死傷者は千五百六十七名と、日本軍の損害を上回っている。

このように同部隊は非常に健闘していただけに、中央からの命令で停戦しなければならなかったのがまったく惜しい。アメリカ海軍の戦艦ミズーリ号の艦上で降伏文書の調印式が行なわれたのが九月二日だから、それまで攻撃を食い止めていれば、いわゆる北方領土にソ連は手が出せなくなっていたに違いないのだ。

日本軍はそれまで戦争に負けたことがなかったから、負け方が下手だったのである。降伏しても武器を渡さず、引き揚げを行なう際に武装解除に応じていたら、もっと被害は少なくてすんだろうし、六十数万人も強制連行されてシベリアに抑留されることもなかっただろう。

一方、ドイツは負け方を知っていた。ヒトラーが自殺したあと、新政府の大統領に指名されたデーニッツ元帥が、昭和二十年（一九四五）五月六日に作戦部長のヨードル大将を降伏交渉に当たらせ、翌七日にはアイゼンハワー元帥麾下の連合軍との間で、八日にはジューコフ元帥麾下のソ連軍との間で降伏文書に調印している。

でなければドイツは略奪に任せるままになっていただろう。

ところが日本は、八月十五日に連合国への降伏を国民に公表したあと、降伏文書の調印を九月二日まで延ばしてしまったので、その間に満洲や朝鮮半島で在留邦人が大きな被害に遭うという悲劇が起こったのである。

## エリート軍人たちと「ガッツ」

先ほど、『あの当時、相手側が何をしたのか』をきちんと書かないと、『戦争をしたがる日本人がどんどん堕落して馬鹿な戦争を始め、彼らのせいで罪なき日本人が戦地で無残な死を遂げ、空襲で焼かれ、ついには原爆を落とされて負けた』という一方的な話になってしまう」と書いた。

とはいえ、もちろん「日本内部の問題点」を看過してよいということではない。あの昭和の時期において、げんに日本は敗戦したわけである。なぜ敗戦に至ったのか、その理由を見ておかねば歴史の教訓とすることはできないだろう。

それゆえ本書では、「相手側が何をしたか」「日本側がどう動いたか」という両面から歴史を見ていきたい。

日本側の問題点として、どうしても触れておきたいのが「ガッツ」の問題である。人間の知情意の働きを英語で表わす場合、人間の知の部分をつかさどるのは「マインド」で、優しさや情といったものをつかさどるのが「ハート」、そして「腹が据わっている」という意味での「腹」や胆力、根性といった部分が「ガッツ」である。

いまの教育では、マインドやハートは教えても、ガッツがある人間になることは教えない。だが日本でも、たとえばかつて日本の武士の世界では、いくら頭が良くて優しくても、ガッツがなければ話にならなかった。武士の教育の主眼は、「ガッツ」を錬成することにあったともいえる。

明治時代も、江戸時代の教育を受けていた人たちが第一線で活躍していた時代には「ガッツ」の面で優れた人々が多かった。しかし、日露戦争後、そのような人々が引退していくにしたがい、「ガッツ」はグングン希薄になってしまった。

改めて昭和史を見ていくと、偉くなった軍人はとにかく試験の成績が優秀な人だった。どれくらい成績優秀者だったかを、私の体験でご紹介しよう。たとえば陸軍のエリートの養成校だった陸軍幼年学校の受験資格があったのは、旧制中学一、二年生であった。私は旧制鶴岡中学校に通っていたが、陸軍幼年学校を受験する学生だけ授業開始が一時間早く、特別授業を受けていた。それでも私の在学中、私の中学から陸軍幼年学校に入った人は一人しかいなかった。それぐらい試験が難しかったのだ。

海軍士官を養成した海軍兵学校も、旧制中学の一番から三番以内でなければ受からないと昔からいわれていた。それはある意味で、旧制第一高等学校（現在の東京大学教養学部）に合格することより難しい。一高には、近眼であっても運動神経が悪くても、筆記試験が良ければ入ることができる。ところが、海軍兵学校および陸軍士官の登竜門である陸軍士官学校は、東大並みの入学試験に受かる頭と、抜群の運動神経を持った人しか、入ることができなかったのである。さらにそういう身体健全な秀才の中のさらに少数の秀才が、陸軍大学校や海軍大学校に進んだのだ。

陸軍でも海軍でも、エリートになるのは筆記試験の成績がいい人が圧倒的に多いというのは、非常に危険な兆候である。頭がいい人イコール、ガッツがある人とは限らないからだ。現実に、先の大戦を見ても、たとえば海軍では艦隊司令長官クラスになると臆病な人が多かった。

たとえば第一航空艦隊（一航艦、通称「南雲機動部隊」）司令長官の南雲忠一中将は、昭和十六年（一九四一）十二月八日の真珠湾攻撃で戦艦四隻を沈めたが、第三次攻撃を行なわず、アメリカ海軍の重油タンクや工廠を攻撃せずに無傷で残してしまった。

レイテ沖海戦（昭和十九年〈一九四四〉）では、第二艦隊司令長官を務めた栗田健男中将は、レイテ湾に突入せずに「謎の反転」を行なってしまう。

三川軍一

日本海軍と連合軍の重巡（重巡洋艦）艦隊同士が初めて夜戦を行ない、一方的な勝利を収めた第一次ソロモン海戦（昭和十七年〈一九四二〉）もそうである。そのとき私はちょうど小学六年生で、父親と一緒に松島見物に行く途中、仙台駅に降りたときに第一次ソロモン海戦の臨時ニュースを聞いた。同海戦で、三川軍一中将率いる第八艦隊は、連合軍の重巡四隻を撃沈しその他三隻に損害を与えたが、自身の損害は重巡二隻損傷にとどまっている。圧倒的な勝利である。私も臨時ニュースを聞いて胸が躍った記憶がある。

だが、問題はそのあとだった。そもそも本来、この作戦の主要な目的は、ガダルカナル島の攻防戦に投入される敵部隊を輸送する敵輸送船団を撃滅することだった。日本海軍の艦隊はほぼ無傷だったため、海戦後、さらに第一目標だった連合軍の輸送船を攻撃すべきだという意見も出された。敵の護衛艦隊が壊滅したのだから、存分な戦果を上げることは間違いなかった。

あのとき輸送船を攻撃していれば約二万名のアメリカ海兵師団は窮地に陥り、その後のガダルカナルの戦局も大きく変わっていたことだろう。だが三川中将は、「夜が明けて空母搭載機の攻撃を受けるような愚を犯すべきではない」という早期撤退論を容れて、敵輸送船団を放置して帰途に就いてしまったのだ。

日本海軍の名誉のためにいえば、もちろん、こういう残念極まる事例とは逆に、見事な戦いぶりを発揮する人たちも数多くいた。だが、そういう勇戦力闘をした人々の多くは、ペーパーテストの成績が振るわず、ハンモックナンバー（海軍兵学校の卒業成績、すなわち任官順位の俗称）が下のほうで卒業し、駆逐艦や軽巡洋艦の艦長になった人という印象が強い。そのような人々はハンモックナンバーが下であるがゆえに海軍の中で偉くなることはなく、日本の作戦全般に大きな影響を与えることはなかった。

## なぜ大バクチは画竜点睛を欠いたか

そもそも日本海軍を率いた山本五十六海軍大将からして、連合艦隊司令長官になった頃から、まるで人が変わってしまったのではないかと思えるふしがある。

山本五十六は非常に頭脳明晰な人物で、米内（よない）光政大将、井上成美少将（のち大将）とともに日独伊三国同盟の条約締結（昭和十五年〈一九四〇〉）に反対したことでも有名である。

アメリカ大使館付武官を務めたこともある山本大将は、もともと日米開戦には消極的だった。ところが連合艦隊司令長官になってからは、「開戦の劈頭（へきとう）、敵の主力艦隊を猛撃撃破して、米海軍と米国民をすっかり意気阻喪させる」ことが必要だと考えるようになり、真珠湾攻撃を立案・実行したのである。

当時、日本海軍は出撃してくる米艦隊を日本近海で迎え撃って撃滅する計画を立てていた。だが、山本五十六が「真珠湾攻撃ができないならば、自分は連合艦隊司令長官を辞める」と強硬に主張して譲らなかった。

開戦時には将兵の練度も砲撃の命中率も、圧倒的に日本海軍がアメリカ海軍よりも高かったといわれる。航空兵力の性能も練度も日本がアメリカのはるか上を行っていた。結果論ではあるが、もし真珠湾攻撃をしなければ、「日本は卑怯な騙し討ちをした」といわれることもなかった（もちろん、騙し討ちになったのは外務省のせいであるが）。また、日本近海にやってきた米太平洋艦隊を撃滅していたら、米国の士気は立て直せぬほどに落ちたかもしれない。

だが山本大将はバクチのような乾坤一擲（けんこんいってき）の作戦に賭けた。その信念は提督として立派だったかもしれない。だが、海軍内部に真珠湾作戦への不信が渦巻く中での作戦決行になってしまったことが、画竜点睛を欠く結果をもたらすことになってしまう。

山本五十六

そうなったのは、山本大将の人事が悪かった。彼の部下である一航艦司令長官の南雲忠一中将は、本来、真珠湾攻撃に反対だったのだ。そもそも海軍がロンドン軍縮条約をめぐって「条約締結やむなし」とする条約派と、「条約は断固締結すべからず」と主張する艦隊派に分かれて派閥抗争に陥ったとき、条約派の山本に対して、南雲は艦隊派の強硬派だった。お互いに遺恨があったことは否定できず、当然、息が合うはずもない。本来、山本大将は、自分の方針に反対している人物を艦隊司令長官のような要職に就けてはならなかった。また南雲中将は、昭和十六年（一九四一）十二月頃にはかつて大佐だった頃の元気がなくなっていたという人もいる。

当時、連合艦隊参謀長を務めていた宇垣纏中将は、自身の綴った陣中日記『戦藻録』で、南雲機動部隊によるハワイ攻撃の不徹底ぶりを、こう批判している。

〈機動部隊は戦果報告と同時に第一航路を執り、L點を經て歸投するの電昨夜到達す。泥棒の逃げ足と小成に安んずるの弊なしとせず。

僅に三十機を損耗したる程度に於ては、戦果の擴大は最も重要なることなり〉

（宇垣纏『戦藻録』〈原書房〉）

南雲中将は、「施設や工場は多少の爆弾では燃えない。ガソリンタンクは燃えるが、重油タンクは垂れるだけだ。石油タンクを破壊し、二十万トン、三十万トンの石油がなくなってもアメリカは平気だ」（日下公人・三野正洋『組織の興亡――日本海軍の教訓』〈WAC〉）と語ったという。しかしハワイには、アメリカが何年もかけて重油を備蓄していたのだ。これが爆撃されれば、アメリカの軍艦は半年ぐらい太平洋上に一隻もいることができなかったであろうと、戦後、アメリカ海軍のニミッツ提督は回想している（『ニミッツの太平洋海戦史』〈恒文社〉）。

これがアメリカ軍であれば、南雲中将は戦意不足でクビになっても仕方がない。もし石油タンクを攻撃しておれば、日本海軍の機動部隊が壊滅したミッドウェー海戦も、そもそも起こらなかったのだ。

## 上層部は身内をかばい、責任は現場に

南雲中将はミッドウェー海戦で敗れたあと、南太平洋海戦（昭和十七年〈一九四二〉）で、空母翔鶴（しょうかく）と重巡筑摩が大破、空母瑞鳳（ずいほう）が中破のほか飛行機損失九十二機などという被害を受けながらも、米空母ホーネットと駆逐艦ポーターを撃沈、駆逐艦スミス大破、空母エンタープライズ中破という戦果を上げ、昭和十九年（一九四四）三月にサイパンに司令部を置く中部太平洋方面艦隊の司令長官になった。

南雲中将は赴任前の壮行会で「今度という今度は白木の箱か男爵様だ」と述べている。死ぬ覚悟があるのはいいのだが、その覚悟が先に立ちすぎて、島の防衛策構

築が徹底しなかったという評もある。

話が前後するが、南雲機動部隊の参謀長を務めた草鹿龍之介少将（のち中将）は、ミッドウェー海戦に敗れたあと、山本大将に呼び出され、涙ながらにこう訴えたと半藤氏は書いている。

南雲忠一

〈おめおめと生きて帰れる身ではありませんが、ただ復讐の一念にすがって、生還して参りました。このままでは何としても死ねません。できれば今一度、特別のお計い（はからい）で現職のまま陣頭に立たせ、死に場所を与えていただきとうございます〉

（半藤一利『指揮官と参謀』〈文春文庫〉）

山本大将は一言、「承知した」と答えたという。

ここに、上層部の偉い人たちが身内をかばう構図が見て取れる。普通の組織ならまだしも、軍内でそういうことが常態化すると、責任者の信賞必罰はどんどん希薄化し、むしろ現場にどんどん責任が押し付けられることになっていく。

戦後、ラバウル航空隊のエース・パイロットだった坂井三郎元一飛曹（最終階級は中尉）が書いた『大空のサムライ』（光人社）が世界的なベストセラーになったが、その続編である『続・大空のサムライ』（同社）の中に、不幸にして被弾し、海上に不時着したあと現地人に保護され、紆余曲折を経て帰還した中攻（中型陸上攻撃機）の搭乗員たちの話が出てくる。

坂井氏は平成四年（一九九二）、この搭乗員たちについて、日本外国特派員協会での講演でこう述べている。

〈連合艦隊司令長官・山本五十六や軍令部総長は、この搭乗員たちを許さなかったんです。捕虜になったやつらだと。ぜひこいつらは処刑しろということで、私たちがラバウルに行っておりましたときに、その八人の搭乗員は、森玉部隊（注：第四海軍航空隊。司令・森玉賀四(よしよつ)大佐）という中攻隊に回されまして、軍令部上層部からは毎日毎日、矢の催促、早く自爆させろ、早く自爆させろと〉

（零の会編『知られざる坂井三郎――「大空のサムライ」の戦後』〈学研パブリッシング〉）

彼らは、二十七機編隊の中で最も撃墜されやすい「カモ中隊のカモ番（編隊の最後尾）機」に搭乗させられたが、毎回被弾しながらも帰還し続けた。

ところが昭和十七年（一九四二）五月初め、「山本五十六長官によって、これを自爆させろという命令」（同書）が発せられた。同書によれば、その搭乗員たちは、従容として最後の攻撃に赴き、「爆撃終了。日本帝国万歳。これから自爆します」という無電を残して消息を絶ったという。

ちなみに坂井氏は下士官上がりの搭乗員で、一連の『大空のサムライ』シリーズで海軍の上層部を痛烈に批判していたので、士官搭乗員たちからはあまり評判が良くなかった。だが、この坂井氏の発言も、戦場の一つの側面を鋭く衝いているのであろう。

## ガダルカナルに大和は出撃しなかった

山本大将の話に戻ると、真珠湾攻撃から数えて八日後にあたる昭和十六年（一九四一）十二月十六日に、当時世界最大の戦艦である大和が就役している。大和は、それまで連合艦隊旗艦だった戦艦長門とは桁違いに大きく、居住性も良好だった。冷暖房完備で、エレベーターやラムネ製造機、アイスクリーム製造機まであったことから、「大和ホテル」ともいわれていた。食事には洋食のフルコースも出て、司令長官ともなると、食事のときには軍楽隊が音楽を演奏していた。

もっと面白いのは、大和は呉海軍工廠で建造されたが、同型艦の武蔵は民間工場である三菱重工の長崎造船所でつくられ、昭和十七年（一九四二）八月に海軍に引き渡されている。同造船所は民間船を数多くつくっていたので、同じ設計でも武蔵のほうが大和よりも居住性が高かった。加えて旗艦施設も充実していたため、昭和十八年（一九四三）二月十一日にトラック島で連合艦隊旗艦が大和から武蔵に変更され、山本大将は武蔵に乗艦している。

彼は真珠湾でもミッドウェーでも「指揮官先頭」という海軍の伝統を無視し、自らの身は後方に置いていた。ガダルカナルでも、彼が先頭に立って出撃することはなかった。武蔵でも大和でも構わない、日本軍が苦闘していたガダルカナルに、なぜ出撃しなかったのか、と思わずにはいられない。

いまではよくわかっていることだが、当時のアメリカ海軍の魚雷はあまり性能が良くなかったので、戦艦大和を沈める力はなかった。魚雷が命中しても爆発しないことが少なくなく、輸送船が帰還して入港したらアメリカの魚雷が刺さっていたということもあった。アメリカの魚雷の性能が格段に向上したのは、そのあとのことである。

日露戦争で日本の勝利を決定づけた日本海海戦に勝利した、時の連合艦隊司令長官・東郷平八郎大将は、同海戦に加えて黄海海戦や旅順攻略戦でも、その前の幕府軍との戦いでも戦場に出ていた。なぜ山本長官にその気概がなかったのか、と嘆息せざるをえない。戦艦大和に乗ってから、山本長官は別人になってしまったのではないかとさえ思う。

このような事例を知るにつけ、なんとも残念な気持ちがこみ上げてきて、日本は本気で戦争をしていたのか、疑いたくなる。ああ、当時の将官にもっと「ガッツ」があればと、あまりの慨嘆に天を仰ぎたくなるのである。

## シナ側が仕掛けたシナ事変

このように、先の戦争をめぐって慨嘆したくなる事例はさまざまにある。「もう少し、このようにしてくれていたら」と思わざるをえないことも、いくつも数え上げられる。だが、そこに常に日本側の「悪」があったかのように解釈するのは、正しいことだろうか。

半藤氏の本を読んでいて非常に気になるのは、常に悪い指揮官が登場し、その人物のせいでこうなったというストーリー展開が多いことである。

たとえば昭和十二年（一九三七）七月七日夜に、日本軍とシナ軍が衝突した盧溝橋事件が起きているが、そのとき日本軍は夜間演習をしていて、兵隊たちは鉄兜もかぶっていなかった。ところが夜十時半頃に日本軍が機関銃（空砲）を発射したところ、実弾の射撃を二度受けたのだ。

半藤氏はさすがに、天津駐屯の第一旅団第一連隊長・牟田口廉也大佐（のち中将）の「敵に撃たれたら撃て。断乎戦闘するも差し支えなし」（『昭和史』）という独断命令でシナ事変が始まってしまった、というのは早計だとしている。

だが半藤氏は、現地で九日に停戦協定が締結されたあとに、牟田口大佐が、

〈停戦協定を知らされ承知しながらも「中国側が協定を守るはずはない。危険性はかなり高い。その時に遅れをとってはいけない」と部隊に前進を命じたのです〉（同書）

と書いている。

その結果、シナ軍が日本軍に向けて再度発砲し、それに対して牟田口大佐が攻撃

命令を出したため、交戦状態に入ったのは事実だ。しかし、それをきっかけにしてシナ事変が「既定の事実として」（同書）始まったとするのはいかがなものか。

十一日の午後二時からの閣議で「あくまで事件不拡大・現地解決を強調する」「動員後も派兵する必要がなくなったならば、ただちにこれを中止させる」（勝田龍夫『重臣たちの昭和史　下』〈文藝春秋〉）ことが確認され、同日午後八時に、日本とシナの両代表は停戦協定に調印を終えている。結局、内地の三個師団の動員も中止された。つまり、この時点で日本とシナの軍事衝突は、一応は収まっているのだ。

その後、七月二十九日に北京東方の通州という町で、二百人以上の日本居留民（朝鮮人を含む）が冀東防共自治政府の保安隊に残酷に虐殺される通州事件が起きているが、それでも北シナの情勢は収まった。

ところが八月十三日、上海の日本人居留民を保護していた日本海軍陸戦隊を、中華民国第九集団軍総司令の張治中率いる正規軍が包囲攻撃してきたのである（第二次上海事変）。日本政府はそれでもなお不拡大方針を掲げていたが、もともと二千五百ほどしか駐留していなかった日本海軍陸戦隊に対して、シナ軍は数万人規模で攻め込んで来たうえに、その後背には二十万人規模の軍隊が動員されていた。さらにシナ軍は連日、航空機による爆撃を繰り返した。ここに至って日本は、上海に陸

第二次上海事変でのシナ軍の機関銃陣地

軍の二個師団を派遣することを決め、「支那軍の暴戻を膺懲し、もって南京政府の反省をうながすため、いまや断固たる措置をとるのやむなきに至れり」という声明を発表した。

戦闘は激しく、死傷者が続出し武器弾薬も不足したため、陸軍はその後も兵力を増強し、上海での戦いは十一月上旬まで続いた。十一月八日までの累計で、九千百十五人が戦死し三万千二百五十九人が負傷するという大きな損害を受けたが、実はこれが敵の手なのである。シナ軍は、網の目のように張り巡らされたクリークを利用して日本軍を囲い込み、トーチカに設置した機関銃で一気に殲滅する戦法で頑強に抵抗した。機関銃は当時世界一といわれたチェコスロバキア製である。

そこで陸軍は急遽、第十軍を編制して戦力を増強。十一月四日、三個師団半からなる柳川平助中将率いる第十軍が杭州湾に上陸した。それは私が七歳の頃で、「日軍百万杭州湾上陸」と書かれたビラが飛行機で撒かれたという話をよく覚えている。第十軍は敵の背後に出たものだから、上海はすぐさま落ちた。あとは残党を追い払いながら南京まで兵を進め、一気に占領してしまった。

いわゆる「シナ事変」について最もわかりやすく書いてあるのは、ユン・チアンとジョン・ハリデイの『マオ』(講談社)である。この本は明快に、なぜこの事変が本格的な戦争にならざるをえなかったかを述べている。シナ事変の頃の私の記憶とも大筋で一致しているのだ。「日中戦争」は明らかにシナ側が始めたのである。

## 土鼠(もぐら)退治と高笑い

それにしても、上海での戦闘は実に熾烈であった。名古屋の第三師団の兵隊さんがかなりたくさん戦死している。にもかかわらず当時の歌は非常に勇ましく、「拝啓　御無沙汰しましたが」という歌詞から始まる『上海だより』には、「隣の村の

戦友は　偉い元気な奴でした　昨日も敵のトーチカを　進み乗っ取り占領し　土鼠(もぐら)退治と高笑い」というフレーズがある。

『上海だより』（佐藤惣之助作詞、三界稔作曲）

1
拝啓　御無沙汰しましたが
僕もますます　元気です
上陸以来　今日までの
鉄の兜の　弾の痕
自慢じゃないが　見せたいな

2
極寒零下の戦線は
銃に氷の花が咲く
見渡す限り　銀世界
敵の頼みの　クリークも
江南の春　未だしです

3
隣の村の戦友は
偉い元気な　奴でした
昨日も敵の　トーチカを
進み乗っ取り　占領し
土鼠退治と　高笑い

4
彼奴がやれば　僕もやる
見てろこんどの　激戦に
タンクを一つ　分捕って
ラジオニュースで　聞かすから
待ってて下さい　お母ァさん

歌にある通り、日本軍は苦戦の末、土鼠退治のようにトーチカを占領していったのだが、それらはすべて、日本軍を嵌めるためにあらかじめ構築されていた罠だった。

蒋介石は、日本陸軍がドイツを手本に近代化されたことに範を取り、ワイマール共和国軍の参謀総長まで務めたゼークト将軍を軍事顧問団代表に招聘した。彼の跡を継いだファルケンハウゼン将軍が、第二次上海事変を含む軍事指導を行なっている。機関銃で武装されたトーチカ陣地を構築したのも、彼ら軍事顧問団の力によるものだった。日本軍に仕掛けて戦争になったら、このトーチカ群によって日本軍を撃滅しようという構想であった。

このような準備がしてあったからこそ、盧溝橋事件や通州事件で日中の緊張が高まったことを受けて、シナ側は上海で戦争を仕掛けたのである。盧溝橋事件以後、蒋介石は第一次上海事変後に結ばれた協定に違反して十個師団もの軍隊を非武装地帯に配備していた。しかも上海で戦端が開かれる前には、上海にいた大山勇夫海軍中尉が殺害される事件まで起きていた。大山中尉は機関銃で射殺されたうえに、青竜刀で頭を真っ二つに割られていたという。

シナ側は大山中尉がピストルでシナ兵を殺害したので反撃したと主張した。だが、日本軍がシナ兵の遺体を解剖してみると、出てきたのは小銃の弾丸であった。大山中尉は小銃など持っていなかった。つまり、シナ側の偽装だったのだ。

さらにシナの偽装保安隊一万千人が協定を無視して入ってくる。そしてシナ軍が上海の日本人居留民を守っていた海軍陸戦隊を攻撃し、爆撃まで仕掛けてきたことは、先に述べた通りだ。

あの東京裁判さえ、シナ事変は日本軍の侵略だと裁くことはできなかった。なのに、この戦争がどうして日本の「侵略」なのであろうか。

そもそも日本軍が中国にいたのが悪かったという人もいる。だが、たとえば盧溝橋事件が起きた地域に日本軍が駐留していたのは、北清事変（明治三十三年〈一九〇〇〉～三十四年〈一九〇一〉）後の協定に基づくものだ。

いってみれば、その日本軍を「侵略」として非難するのは、現在、日米安保条約に基づいて駐留している米軍を「侵略者」扱いするのと同じである。もちろん、そのように主張したがる特定の勢力も日本国内にはあるのだが、しかし、そういう主張は公平な歴史の見方とは到底いえないものであろう。

## コミンテルンが東アジアに戦乱を呼び込んだ

半藤氏のいいところは、昭和五年（一九三〇）生まれだけあって、昭和天皇が立派だったことを、きちんと書いているところだ。半藤氏は、その昭和天皇のいうことを聞かなかった軍部の中枢を厳しく批判している。

ところが残念ながら、半藤氏は共産党のことについてほとんど述べていない。実際に、政府中枢や陸海軍にコミンテルンの手が回っていたことは確かであり、そこにいたエリートたちの幾人もが戦後に共産党や社会党左派に入って活動しているにもかかわらず。

ともあれ、半藤氏はやはり東京裁判の影響を強く受けすぎたのだろう。東京裁判にはソ連も判事・検事を送り込んでいるから、共産党やコミンテルンのことはけっして問題にしなかった。

だが、もちろん当時の日本側の認識は違っていた。東條英機大将は東京裁判での宣誓供述書の中でこう強調している。

〈他面帝国は第三『インターナショナル』の勢力が東亜に進出し来る(きた)ことに関しては深き関心を払って来ました。蓋し(けだし)、共産主義政策の東亜への浸透を防衛するにあらざれば、国内の治安は破壊せられ、東亜の安定を攪乱(かくらん)し、延いて(ひいて)世界平和を脅威するに至るべきことをつとに恐れたからであります。

（中略）支那事変に於て、中国共産党の活動が、日支和平の成立を阻害(そがい)する重要なる原因の一たるに鑑み、共同防共を事変解決の一条件とせることも、又東亜各独立国家間に於て『防共』を以て共通の重要政策の一としたることも、之はいずれも東亜各国協同して東亜を赤化の危険より救い、且自ら世界赤化の障壁たらんとしたのであります。此等障壁が世界平和のため如何に重要であったかは、第二次世界大戦終了後此の障壁が崩壊せし二年後の今日の現状が雄弁に之を物語って居ります

（渡部昇一『東條英機　歴史の証言』〈祥伝社〉）

ここで思い当たるのは、日露戦争以後、日本とロシアの関係はわりとうまくいっていたということである。満洲の鉄道権益などの問題についても、思いのほかスムーズに話がついている。そこにアメリカが割り込もうとしたときにも、日本とロシアが手を組んでアメリカを追い出している。

だが第一次世界大戦後にロシア革命で帝政が崩壊し、共産主義政権が成立してから、状況が一変する。ソ連は五カ年計画を立て続けに実行し、満洲国との国境に二十個師団を展開するまでになっていた。対する関東軍は一万人あまりである。

その意味では、ロシア革命がなかったら、大東亜戦争はなかったはずである。共産主義政権のソ連が成立していなければ満洲は乱れなかった。そもそも満洲が平和

であったなら、シナ事変も起こるはずがないのである。

前述したように、コミンテルンはヨーロッパでの革命運動に失敗したあと、その矛先を東アジアに向けた。ソ連の指導者スターリンは、日本がソ連を攻撃することを恐れていた。そのために、日本の政権内部にスパイを潜入させて、日本の国策を北進論（ソ連を主敵とし、アメリカ・イギリス・中国には穏和策をとる戦略）ではなく、南進論（資源を確保するために、中国、さらに東南アジアへの進出を目指す戦略）にすることを目論む。

リヒャルト・ゾルゲ

尾崎秀実

その任を担ったのがリヒャルト・ゾルゲであり、尾崎秀実（ほつみ）であった。ゾルゲはドイツの有力新聞『フランクフルター・ツァイトゥンク』の記者として日本や中国を往来し、さまざまな諜報活動に従事した。そのゾルゲと結んで、近衛内閣のブレーンとして政権内部に入り込み、甚大な影響を及ぼしたのが朝日新聞記者・尾崎秀実である。

尾崎は、シナ事変が起きると講和論や不拡大方針に猛然と反論を唱え、蔣介石政府を徹底的に叩くべきだという論陣を張り、国民世論を煽り立てた。これによって近衛文麿が「国民政府を対手とせず」という声明を打ち出すことになったのは有名な話である。日本をシナとの戦いの泥沼に引きずり込むのに、尾崎は実に大きな役割を果たした。もちろん、その影響は、シナとの戦いで日本の国力を蕩尽させたことのみにとどまらない。シナに利権を求める英米との関係も決定的に悪化し、日本は南進論へと政策の軸足を変えていくことになる。まさにコミンテルンの思うつぼであった。

コミンテルンはまた、シナの革命勢力に盛んに援助をして取り入り、民族主義を煽り、日本とシナを戦わせるべく、盛んな工作を展開していた。

シナ側で日本との戦いを指導したのは、ソ連が資金を提供して設立された黄埔軍官学校の出身者たちだった。日本で軍事教育を受けた蔣介石が校長になったが、当時進められていた第一次国共合作を背景に、中国国民党だけでなく中国共産党の軍人も入校した。副校長の鄧演達は、中国共産党を一貫して支持した親共産党派であった。

コミンテルンの指導で結成された中国共産党がなければ、満洲事変も起こらず、満洲は穏やかに治まっていただろう。そのことは改めていくら強調しても、したりない。その平和な満洲の治安が乱されて、満洲国建国に至るのだが、日本が標榜したのは日本人、漢人、朝鮮人、満洲人、蒙古人など諸民族の協調路線、すなわち「五族協和」であった。だが革命勢力が民族思想を煽り、反日を煽り、東アジアに戦乱を呼び込んだのである。

シナには長らく民族思想というものが存在しなかった。日本のシナ学の草創期に活躍した狩野直喜は、明治四十四年（一九一一）に発表した論文の中で、こう指摘している。

〈支那で國粹保存などいふ事を唱へ出したのは極めて近年のことで、以前には全く無かつたのである〉（狩野直喜「支那近世の國粹主義」）

## 「講談としての歴史」の重要性

こういう過去の話をするにあたり、私自身、心中は忸怩（じくじ）たる思いで一杯である。

というのも、歴史を語るのはある意味で「後出しジャンケン」のようなものだからだ。われわれはいくらでも立派なことがいえる。歴史家というのは勝手なことがいえるわけで、ある意味で気楽な稼業かもしれない。

だが、自己弁護じみた話ではあるが、もし世の中に歴史を語る講談師がいなかったら、織田信長でも豊臣秀吉でも楠木正成でも、われわれの心の中に生き生きと甦ることはなかっただろう、とも思う。

講談を聞けば「なるほど、当時、人々はこういう考え方で、こういう生活をしていたのか」とわかる。だが、学者の書いた歴史書を見ても、そうは理解できるものではない。その意味で、歴史家とは別に、講談師のような存在がいることも、きわめて重要なことだろう。

私は歴史の専門家でもない。単に歴史を好んできた人間である。ただ私は、昭和五年に生まれ、昭和という時代を見聞きしてきた。だから本書で、私は自分自身を「比較的正確なことをいう講談師」だと位置づけたいと思う。

本書の冒頭にあたり、本章ではコミンテルンのことを中心としつつ、さまざまなことを一気呵成に紹介してきたが、実際に後世から見れば「何だこんなことか」ということであっても、歴史とは、本当に小さなことが大きくなっていくものである。

もう一つ、歴史を考える場合に忘れてはいけない視点は、「誰がどのようなことをしたか」であろう。歴史は人間の営為の積み重ねがつくりあげるものである。そして、歴史を読む面白さもそこにあるといって過言ではない。

昭和史の場合、多くの登場人物を見ていかないとわからない部分もあるが、であればこそ、あの時代をつくった人たちの群像劇のような「昭和史」として、本書を書き進めていきたい。その手法をとりつつ、「相手側が何をしたか」「日本側がどう動いたか」という両面から歴史を見ていきたいのである。

次章以降も、広い視野から時代状況を描きつつ、実際に同時代に私が見聞きしたことや、声に出して歌っていた歌なども紹介して、戦前の昭和という時代を動かしたものを活写したいと思う。

# 第二章

# 軍縮ブームとエネルギー革命の時代

## 「明治の精神」の死

昭和史は、大正時代と切っても切れない関係にある。そして、その大正時代を方向づけた大きな出来事こそ、明治天皇の崩御（明治四十五年〈一九一二〉七月二十九日）であった。これこそまさに、日本の近代史の大きな転換点だった。

明治天皇の崩御はいわゆる「明治の精神」が死んだという意味でも、当時の日本人に大きな衝撃を与えた。夏目漱石の『こころ』に出てくる「先生」も、主人公に宛てた手紙の中で、

〈すると夏の暑い盛りに明治天皇が崩御（ほうぎょ）になりました。その時私は明治の精神が天皇に始まって天皇に終ったような気がしました。最も強く明治の影響を受けた私どもが、その後に生き残っているのは必竟（ひっきょう）時勢遅れだという感じが烈（はげ）しく私の胸を打ちました。私はあからさまに妻にそう云いました。妻は笑って取り合いませんでしたが、何を思ったものか、突然私に、では殉死でもしたらよかろうとからかいました〉

（夏目漱石『こころ』）

と書き、自殺の決心を打ち明けている。

明治天皇の死、乃木大将の死を受けて、漱石が小説の登場人物を死に向かわせたくなるほどの雰囲気だったのだ。また、森鷗外も『興津弥五右衛門の遺書』で同じテーマを扱っている。

実際、明治天皇が亡くなられた頃から、日露戦争に勝利したあとの戦勝気分が薄れ、日本人の心がなんとなくたるみ始めてきたような気がする。

そもそも、日露戦争に勝ったと気分が高揚するのはいいにしても、それで驕りや気のゆるみのようなものが生じたこともあったのではないかと思う。

その一つが、第二次西園寺公望内閣（明治四十四年〈一九一一〉八月三十日～大正元年〈一九一二〉十二月二十一日）のときに起きた二個師団増設問題である。

当時、陸軍大臣だった上原勇作中将（のち元帥）が、ロシアの脅威や朝鮮併合にともなう常設師団の駐留を理由に二個師団の増設を求めた。西園寺首相が財政難を理由にその要求を断ると、上原勇作という人は、いわゆる帷幄上奏権を使って即位直後の大正天皇に直接訴えることまでやった。結果、上原陸相は単独辞職することになるが、陸軍は後任の陸相を出さず、西園寺内閣は総辞職したのである。

明治憲法には内閣総理大臣についての規定がなく、内閣総理大臣も他の国務大臣と同格だった。要するに、当時の内閣総理大臣は内閣の取りまとめ役のようなもので、ある問題で大臣の意見が対立した場合、事態に収拾がつかなければ、閣内不一致で全閣僚が辞表を提出せざるをえなかった。

第二次西園寺内閣もその例に漏れず、総辞職の憂き目に遭い、後継内閣として第三次桂太郎内閣（大正元年〈一九一二〉十二月二十一日〜大正二年〈一九一三〉二月二十日）が成立した。

この第三次桂内閣は、政党政治によらず官僚が中心となって組織する「超然内閣」といわれて非常に評判が悪かった。元老・山県有朋も、自分が引き上げてやったと思っていた桂太郎（最終階級は陸軍大将）が同じ爵位の公爵になったので、良い感情を持っていなかった。しかも第三次内閣の頃の桂太郎はあまりにも自信満々で威張りくさっていた。また病気も進行していた。

誤解なきように補足をすると、桂太郎は日露戦争当時の首相であり、日露戦争勝利をもたらした大変立派な首相である。そのことは現代のわれわれがけっして忘れてはならないことであろう。戦前に一世を風靡（ふうび）した評論家・徳富蘇峰も、「人を評価するなら、その人が一番良かったときでなければならない。桂を評価するなら日露戦争の頃の彼であり、豊臣秀吉を評価するなら、高松城の水攻めを終えて引き返してからしばらくの間だ」ということをいっている。

## シビリアン・コントロールを知っていた木越安綱

第三次桂内閣は評判こそ悪かったものの、さすがの桂だけに、このときも非常に良いことをしている。それは陸軍大臣に木越安綱(きごしやすつな)中将を任命したことだ。

木越中将は金沢生まれで陸軍の教導団出身である。陸軍教導団とは明治四年(一八七一)から明治三十二年(一八九九)まで置かれた、下士官を養成する教育機関である。木越中将は一兵卒として陸軍に入隊したが、成績が優秀だったので教導団に入り、そこでも頭角を現わしたため、陸軍士官学校に進んだ。士官学校でも優秀な成績を収めている。木越中将はドイツ留学後に桂太郎とともに軍政改革に尽力したあと、日清戦争(明治二十七年〈一八九四〉～二十八年〈一八九五〉)では第三師団長・桂太郎の

木越安綱

もとで参謀長を務め、功績を上げている。その後、もちろん日露戦争でも大活躍をしているが、桂太郎としては旧知の木越中将を気の置けない後輩として陸軍大臣に抜擢したのであろう。

第三次桂内閣はわずか三カ月で倒れてしまうが、その後に発足した第一次山本権兵衛内閣（大正二年〈一九一三〉二月二十日〜三年〈一九一四〉四月十六日）でも、山本首相は木越中将を陸軍大臣に留任させている。

先にも述べた通り、二個師団増設問題で上原陸相が辞職し、第二次西園寺内閣が倒れたことから、国会から「軍部大臣が内閣を潰せるようなことでいいのか」という声が上がった。山本首相も国会での質問に対して、「それはやはりまずいのではないか」と答えているが、軍部の同意がなければ話にならない。そこで山本首相が相談したのが木越陸相であった。

木越中将は、当時、陸軍の医務局長だった森鷗外と公私にわたる親交があったといわれる。東京大学名誉教授の小堀桂一郎氏は、森鷗外と木越中将を結ぶものがクラウゼヴィッツの『戦争論』ではなかったかといっている。

一般にはあまり知られていないが、クラウゼヴィッツの著書『戦争論』はいわゆる文民統制論である。『戦争論』には、「戦争は政略の継続にして他の手段を用いるものなり」という有名な言葉がある。つまり、戦争は形を変えた政治であり、戦争をするのかやめるのかを決めるのは政治であって軍隊ではないということだ。

そんな『戦争論』を知っていた木越中将はシビリアン・コントロールの原則を理解し、陸軍部内の反対を押し切って、「陸海軍大臣は現役の大将と中将に限る」という規定を削除することに同意した。陸軍大臣と海軍大臣は現役ではなくてもよい（軍部大臣現役武官制の予備役・後備役への拡大）という決定は、まさに木越中将の面目躍如たるものがある。この決定により、首相が然るべき人物を陸海軍大臣に選べるようになったのだ。

これが大正二年（一九一三）六月で、大正初期のことだから、いわゆる大正デモクラシーは、軍部がシビリアン・コントロールの統制下に置かれた時代の産物だと考えられる。その時代の基盤をつくったのがまさに木越中将だったのである。

ただし、そのために彼は徹底的に陸軍内部から憎まれ、大将には昇進できなかった。陸軍軍人としては、自分のキャリアを捨てたのである。

## 「みんなみんなやさしかったよ」

大正時代は、なんだかんだといいながら、良い時代だったと思う。

この良き時代を象徴する人物の一人は、厨川白村（くりやがわはくそん）であろう。現在では話題に上ることが少なくなったが、大正の頃、盛んに執筆活動を行ない、「厨川白村の時代」といってもよいほど圧倒的な人気を博していた。『近代文学十講』や『近代の恋愛観』などといったベストセラーを数々生んでいる。それで得たお金で鎌倉に別荘を建てたので「恋愛館」などと渾名（あだな）されたほどだったが、残念ながらその別荘で関東大震災（大正十二年〈一九二三〉）に罹災し、亡くなってしまった。

ついでにいえば、厨川白村の作品は現在でも台湾やシナでも大いに人気を博している。これはちょうど近代化に向かうシナ人たちが望むものだったからであろう。日本の近代化の初めと同じで、軍部が口を出さない時代に人々から求められるものなのだと思う。

この大正から昭和の初めにかけて、『からたちの花』や『青い眼の人形』といった、われわれもよく知っている懐かしい雰囲気を持った童謡も、数多くつくりだされている。

直接の因果関係があるかどうかは別として、要するに、これらは陸海軍大臣が現役軍人に限定されていない時代の産物であることは間違いない。

『からたちの花』（北原白秋作詞、山田耕筰作曲。大正十四年〈一九二五〉）

からたちの花が咲いたよ。
白い白い花が咲いたよ。

からたちのとげはいたいよ。
青い青い針のとげだよ。

からたちは畑の垣根よ。
いつもいつもとほる道だよ。

からたちも秋はみのるよ。

まろいまろい金のたまだよ。

からたちのそばで泣いたよ。
みんなみんなやさしかつたよ。

からたちの花が咲いたよ。
白い白い花が咲いたよ。

『青い眼の人形』(野口雨情作詞、本居長世作曲。大正十年〈一九二一〉)

青い眼をした
お人形は
アメリカ生れの
セルロイド

日本の港へ
ついたとき
一杯涙を
うかべてた

「わたしは言葉が
わからない
迷ひ子になつたら
なんとせう」

やさしい日本の
嬢ちやんよ
仲よく遊んで
やつとくれ

## ドイツでさえ軍部大臣現役武官制ではなかった

そもそも、陸海軍大臣は現役の大将または中将に限るという軍部大臣現役武官制ができたのは、明治三十三年（一九〇〇）、第二次山県有朋内閣時代のことだ。陸軍参謀本部を創設し初代参謀長を務めた山県有朋は、当時、陸軍の神様のような存在だったから、おそらく「軍部の大臣には軍人がなるのが当たり前ではないか」という軽い気持ちで軍部大臣現役武官制をつくったのだろう。それが先の二個師団増設問題で、初めて問題になった。

先にも触れたように、明治憲法には内閣総理大臣に関する規定がない。元老や重臣の助言により天皇陛下から組閣を命じられ、首相と称してはいても、憲法での地位の裏付けがないために、閣僚が一人でもごねると閣内不一致で総辞職せざるをえなかった。

大東亜戦争でも、東條英機内閣で同じようなことが起きている。東條首相は内閣改造のために国務大臣の岸信介に辞職を促したが、岸が応じないため内閣総辞職した。

ちなみに、いまの日本国憲法と明治憲法を比べて、現行憲法が格段に良い点が二つあると私は考えている。それは首相が閣僚のクビを切れることと、刑事被告人が反対尋問を行なえることである。この二つが、明治憲法には欠けていた。

話を戻すと、やはり制度上では、誰でも軍部大臣になれるようにしておけばよかったのだと私は思う。軍部大臣が現役武官に限られると、たとえば陸軍から推された人物は陸軍の利益を代表することになる。そうなれば、とかく陸軍の利益ばかりを代表しかねず、国の代表とはいえなくなってしまう。

こうした日本の制度は当時の世界標準からも、かなりかけ離れていた。ドイツでさえ軍部大臣現役武官制をとっていなかった。先の戦争を見ても、ルーズベルト大統領もチャーチル首相も、スターリン書記長もムッソリーニ首相も文民で、文民統制が機能していた。その当時でも、文民ではなく武官が軍を統制していたのは日本、シナ、スペインぐらいだったのではないか。

## 些細なことが大きな出来事に

近代史を見ていくと、第一次世界大戦（大正三年〈一九一四〉七月二十八日〜七年

〈一九一八〉十一月十一日）のあとに、日本がその後にたどる運命と直結している条約がいくつも結ばれている。

専門家にいわせると、第一次世界大戦は理由がよくわからない状況で始まっている。当時の独英、独仏、独露関係は、いずれも戦争が始まるような状況ではなかった。ところが当時オーストリア領であったボスニアのサラエボで、セルビアの一青年がオーストリアの皇太子夫妻を銃撃したという一事件が火種となり、そこから「燎原（りょうげん）の火」が激しく燃え広がるように、ヨーロッパ全土を惨禍に巻き込む大戦争へと発展してしまったのだ。

こうした推移を見ると、つくづく歴史とは些細なことが積み重なり、大きな出来事に発展していくものだと痛感させられる。

「些細なことが大問題に」というのは、現代の問題とも非常に関係がある。話題から少々外れるが、朝日新聞の例を挙げたい。私が朝日新聞を許せないのは、批判を受けるといつも大筋論で逃げるからである。

たとえば朝日新聞は昭和五十七年（一九八二）に、高校歴史教科書の検定で華北への「侵略」が「進出」に書き換えられたと報じた。これを機にシナ政府が正式に抗議を行ない、韓国・台湾で反対運動が起き、日本国内でも大騒ぎになった。それが誤報であったことをわれわれが指摘し、テレビなどのメディアを通じて朝日新聞の責任を追及したのである。

ところが朝日新聞は「謝罪した」とはいうものの、終始曖昧な態度を取り続け、最終的に、「日本政府の検定の方向が戦前を美化するほうに向いていたのが悪いのであって、『侵略』を『進出』に書き換えた教科書があったということ自体は問題ではない」と逃げている。それまで中国でも韓国でも、日本の教育が戦前を美化する方向に進んでいるとは誰もいっていなかった。つまり朝日新聞の誤報という小さな出来事が、大きな国際問題に発展したのである。

いわゆる従軍慰安婦問題もそうである。従軍慰安婦の強制連行など旧日本軍に存在しなかったことは、もう何十年も前からわかっていた。朝日新聞は「私は韓国・済州島で女性を奴隷狩りのように強制連行した」と語る吉田清治の証言を使って、日本を貶(おとし)める報道を繰り返していたが、その証言が虚偽だったことがわかり、いよいよ言い逃れができなくなると、朝日新聞はまず「従軍」という言葉を外し、強制連行を「広義の強制性」の問題だとすり替えた。そしていつの間にか、「慰安婦は人道に反する」と言い始めたのだ。

現在の道徳に照らし合わせてどう判断するかは別として、およそ世界中で軍隊のいるところならば、ほぼどこにでも売春婦はいた。「戦場に売春婦がいた」というだけなら、大きくなりようもない話だった。それを、「日本軍は従軍慰安婦を残虐に強制連行した」などとありもしないことを煽り立てたから、ここまで騒ぎが大きくなったのである。

## 連合国から感謝された日本艦隊

第一次世界大戦に話を戻そう。

私は一九七四年に発刊した『ドイツ参謀本部』を書いた頃にかなり調べたが、結局、著名な歴史家たちは第一次世界大戦が起きた原因を特定しきれていない。私自身、いろいろと調べて不思議に感じたのは、第一次世界大戦はドイツが始めたように思われているものの、動員令を下した最後の国がドイツだったということだ。歴史とは複雑怪奇なものだと、つくづく思う。

これも、いまではわかりきっていることだが、日本は当初、第一次世界大戦に参戦する気はなかった。イギリスも、日本が第一次世界大戦に参戦することで発言力を拡大させても困るので、積極的に参戦を求めることはしなかった。

ところがいざ戦線が拡大しだすと、ドイツ軍は圧倒的に強く、これは大変だということで、日本に重ねて参戦を要請したのだ。

第一次世界大戦には、第二次大隈重信内閣（大正三年〈一九一四〉四月十六日～五年〈一九一六〉十月九日）、寺内正毅内閣（大正五年〈一九一六〉十月九日～七年〈一九一八〉九月二十九日）、原敬内閣（大正七年〈一九一八〉九月二十九日～十年〈一九二一〉十一月十三日）の三内閣が関わっている。

第二次大隈重信内閣では当初、三菱財閥創始者・岩崎弥太郎の女婿である加藤高明が外務大臣を務めたが、同内閣では、「日本陸軍は自衛のための軍隊であり、ヨーロッパには派兵させない」と断っていた。

当時、日本がヨーロッパへの派兵を断らざるをえなかったのもうなずける。軍部の資料にも、そんなことは不可能だと書いてある。なぜなら、まず、輸送力が不足していたからだ。実際にその後、日本が陸軍を派兵したのもシナ大陸の周辺国だけであるが、それでも兵隊一人につき三トンの輸送船が必要だった。ヨーロッパに派兵する場合、一連隊もしくは一旅団を出すだけでは独立して戦闘が可能な戦略単位にならず、イギリス軍やフランス軍などの外国軍の指揮下に置かれてしまう。日本軍単独で大規模な作戦を遂行するには、三個師団は必要だった。そこで計算してみると、兵員や装備の輸送には、日本が保有する全船舶の約半分が必要なことがわかった。

そういう台所事情はあったにせよ、対外的には、日本陸軍は自衛のための軍隊だと明言したので、イギリスのグレイ外相は、日本の姿勢は実に禁欲的で立派だったと褒めている。同時に、そういうところを褒めつつ、どうしても日本に参戦してもらいたいと望んだわけだ。

そのうちにドイツ東洋艦隊が太平洋を暴れ回るようになり、イギリスからの何回かの要請を経て日本も参戦することになり、ドイツが青島に築いた要塞を攻略しようということになった。青島要塞は非常に堅固だったが、神尾光臣中将率いる独立第十八師団が簡単に落としてしまった。ちなみに、このとき初めて陸軍航空隊が作戦に参加し、偵察や観測などを行なっている。

ところが、さらにドイツが通商破壊作戦を広範囲に展開し、連合国に大きな打撃を与えたことから、イギリスはドイツの武装商船を撃破するため日本に艦隊派遣を要請した。日本海軍は第一次世界大戦開始直後の大正三年（一九一四）八月二十一日に巡洋戦艦伊吹と軽巡洋艦筑摩、同十月一日に重巡洋艦日進を加えて三隻を派遣し、ドイツの通商破壊艦エムデン号の追跡に当たっている。

　続いて大正六年（一九一七）二月にドイツが無制限潜水艦戦を宣言すると、イギリスは日本にさらなる艦隊派遣を要請した。それでも日本は、日英同盟の適用範囲はインドまでだから、海軍を派遣することはできないと断った。ところが日本の商船もドイツの潜水艦に撃沈される被害を受けたことから、日本はイギリスの要請を受け入れ、地中海、インド洋、南アフリカ、オーストラリア方面に艦隊を派遣して連合国の船舶保護に当たった。そこで日本の艦隊は実によく働き、連合国から非常に感謝されている。

## シナの宣伝で嵌められた「対支二十一カ条」

　イギリスは日本に対し、日本が参戦する場合、派兵に必要な費用を負担し、講和の際に日本に有利な条件になるよう交渉すると申し出る。具体的には、ドイツ領の南洋諸島と青島（チンタオ）を含めた山東半島を日本に譲渡するという密約を、大正六年（一九一七）に交わした。

　日本はすでに青島を大正三年（一九一四）十一月七日に占領し、同十月十九日までに南洋諸島を占領したほか、同十一月一日にオーストラリアからヨーロッパに兵員を送るために派遣された輸送船団を巡洋戦艦伊吹が護衛している。

ところが余計なお節介というか、愚かなことに、日本政府はシナにドイツに対する宣戦布告を勧めてしまったのだ。シナがドイツに対して宣戦布告しなければ、交戦国とは認められないから、戦後の講和条約でシナは賠償等の権利を主張することは不可能である。それが日本に有利に働くことは明らかなのに、余計なことをしたものだ。結局シナは日本に勧められ、ドイツに対して形式上の宣戦布告を行なったが、これが後述するように、日本にとってマイナスになる。

四年三カ月にわたって戦われた第一次世界大戦が終結してまもなく、大正八年（一九一九）一月十八日にパリ講和会議が始まり、六月二十八日にベルサイユ講和条約が調印された。これは有名な話だが、イギリスはきちんと約束を守り、日本は密約通り山東半島と南洋諸島の権益を認められている。

話が前後するが、第一次世界大戦中の大正四年（一九一五）一月に、第二次大隈内閣は対支二十一カ条をシナの袁世凱政府に提出している。当時の外務大臣は加藤高明だが、第一次世界大戦の参戦をめぐって元老と協議する中で、元老から不信感を買うなど批判が多かった。

ただし、日本がこの対支二十一カ条を提出した背景には、日清戦争の折の三国干渉が当時の日本人にとって、いわゆるトラウマになっていたことを挙げる必要はあるだろう。

第一号から第四号までは、山東省に関する条約（第一号）、旅順と大連の租借権および満鉄権益の期限を九十九カ年に延長することなど（第二号）、製鉄会社の漢冶萍公司（かんやひょうこんす）の合弁について（第三号）、福建省の沿岸を外国に割譲したり貸与したりしないこと（第四号）を要求したものとされている。

だが、たとえば山東省に関する条約も、ドイツが保有している山東省の権益について日本政府がドイツ政府と結ぶ協定を承認すること、という内容であり、福建省については、福建省沿岸地方で外国に造船所や軍用貯炭所、海軍根拠地などの軍事施設を置かせないことを、日本側がシナ側に確認している内容だ。これらを見ると、必ずしも戦後に「日本の横暴」として批判されているほど無理な要求であるとは思えない。

加藤高明

もう一つ、対支二十一カ条には、あくまで希望事項である第五号もあった。政治・財政・警察における日本人顧問の招聘、日本の兵器受給などが盛り込まれており、日本が図に乗っていると取られても仕方がなかったが、当時治安が非常に悪かったシナ側にとって、まったく損であるとはいえない部分もあった。

ところが、シナ側が秘密事項だった第五号を海外に暴露したため、これを火事場泥棒だと受け取ったアメリカが抗議し、イギリスも、自分たちがヨーロッパで戦争をしている間に、日本が勝手に事を運ぶのではないかという疑心暗鬼に駆られた。もともと反日の塊で、朝鮮人にも独立運動をけしかけていたアメリカ人宣教師がシナを焚きつけ、イギリス人宣教師たちも、その頃から猛烈な反日運動を展開するようになっていた。あるいはイギリス人宣教師たちは、本国政府から何らかの指示を受けていたのかもしれない。

日本国内で元老たちも反対したため、結局、日本政府は第五号を削除した。そのため最終的には二十一カ条が十六カ条になり、当時のシナ政府も渋々その十六カ条を認めたのだが、シナ側は削除された第五号も含めて、対支二十一カ条要求として宣伝を行ない、要求を受諾した五月九日を「国恥記念日」として排日運動を展開したのである。

これが、のちにアメリカが反日に向かう際、非常に有効な口実になっている。その意味で大正時代は、日本国内は比較的平和だったが、外交では取り返しのつかない失敗を犯していたと考えざるをえない。

もう一つ付け加えなければならないのは、先に述べた通り、シナは日本に勧められ、ドイツに対して形式上の宣戦布告を行なったにもかかわらず、自ら自発的に宣戦布告したと主張したことである。よって、山東半島を日本に譲渡するという条項は無効であり、シナに返還しなければならないというのがシナの言い分だった。ところがパリ講和会議ではそれが認められなかったため、シナはベルサイユ条約に調印をしなかった。

これはパリ講和会議における日本外交の勝利ではあったが、大正十年（一九二一）〜十一年（一九二二）のワシントン会議において、アメリカなどの圧力で日本は山東省における権益を返還することを余儀なくされている。

## シベリア出兵と尼港事件の惨劇

大正時代にはまた、世界史に大きな影響を与えたロシア革命（大正六年〈一九一七〉）が起きている。このことが日本にもたらす影響は非常に大きく、ロシアが倒れたらドイツ軍がシベリアまで押し寄せてくることを懸念する声もあった。ロシアは当時、連合国の一員としてドイツと戦っていたが、壊滅的な損害を被ったタンネンベルクの戦い（大正三年〈一九一四〉）を皮切りに、敗戦が続いて社会が動揺し、それが引き金になってロシア革命が起きたのだった。

成立したロシアのボルシェビキ（レーニンを指導者としたロシア社会民主労働党の左派）政府は大正七年（一九一八）三月三日にドイツ、オーストリア＝ハンガリー、オスマントルコなどとブレスト・リトフスク条約を結び、単独講和を行ない、ドイツ・オーストリア軍はウクライナの首府キエフを占領した。ロシアがドイツと戦っている最中に講和を結んでしまったこと、ボルシェビキ政府が革命を輸出する方針を明確に打ち出していたこと、さらに革命外交と称してそれまでのロシア帝政時代の債務不履行を宣言したことから、逆にイギリスやフランスなど連合国は干渉戦争を行ない、ウクライナまで入ってキエフなどを占領したのだ。

その流れもあって、日本はシベリアに出兵することになるのだが、その経緯（いきさつ）を説明するためには、話を第一次世界大戦中に戻さなくてはならない。

第一次世界大戦では、当時、ハプスブルク家の支配下にあったチェコ人たちが同盟国側に加えられて東部戦線に参加していたが、それまでのハプスブルク家支配に反感を持ち、独立を求めていたチェコ人たちの中にはロシアに投降し、逆にドイツに対して戦いを挑む者が多かった。そのためロシアもチェコ人の捕虜たちを集めて軍団を編制し、積極的に活用したが、その数はロシア革命の頃には約四万五千にも達していたといわれる。

ブレスト・リトフスク条約でロシアが戦線から離脱したために、彼らチェコ軍団は引き続きドイツと戦い、チェコの独立を目指すためにシベリアを回って西部戦線に参加することになった。だが、シベリア移動中にボルシェビキ政権への不満を募らせたチェコ軍団は武装蜂起し、ボルシェビキ政権は同軍団を反革命分子として弾圧した。

連合国内ではイギリス、フランス、イタリアが、日本やアメリカにシベリアへの出兵を再三求めていた。ロシアがドイツと単独講和を結んでしまったため、西部戦線が危機に陥る恐れが高まったためである。日本のアジア進出を嫌うアメリカ政府は、シベリア出兵に消極的な態度を示していたが、このチェコ軍団弾圧事件をきっかけに、大正七年（一九一八）七月、チェコ軍団救出を名目にした共同出兵を日本に提案。それが受け入れられ、同八月二日および三日に、それぞれ日本政府とアメリカ政府が、シベリアに対する共同派兵を発表した。

その結果、日本とアメリカだけでなく、イギリス、フランス、イタリア、カナダに加え、おかしなことにシナ軍までがウラジオストクに上陸した。大井成元(しげもと)中将（のち大将）麾下の第十二師団が先導役を務めて非常にうまく戦い、ボルシェビキ軍を一挙にシベリアの奥地に追いやった。

ところがアメリカは、シベリア出兵に日本を誘っておきながら、シベリア出兵の実質的な主導権を握るようになった日本の一挙一動が気に入らない。アメリカ政府は日本がシベリア出兵に関する合意を無視したとして、抗議ノートを突きつけた。これに対し原敬内閣は対米譲歩の方針を打ち出し、兵力削減などを決定している。

その後、西シベリアのオムスクに樹立されたオムスク政権（指導者は第一次世界大戦時のロシア海軍黒海艦隊司令長官だったアレクサンドル・コルチャーク）の施政下で、情勢は安定化すると思われたが、一九一九年末に同政権がボルシェビキ軍に敗れ、シベリア情勢は混迷を極めていく。

こうしたなか、イギリス、フランスは軍事干渉の中止を決め、アメリカも大正九年（一九二〇）一月に日本に無断でシベリアからの撤退を宣言し、四月に撤退を完了させた。

そもそも当時、日本国内ではシベリア出兵に反対する世論も多かった。各国が撤兵したあと、日本は東部シベリアの支配に執着したと後世の歴史家は批判しているが、日本もすぐに引き揚げたくても引き揚げられなかった事情があった。

各国が撤兵を進め、シベリア各地に革命勢力が急速に増大する中で、大正九年三月にニコラエフスク（尼港）で日本軍守備隊や日本領事館員、在留邦人ら婦女子を含む約七百人が赤軍パルチザンに惨殺される事件が発生したのだ（尼港事件）。ニコラエフスクは沿海州北部の樺太のすぐ脇にある都市である。事件が起こる三月以前は気候が厳しく、結氷して船も出せないため、すぐに引き揚げるわけにもいかなかった。救援隊もすぐに組織されたが、行き着けなかった。

雪解けの季節に現地に行ってみると、在留邦人たちはあまりにも残虐に凌辱暴行され、殺害されていた。左右の脚を一頭ずつの馬につなぎ、走らせて体を引き裂かせていたものもあった。日本人がいた建物の壁には恨みの言葉や、「この日を忘れるな」という文字が書かれていたという。さらにたった一人、命がけで逃げ出してきた将校などの証言によって、惨劇の克明な事情が明らかになった。

日本の世論は激昂し、同七月に日本政府はハバロフスクへの駐留を継続することを決め、同事件が解決するまで北樺太を保障占領する（大正十四年〈一九二五〉五月まで）。

日本がハバロフスクに駐留部隊を残し、シベリアからの撤兵を完了したのは大正十一年（一九二二）十月である。たしかに、他国がシベリアから引き揚げたあとも、日本が撤兵を引き延ばしたことに対する批判は多いが、尼港事件を無視・軽視しての論評は、あまりに歴史の事実を無視した言説だといわざるをえない。

## 「軍人には娘を嫁がすな」

このような対ソ干渉戦争はあったものの、総じていえば、二十五カ国が参戦し、主戦場となったヨーロッパに大きな惨禍をもたらした第一次世界大戦が大正七年（一九一八）に終わると、世界は一転して平和を希求するようになる。

後世の評価には諸説もあるが、強権的な軍国主義であるドイツが敗れ、デモクラシーを掲げる国が勝ったという認識が第一次世界大戦後の世界に広がった。それを受けて日本にも、デモクラシーや民主主義を礼賛する風潮が生まれている。

そのため、尼港事件に激昂した当時の日本人の間にも、徐々に「大戦が終わったのに、まだシベリアに兵隊がいるのは何事か」と、シベリア派兵に対する反対論が出始めた。「これは軍上層部の勲章稼ぎではないか」という批判さえあった。

日清、日露戦争では正味八カ月から一年半ぐらいしか戦争をしていないことから見れば、シベリア出兵は派兵期間が非常に長かった。陸軍は、極寒の地に同じ部隊をいつまでも置いておくわけにはいかないので、駐留部隊を頻繁に交代させていた。

結局、日本は第一次世界大戦への参戦自体を断っていたのに、シベリアには四年間出兵し、何の得るところもなく引き揚げることとなった。

当時の風潮がわからないと、理解できないことは非常に多い。実は当時、日本においても軍人を軽視する風潮が急速に高まっていたのである。

明治以来、軍人たちは威張っていた。とくに日露戦争では、論功行賞で多くの男爵や子爵が出たからなおさらである。ところが、第一次世界大戦でのドイツの敗北は、「軍人の敗北」のように受け取られた。

演習帰りの軍人たちは国民の冷たい視線を浴び、「軍人には娘を嫁がすな」とさえいわれるようになった。そのため軍人が軍服を着て町に出るのを嫌がって、私服に着替えて外出するという風潮さえ生まれていたのである。

一方、日本を意識してのことだと思われるが、アメリカは第一次世界大戦中にダニエルズ・プランと呼ばれる海軍拡張計画を立案し、総勢百数十隻の大艦隊をつくろうとした。第一次世界大戦後もアメリカは建艦計画を立案したが、世界が平和を求め、戦争もないのに大規模な建艦計画を実行するのは難しく、軍備制限の気運が高まった。

そこでアメリカのハーディング大統領が、ワシントン会議（大正十年〈一九二一〉）を提唱する。

米29代大統領
ウォレン・ハーディング

加藤友三郎

あとから考えると、アメリカの意図は、「アジアにおける日本の力を抑えよう」という点でイギリスと一致していたことは明白である。だが当時は、そんなアメリカの思惑がわからない。第一次世界大戦中は欧米が戦時下にあったために好景気だった日本経済も、欧州が戦争から立ち直ってくると、戦後は反動的な不況に見舞われていた。そんな背景もあって日本では、朝野を挙げてワシントン会議を歓迎した。

ワシントン会議には、首席全権の加藤友三郎海相に加え、幣原喜重郎駐米大使と徳川家達(いえさと)貴族院議長の二人が全権として参加した。加藤首席全権は、彼の悪口をいう人がいないというほどの常識的な海軍軍人で、日露戦争の帰趨(きすう)を決めた日本海海戦当時の参謀長という、申し分のない経歴の持ち主である。そういう人物だから、交渉を通じて「建艦競争を始めたらきりがない。国力のない日本にとっても良いことだ」と考えて、軍縮条約に調印したのであった。

その考え方は非常に筋が通っている。ワシントン会議では主力艦（戦艦）の現有勢力比率が米：英：日＝五：五：三に定められたが、これは日本はアメリカ、イギリスに対して六割海軍でいくということだ。アメリカは太平洋と大西洋を握っていて、イギリスも全世界に植民地を多数抱えていたから無理もない。これは国民も納得する議論である。

## 日英同盟廃棄という致命的な失敗

ところが、ワシントン会議の本当の意味は、軍縮条約と並行して採択された条約や決議にあった。

その最大にして最悪のものはいうまでもなく、日英同盟が廃棄され、日英米仏の四カ国条約が結ばれたことである。

日英同盟の廃止の口実は、たしかにあった。元来、日英同盟はロシアに対する日本の防衛のために結ばれたものだったから、革命でロシアが滅んだ以上、日英同盟は必要ないという理屈である。

またアメリカが、ロシア革命をあまり危険視していなかったことも大きい。アメリカはロシアで共産党が革命を起こして皇帝一族を根絶やしにし、帝政ロシア時代の債務の不履行を一方的に宣言しようが、ほとんど直接的な被害を受けなくてすむ国だった。しかも一般のアメリカ人は「ボルシェビキは皇帝を倒し、あの国を共和制にした」といわれれば納得した。実際には共産党の独裁だからまったく違うのだが、とりあえず「帝政を倒した共和制」という言い方をすれば、アメリカと同じ政治体制の国になるわけで、同情的な気持ちにもなる。

日英同盟を廃止すべきだと強く主張したのは、アメリカとカナダだけであり、イギリスは同盟廃止をとりたてて主張していない。

アメリカからすれば日英同盟がある限り、アメリカが日本と戦うことになったら、イギリスは日本の味方となる。そうなるとアメリカは、太平洋と大西洋という両面から挟み撃ちされることになる。そのような事態は、アメリカとしては何としても避けねばならぬことだった。しかも、そもそも日英同盟の主敵であったロシア帝国もドイツ帝国も第一次世界大戦で崩壊したので、アメリカからすれば、日英同盟の矛先が自分自身に向けられているような感覚にとらわれることとなった。しかも日本は、日英同盟を笠に着て、アメリカが進出したくてたまらない中国に対し、好きなように振る舞っているようにも見えた。

だがイギリスは、かつて自らが決定した同盟政策を自分から取り下げるようなマネはしなかった。大英帝国の矜持がまだ残っていたのである。

私に限らず日本人はみな、日英同盟の廃止が日本の孤立化のきっかけになったことに、何の異論も挟まないと思う。あの当時においても、たとえば渋沢栄一などは日英同盟の廃止に強烈な危機感を抱いていた。その危機感は、渋沢自らワシントンにまで足を運び、同盟の継続を訴えたほどのものであった。

ところが、日英同盟の廃止を認めた幣原外相（当時は駐米大使）は、そうは考えていなかったようである。二〇一四年十月に亡くなった外交評論家の岡崎久彦氏も、「あれは幣原外相の責任だろう。日本が廃止を望まなければ、イギリスは日英同盟を無理に廃止しようとはしなかった」といっていた。

実際にイギリス人の目から見て、日本はけっして悪い同盟相手ではなかった。イギリスからすれば、この同盟があったればこそ、東アジアに多数の兵力を置かずにロシアの南下を抑え、貿易の利益を確保することができた。しかも同盟相手国である日本は、日英同盟を自分の都合ばかりで利用して一方的に利得をむさぼるようなこともしなかった。グレイ外相もいうように、日本は日英同盟に関しては非常に禁欲的な姿勢で臨んでいたのであって、日露戦争を始めるときも、日本はイギリスからの助けばかりを期待するような見苦しい態度は、微塵も見せなかった。

だがイギリスとしては、アメリカから強く申し入れられれば、むげにはできない理由もあった。第一次世界大戦ではアメリカから資金も物資も援助してもらい、さらに西部戦線にも多大な出兵をしてもらっているからである。

その一方で、イギリスよりむしろ日本の外務省のほうが、アメリカの主張を受けて日英同盟をやめて日本、イギリス、アメリカ、フランスで四カ国条約を結んでもよいのではないかと、無定見にも傾いていったらしいのだ。

これは強調して、しすぎることはないが、日露戦争のときにも有用だった日英同盟が太平洋に関する四カ国条約に変わったことで、日本を利するものは何もなかった。日英同盟を廃棄し、代わりに四カ国条約を結ぶなど、まさに「ウイスキーを水に替えただけの話」でしかなかったのである。

私の個人的な体験を述べると、イギリスで開催されたある会合に出席したときに、イギリス側の代表であったバターフィールド男爵という人物と話を交わしたことが印象深い思い出になっている。バターフィールド男爵はケンブリッジ大学のプロボースト（上級副学長）で、数人で会食したときに私の隣にたまたま座ったのが彼だった。私が「日英同盟を廃止したのは良くなかったですね。日本には反英感情はありませんでしたよ」と話したら、彼は私の膝を叩いて「そうなんだ！」と答えた。

やはりイギリスでも、知識人の間に「日英同盟を廃止したのは良いことではなかった」という認識があるという印象を私は受けた。

## 尊王攘夷とアジア主義

実際に当時の一般の日本国民に反英思想はなかった。ずいぶんあとの話になるが、私が中学に入ったのは昭和十八年（一九四三）である。当時はすでに日本軍がシンガポールを陥落させ、ビルマ（現・ミャンマー）のマンダレーも落としていた頃だ。にもかかわらず、英語の教科書はイギリス王家の紋章を表紙にあしらった『ザ・キングズ・クラウン・リーダーズ』という本で、イギリスの生活について書かれていたものだった。昭和十九年までは、英語の教科書にしてもそうだったのである。

後年、日本で反英感情が煽られていったことは事実だが、それにも事情がある。明治維新以来、日本国内には「尊王攘夷」、すなわち西洋の帝国主義・植民地主義に対抗しようという気風は脈々と存在し続けていた。西欧列強の脅威から国を守るために維新を起こしたようなものだから、当然といえば当然である。

日本が日清・日露の両戦争に勝ち、自国の安全を存分に確保する状況になると、さらにアジアの人々と連携して、アジアの解放を成し遂げようというアジア主義の動きが、とくに在野勢力を中心に根強く広まっていくことになる。孫文らを助けて中国革命を支援したり、インドの志士たち（たとえば新宿の中村屋に匿われたラス・ビハリ・ボースら）を助けてインド独立を支援したりするような動きを主導したのは、まさにそのような勢力である。当時、アジアで最大の植民地を誇っていたのがイギリスだから、そのようなアジア主義者たちがイギリスに対する敵愾心を高めていくことは、必然といえば必然であった。

一方、イギリスも日英同盟の破棄後、ソ連がコミンテルンの活動を通じて中国における民族主義を煽動して、排外運動・革命運動を高めていくと、その矛先を自分の国から日本に向くように仕向けるよう動いている。

たとえば昭和十四年（一九三九）四月に天津のイギリス租界で親日派の華北臨時政府の要人が暗殺されたが、イギリス側は犯人引き渡しを拒否するようなこともあった。それをきっかけに同年六月、日本軍は天津のイギリスおよびフランス租界を封鎖することとなる。もともとイギリス租界で、宣教師などが反日感情を煽るなどの利敵行為が行なわれていたことも背景にある。租界の封鎖にはイギリス側もさすがに怒ったと思うが、日英同盟が廃止されてから、かなりあとの話だ。

## 日本はアメリカにしてやられている

ワシントン条約では、シナに関する九カ国条約も締結されている。これはシナ人たちが「シナのための大憲章（マグナカルタ）」といって、ことあるごとに振りかざした条約である。

日本、イギリス、アメリカ、フランス、イタリア、ベルギー、オランダ、ポルトガル、中華民国の九カ国で結ばれたが、その内容からして、日本の大陸政策を抑えるためだけの条約といっても差し支えない。「中国の主権、独立、領土的・行政的保全の尊重、中国における『優先権』や独占権の禁止など、門戸開放」（『国史大辞典』）と美辞麗句が記されているが、どんなにカモフラージュしようとも、それは日本を抑えるための方便だったのである。

先ほども述べたように、とりわけアメリカには、シナにおける日本の立場を弱くしようという思いが強くあった。

たとえば、第一次世界大戦中の大正六年（一九一七）十一月二日に、石井菊次郎特命全権大使とロバート・ランシング米国務長官が共同宣言を行なった石井・ランシング協定も、結果的にいえば、日本を騙すためのものとなったことは明らかである。

石井・ランシング協定では、中国における門戸開放政策への支持を謳ったうえで、領土に隣接する国家との特殊な関係を相互に認め合った。これはつまり、アメリカが日本の満洲などにおける特殊権益を認めたことを意味する。これにより日米間で関係改善に向けた合意が行なわれた。だがこの協定も、大正十二年（一九二三）四月十四日、九カ国条約の発効によって存続の理由を失ったとして廃棄されること

ワシントンで協定締結（1917年）した折の
石井菊次郎とロバート・ランシング

となる。

　加えてアメリカは、いわゆる「排日移民法」で日本移民を禁止し（大正十三年〈一九二四〉）、アメリカ人男性と「写真結婚」した日本女性の入国を禁止するなど、日本に対する姿勢を硬化させていった。

　はたして日本は第一次世界大戦前に、アメリカに不義理な行為をしたことがあっただろうか。絶対にない。だが、一方のアメリカは、第六章でも触れるように人種差別を公然と掲げる国でもあり、自らが喉から手が出るほどに欲していたシナ市場で大きな影響力を発揮する日本が許せなかった。

　私が通った小学校ではアメリカに敵

慎心を植え付けるような教育はされていなかったが、それでも当時の世相を受けて私たち生徒は何となく「日本はアメリカにしてやられている」と感じていたものだ。

## なぜ「九カ国条約」を見直さなかったか

石井・ランシング協定に話を戻すと、私の家で働いていたお手伝いさんが娘の頃に、石井菊次郎大使の家で小間使いをしていた。そこで私は彼女から石井菊次郎の話をいろいろ聞こうと思ったが、彼女は石井菊次郎の家にいたとき、まだ田舎出の少女だったから、内容のある話は聞けなかった。

石井・ランシング協定の根底には、アメリカおよびヨーロッパ両大陸の相互不干渉原則であるモンロー主義があった。石井大使は「アメリカ大陸のことには口出ししない。一方、日本はシナに近いから特別な利害関係があっても当たり前で、相互に口出ししないと、アメリカは認めたのだ。

ところがランシング国務長官は、本当はシナ派だったようである。彼は、シナ人の移民問題でシナ政府を擁護したり、日清戦争後の下関講和会議などでたびたびシナの代理人を務めたジョン・フォスター元国務長官の娘と結婚している。そのためランシング国務長官は家族を挙げて、シナがらみで利益を得ていた可能性もある。

現代においてシナ問題を考える場合も、シナで儲けている人間が非常に多いということを、われわれは忘れてはならない。もう少し時代が近いところでは、日本との開戦を決断したルーズベルト大統領がその典型だ。フランクリン・デラノ・ルーズベルト、すなわちFDRの「D」が重要で、デラノ家はオランダ系の麻薬王として知られ、アヘン貿易で財をなしていた。だからアヘンの一大市場だったシナに対して、非常に深い愛着心を持っていたのである。

先ほども述べたように、石井・ランシング協定は九カ国条約の発行とともに破棄され、そしてその後の上海事変、満洲事変、シナ事変などで、日本は九カ国条約に違反したという理由で、つねに批判の矢面に立たされることになった。

日本はとてもやり切れなくなって、シナ事変後に九カ国条約を事実上破棄している。戦後の歴史の専門家にいわせると、けしからんという話になるが、筋の通らない条約から脱退するのは、欧米でも珍しいことではない。

だいいち、条約は何年という期間を定めて内容を見直すのが普通で、日英同盟も五年後、十年後、二十年後とたびたび見直されてきた。ところが、九カ国条約にはこうした見直し条項がなかった。

また日本周辺の国際情勢の変化を考えると、ロシア革命後にソビエト連邦が設立されるのが大正十一年（一九二二）で、九カ国条約にソ連が入っていないことも大きかった。そのソ連が、極東に巨大な軍事力を集結するのだ。

さらに重要なのは、シナが日本と結んだ条約をまったく守らなかったということである。たとえば、いわゆる対支二十一カ条要求が合意に達してまもない大正四年（一九一五）五月二十五日、日本人の南満洲への往来と居住の自由、就業の自由および土地商租（土地所有・貸借）の自由を認める「南満洲及び東部内蒙古に関する協定」が調印されている。ところがシナはその翌月、日本人に土地を貸しただけで、売国罪で死刑になるという懲弁国賊条例（国賊を処罰する条例）を定めている。

こうした事態は、九カ国条約が想定すらしなかったことである。九カ国条約には、シナが特定の国のために軍備の拡張をしないことなどのさまざまな規定があったが、シナはそれを全部無視したといってもいいぐらいである。

だから日本が、これでは話にならないといって同条約から脱退しても、それをとやかく追及される理由はなかった。

さすがにワシントン会議の席で、九カ国条約に加盟しないという選択は難しかっただろうが、ソ連の五カ年計画が発表されたあたりのタイミングで、「状況の変化により、九カ国条約を見直したい」と日本側から申し入れることはできなかったかと、私は思うのである。

## いわゆる「不戦条約」の偽善

もう一つの問題は、不戦条約と呼ばれるケロッグ・ブリアン条約（昭和三年〈一九二八〉調印）だ。これは、フランスのブリアン外相とケロッグ米国務長官の間で交渉が行なわれ、多国間条約として提案されたもので、第一条に「締約国は、国際紛争解決のため戦争に訴ふることを非とし、かつその相互関係において、国家の政策の手段としての戦争を放棄することを、その各自の人民の名において厳粛に宣言」（傍点渡部）するとある。

日本国憲法九条第一項に書いてあることと、非常によく似てはいないか。

田中義一内閣（昭和二年〈一九二七〉四月二十日～四年〈一九二九〉七月二日）は、この条約が自衛権を否定していないことなどから同条約を批准(ひじゅん)した。ところが第一条の「人民の名において」という文言が、明治憲法が定める天皇の統治大権に抵触するのではないかという議論が起こり、田中内閣は窮地に立たされ、そのとき全権として調印した内田康哉が枢密顧問官を引責辞任している。

後年の東京裁判では、日本がこの不戦条約にも違反したとして裁かれているが、とくにアメリカには、日本をそのように断罪するに足る資格があるとは思えない。

というのも、この条約の草案段階で、米議会は「アメリカ人は戦争を悪いとは考えていない」と反対しているのである。ところがケロッグ国務長官は「これは侵略戦争を止めるための条約である。自衛の戦争はやってもいい」と答弁し、「侵略戦争とそうでない戦争はどこが違うのか」という質問に対しては、「侵略戦争とは攻め込まれて国境を侵されたということだけでなく、経済的に重大なる圧迫を加えられたときも侵略戦争と認める」と答えたのだ。

ならば、航空用ガソリンやくず鉄の禁輸、石油の全面禁輸などで日本の経済封鎖を進めたＡＢＣＤ包囲陣は、まったくの不戦条約違反である。日本が不戦条約に違反し、侵略戦争を行なったなどと、アメリカにはいわれたくないと私は思う。

## 当時の指導者の不見識は何に起因するのか

つくづく思うのだが、幕末の維新や戦争の修羅場をくぐって鍛えられ、ガッツを身につけた先人たちは、素朴ではあっても時代を切り開いていくときに必要な歴史観と世界観はしっかりと身につけていた。

だが、第一次世界大戦前後になると、日本外交を引っ張るような人々は、明治以降に教育を受けて上り詰めたエリートになっていた。

たとえば対支二十一カ条を突きつけた折に外相を務めていた加藤高明は安政七年（一八六〇）に生まれ、旧制愛知県立第一中学校、名古屋洋学校を経て、明治十四年（一八八一）に東京大学法学部を首席で卒業。その後、三菱に入社してイギリスに渡り、明治十九年（一八八六）に岩崎弥太郎の長女と結婚した人物である。

日英同盟破棄と四カ国条約・九カ国条約の締結があったワシントン会議の折の外務大臣であり、さらに不戦条約締結の際には全権を務めた内田康哉は慶応元年（一八六五）に生まれ、明治九年（一八七六）に同志社に入学するも、のちに退学し、明治二十年（一八八七）に帝国大学法科大学（現在の東京大学法学部）を卒業。外務省に入省している。

また、日英同盟を破棄した折の全権代表（当時、駐米大使）であり、その後、ロンドン海軍軍縮条約締結の折の外相でもあった幣原喜重郎は、明治五年（一八七二）

内田康哉

幣原喜重郎

に生まれ、官立大阪中学校から、第三高等中学校を経て、明治二十八年（一八九五）に帝国大学法科大学を卒業している。ちなみに幣原の妻も岩崎弥太郎の娘（四女）であり、彼が最初に外相に就任したのも義兄・加藤高明が首相を務めた内閣の折であった。

これまで述べてきたように、当時の外交を率いた人々の「不見識の罪」はかなり重いといわざるをえないが、彼らの不見識は何に起因するものであったか。

ここで思い当たるのが、明治時代の教育の問題である。よく知られているように、明治二十三年（一八九〇）に「教育勅語（教育ニ関スル勅語）」が発布されている。第一次世界大戦前後に日本を率いたリーダーたちのあり方を考えるうえでは、この教育勅語がなぜ編纂されることになったのかを見ておかねばならないと私は考えている。

明治時代の日本は大変な勢いで西欧の技術や制度を導入して、国家の近代化を成し遂げた。しかし、それでも日本古来の精神や、日本古来の美風が忘却されることはなかった。

実は、それを両立するのは、世界史的には類い稀なことである。日本のあとに近代化を進めた国は数多いが、ほとんどの場合、過去を捨て去ろうとする動きが強くなるか、あるいは古来大切にされてきた価値観への原理主義的な揺り戻しが起こるかの、どちらかであった。イランで近代化を進めようとしたパーレビ国王が、イスラム原理主義運動で倒されたことなどは、典型的な例といえる。インドやシナのような文明圏は、植民地化や共産革命を通過してようやく近代化に向かった。現在、日本を訪れる多くの外国人が、日本では伝統と近代が見事に融和していることに驚くのは、それ相応の理由があるのである。

もちろん日本でも、近代化路線への根強い反発がなかったわけではない。萩の乱や神風連の乱、西南の役などの士族の反乱が続出した背景にも、その不満があった。しかし、そのような反発が局地的なもので収まり、全国で爆発することがなかった大きな要因は、明治天皇がおられたことにあった。

たとえば身近なところでいえば、仏教伝来以来、「四つ足」（家畜）を食べることは禁忌だったが、しかしそれでも、子供が「天皇様も洋食を召し上がっている」といえば、親は文句がいえなくなる。長い間培われてきた風俗伝統を変えることは容易（たやす）いことではないが、明治天皇のご存在が、その変化を強く後押ししたのだった。

その一方で、明治天皇はきわめて厳格に皇室祭祀を復活させている。祭祀の前日にはお好きな牛乳も召し上がらなかったという話も伝えられる。これには、どんな復古主義者でも文句などいえるはずがない。

このような明治天皇の御心（みこころ）が、近代化の奔流の中に投げ出された日本国民の安心立命の源ともなったのである。「和魂」と「洋才」の両立、つまり復古による近代化というきわめて幸せなパラドックス（逆説）は、かくして成立したのであった。

明治天皇ご自身、「和魂」と「洋才」のバランスについて深いお考えをお持ちであった。明治以降、学校制度が確立され、西洋の学問が教育現場にどんどん導入されると、明治天皇は巡幸などで教育現場をとりわけ熱心に視察された。しかし、そこで明治天皇がご覧になったものは、英文を流暢に読めても日本語にうまく訳せなかったり、技術論は知っていても実務には疎い生徒たちの姿だった。

このような状況に明治天皇は、「いまの教育はあまりに西洋風に偏り、日本古来の美風をなおざりにしているのではないか」との深い懸念を抱かれるようになる。

さらに明治の前半期には、西洋文明に圧倒されて、日本の文化に劣等感を覚える風潮すらあった。このことが、明治天皇のご懸念をいっそう深いものにした。

私は、明治天皇がとくに心配されたのは「進化論」の影響ではないかと思う。ダーウィンが『種の起源』で提唱した進化論の考え方は、当時の社会に大きな衝撃を与えていった。その考え方が社会科学にも影響を与え、「社会は理想の状態へと進化していく」という社会進化論のような考え方も生まれる。

社会に進化論を当てはめると、「優れたもののみが勝ち残る」「古いものよりも新しいものがいい」などという考え方が大手を振るようになる。しかし、日本の建国以来の歴史と精神を重んじられた明治天皇からすれば、このような考え方は、到底受け入れがたいものであった。

明治天皇が大切にされたのは、まさに「不易流行（ふえきりゅうこう）」の心だったと、私は思う。明治初年の「五箇条の御誓文」にあるように、「旧来の陋習（ろうしゅう）を破り」「智識を世界に求め」る「流行」があるべきだが、そこには確固とした「不易」がなければならない――そういうお考えだったと思われてならない。

## 悲劇の時代を率いた「教育勅語を知らない世代」

明治天皇は、明治十二年（一八七九）に「教学聖旨」という大方針を示し、教育へのご懸念を示された。さらに、深い信頼を寄せていた儒学の侍講・元田永孚（ながざね）に命じて『幼学綱要』を編纂させた（明治十五年〈一八八二〉）。これは初学者向けに、さまざまな道徳的な逸話を集めて人倫の道をやさしく説くものであり、この完成を喜ばれた明治天皇は、宮中で女官たちに自ら講義をされたと伝わる。

そして、さらに広く、わが国の「不易」を徹底させるべく起草されたのが、「教育勅語」だったのである。

教育勅語を起草した中心人物は、元田永孚と、伊藤博文の懐刀であった井上毅（こわし）である。井上毅で特筆すべきは、日本古来の人倫の道を基本に置きつつ、儒学やキリスト教などの学派臭や宗派臭といった「臭み」を廃して、誰が読んでももっともだと思う表現で示そうと考えたことであった。明治天皇も熱心にお考えを示され、それをもとに井上や元田が文章の修正を重ねていったという。小さなことではあるが、井上も元田も同郷だった（熊本）。これは方言がひどかった時代に、細かい点

まで腹を割って語るのを可能にしたのではないか。

さらに井上は、憲法に基づく立憲体制下では、道徳を法律的に命令することは許されないと考えていた。大日本帝国憲法では、「凡て法律勅令其の他国務に関る詔勅は国務大臣の副署を要す」とされていたが、教育勅語は明治天皇が親しく国民に発せられたお言葉として、大臣副署なしに発布されている。

元田永孚

井上 毅

教育勅語には、「父母に孝に、兄弟に友に、夫婦相和し、朋友相信じ、恭倹己れを持し、博愛衆に及ぼし、学を修め、業を習い、以て智能を啓発し、徳器を成就し、進んで公益を広め、世務を開き、常に国憲を重んじ国法に遵い、一旦緩急あれば義勇公に奉じ、以て天壌無窮の皇運を扶翼すべし」という徳目が示され、さらに、「よく忠に、よく孝に、億兆心を一にして世々その美をなせるはこれ我が国体の精華」であり、「この道は

朕惟フニ我カ皇祖皇宗國ヲ肇ムルコト
宏遠ニ德ヲ樹ツルコト深厚ナリ我カ臣
民克ク忠ニ克ク孝ニ億兆心ヲ一ニシテ
世世厥ノ美ヲ濟セルハ此レ我カ國體ノ
精華ニシテ教育ノ淵源亦實ニ此ニ存ス
爾臣民父母ニ孝ニ兄弟ニ友ニ夫婦相和
シ朋友相信シ恭儉己レヲ持シ博愛衆ニ
及ホシ學ヲ修メ業ヲ習ヒ以テ智能ヲ啓
發シ德器ヲ成就シ進テ公益ヲ廣メ世務
ヲ開キ常ニ國憲ヲ重シ國法ニ遵ヒ一旦
緩急アレハ義勇公ニ奉シ以テ天壤無窮
ノ皇運ヲ扶翼スヘシ是ノ如キハ獨リ朕
カ忠良ノ臣民タルノミナラス又以テ爾
祖先ノ遺風ヲ顯彰スルニ足ラン
斯ノ道ハ實ニ我カ皇祖皇宗ノ遺訓ニシ
テ子孫臣民ノ倶ニ遵守スヘキ所之ヲ古
今ニ通シテ謬ラス之ヲ中外ニ施シテ悖
ラス朕爾臣民ト倶ニ拳拳服膺シテ咸其
德ヲ一ニセンコトヲ庶幾フ
明治二十三年十月三十日
睦仁
天皇御璽

「教育勅語（教育ニ関スル勅語）」（複製頒布：明治神宮）

実に我が皇祖皇宗の遺訓にして子孫臣民のともに遵守すべき」ものと書かれている。

ここには「不易」としての日本古来の美風を重んじる明治天皇の御心がよく表わされている。しかも天皇は最後に「その徳を一にしよう」とおっしゃっているのだ。命令でなく一緒に実践しようというのである。

教育勅語は、発表直後に各国語に訳され、主要国に送られるが、どの国からも高い評価が寄せられた。これは日本にとって、実は重要な意味を持っていた。当時、西欧諸国には、キリシタンを迫害した歴史を持つ日本を警戒する風潮もあったからである。教育勅語は、そのような西欧でも反論なく通用する、立派な道徳訓だったのである。

明治維新からの急速な近代化や憲法が、当時の人々の生活実感と大きな隙間を生んでいたことは否めない事実であった。明治においてその隙間を埋めたものこそ「教育勅語」なのである。誰にも違和感のない大切なことが書かれている教育勅語の効果は、きわめて高く、教育勅語は当たり前のように広まり、社会の中に息づいていったのであった。

だが、残念ながら加藤高明や内田康哉、幣原喜重郎などは「教育勅語を知らない世代」であった。明治天皇が憂慮された「英文を流暢に読めても日本語にうまく訳せなかったり、技術論は知っていても実務には疎い生徒たちの姿」こそが、彼らの世代だったのである。愛国心はあっても、明治の元勲たちのような遠い慮りに欠けるところがあったのではないか。

明治を築いたのが「江戸時代の武士の道徳を身につけた世代」だとすれば、大正デモクラシーから日本の敗戦へと至る悲劇の時代を率いたのは、明治天皇が憂慮された教育状況の中で成長した「教育勅語を知らない世代」であった。

そのことを考えるとき、連合国による占領下の昭和二十三年（一九四八）六月に、衆議院の「教育勅語等排除に関する決議」と参議院の「教育勅語等の失効確認に関する決議」によって教育勅語が葬り去られてしまったのは、つくづく痛恨といわざるをえない。現代に置き換えるなら、たとえば東日本大震災の折に、今上陛下がビデオを通して語りかけられたお言葉を、国会の議決で廃止することなど許されるだろうか。

それを考えれば、いまこそ国会は、せめて教育勅語廃止決議の無効宣言を出すべきだと思われてならない。

## 四個師団廃止と軍の近代化を進めた日本

さて、ワシントン軍縮条約やロンドン軍縮条約など、世界で軍縮が大きな流れになっていた当時、実は日本では軍縮への志向がアメリカやイギリスよりもずっと強かった。

すでに進水を終えていた新鋭戦艦土佐を実験艦にして、魚雷や砲弾を浴びせて沈めたり、第一次・第二次加藤高明内閣（大正十三年〈一九二四〉六月十一日〜十五年〈一九二六〉一月三十日）で陸軍大臣を務めた宇垣一成（かずしげ）大将が、いわゆる宇垣軍縮で陸軍四個師団（高田、豊橋、岡山、久留米）を廃止したりしている。

宇垣軍縮について、それだけの兵力を、いきなり見えるかたちで削減することは反軍的だという批判もあったが、当時の世論はその政策を非常に歓迎した。

四個師団廃止といわれても、われわれにはピンとこないが、平時における師団の定員は一万人ぐらいだったから、当時の人にとっては相当大きな出来事だった。実際、四個師団の廃止によって、合計三万三千八百九十四人が整理されている。師団の存在は町の誇りということもあったし、その地域の経済のことを考えても、消費を専門とするような数千人から一万人近くの人間がいなくなってしまうことは大きな痛手である。師団が廃止されることでその町が受ける影響は、ことのほか大きかった。キャリアや栄達を求めて軍人になった将校たちも、約二千人が失職している。

何より悲愴感が漂うのは軍旗返納式である。軍旗は初めて連隊が編制されたときに授与されるもので、連隊長と連隊旗手、および四人の将校と一人の指揮官の七人で天皇陛下から直接受領した。軍旗は部隊の象徴で、この軍旗のもとに皆が命を捧げるという意味があったのである。だから師団廃止にともない連隊が廃止され、軍旗を返納する際、皆が涙を流した。

宇垣一成

しかし、軍縮を進めた宇垣陸相は馬鹿ではなかった。師団廃止で浮いた経費で航空部隊や戦車部隊を編制し、軍の近代化を推進した。また四個師団を削減する代わりに、学校教練を義務化し、定員外になった現役将校を配属将校として中学校以上に配置したのである。それまでは学校での軍事教練は行なわれていなかった。

当時、日本軍は近代化が非常に遅れていた。一例を挙げれば、第一次世界大戦で初めてタンク（戦車）が実戦に投入されたが、海外の新聞記事に「タンク」と出ていても、誰もそれが何なのかわからない。軍中央に問い合わせてもわからないので、最初から日本語で「タンク」と呼ばれるようになり、のちに「戦車」と呼ばれるようになったいきさつがある。

それぐらい、日本人は第一次世界大戦で一気に近代化された戦争のことを知らなかった。ヨーロッパの戦場では、タンクのみならず毒ガスや火炎放射器、飛行機が登場し、それまでとは戦争そのものが一変していたのだ。

日露戦争で連合艦隊作戦参謀を務めた秋山真之海軍少将（のち中将）が、大正五年（一九一六）三月に第一次世界大戦の視察にヨーロッパを訪れているが、「この戦争は日露戦争までとまるで違う。人間が戦うのではなく機械ばかりが戦っている。それを動かすのは石油だ。その石油は日本では産出しない。しかも、総力戦で壮年の男子はなべて軍隊に行ってしまっているが、工場も機械化されているので女性でも男の職人がつくるのと大差ない品質の武器を生産している。石油もなく、機械化も進んでいない日本は、もはや今後、戦争ができない国になった」といって、大変な絶望感を抱いたといわれる。そのためか彼の晩年は異常なところがあったらしい。

陸軍もヨーロッパに軍事調査員を多数派遣したが、「日本は陸軍では三流国に落ちてしまった。タンクも飛行機もない。向こうでは軍隊を動かすのはトラックだが、日本は駆け足だ」というような報告が軍中央に相次いだ。

## 宇垣軍縮を理解できなかった将軍たち

こともあろうに、宇垣軍縮以後、日本陸軍の上層部は宇垣一成大将に恨みを抱くこととなり、再び師団を増強する方向で軍拡することを考えるようになった。ところが若い中堅将校たちは、兵力がいくら増えたところで、装備の近代化を図らなければ総力戦はとても戦えないと考えた。その頃から当時の青年将校たちの間に、陸軍を握っている将軍たちを馬鹿にするような雰囲気が生まれたと思う。

第一次世界大戦の教訓の一つは、科学兵器をいかに充実させ、国家総力戦を戦うかということだった。そのためには、兵器の開発・生産体制はもちろん社会体制までを革新し、高度国防国家を整備しなければならない、と主張する永田鉄山、小畑敏四郎、東條英機ら青年将校たちが出てきて結束し、一大勢力をつくることになる。

また、これはもっとあとの時代に顕著になってきたことだが、日露戦争までの将校の質を百点とすれば、満洲事変になるとそれが八十点になり、シナ事変になると五十点と、著しく低下したという説がある。主に将校不足によるもので、その理由の一つが師団を減らしたために、将校の数が減ったことであった。その後、満洲事変からシナ事変へと至る時局の流れの中で、将校の増員が図られる。陸軍士官学校の生徒数は明治・大正時代は一学年約五百人で、軍縮時代は二、三百人だったが、昭和十二年（一九三七）には千七百人を超えた。さらに大東亜戦争終盤には四、五千人まで増やした。だが、急に生徒数を増やしたところで、将校の質がおいそれと高まるものでもない。

こと将校の育成に関して、日本陸軍は勉強不足だったとの批判は免れないだろう。プロイセンの参謀長などの要職を歴任し、軍政改革を進めたシャルンホルストは、母国がナポレオン率いるフランス軍に敗れた敗因を分析したうえで、参謀将校を養成する士官学校をつくり、貴族に限らず平民からも有能な人物を将校に登用した。まずは将校団の数を揃えて層を厚くしておけば、あとから兵隊の数を揃えても部隊の指揮がうまくいく。のちにナポレオンに勝利したブリュッヘルが率いた部隊では、シャルンホルストが育てた将校たちが活躍している。

同じことが、第一次世界大戦で敗れて軍備を厳しく制限されたドイツでも起きている。ドイツ軍参謀総長、陸軍統帥部長官などを務めたフォン・ゼークトは、国土防衛を担う国民軍の将校団を形成し、教育を担うエリート軍の創設に力を尽くした。

日本陸軍はこうしたことをやってこなかったので将校不足に見舞われ、大東亜戦争間際になって慌てて陸軍士官学校の生徒数を増やしたわけだが、これでは将校の質が落ちるだろうことは目に見えている。日本陸軍はかつてドイツ参謀本部に学んでいながら、将校の育成の重要性を看過してしまったのである。

## 「石炭の煙」で日露戦争に勝ったが

もう一つ強調しておかねばならないのは、石炭から石油へというエネルギー革命の問題である。日本には石油資源がないのだから、陸軍も海軍も、第一次世界大戦の教訓として、もっと危機感を抱き、早急かつ本気で取り組まなければならない問題だった。

第一次世界大戦前に、これから石炭から石油へのエネルギー革命が起こることを、最も早く理解したのはイギリスのチャーチルだった。

チャーチルは名門マールバラ家の生まれだったが、学校の成績が悪くて士官学校の受験に失敗し、二度目の受験で合格したものの点数が足りず、騎兵科に回された。軍歴もあまりなかったが、名門出身だけに、議会に出れば口も達者で頭も切れるということで頭角を現わし、明治四十四年（一九一一）に海軍大臣となってイギリス海軍の近代化に取り組んだ。日露戦争が終わったのが明治三十八年（一九〇五）だから、彼が海相になったのが、その六年後ということになる。

日露戦争を境に、兵器開発にも大きな変革が起こっていた。たとえば長距離の砲戦に圧倒的に有利なイギリスの戦艦ドレッドノートが登場し、従来型の戦艦を一気に旧式のものにしてしまった。そのため、各国でドレッドノートに対抗しうる、いわゆる「弩級戦艦」（弩はドレッドノートの略語）の建艦競争が起こっている。

もう一つの大きな変化は、軍艦が重油を燃料とするようになってきたことである。

当時のイギリスの海軍大臣には、四人の提督がアドバイザーに就いたらしい。チャーチル海相が「機関の燃料を石炭から重油に替えるという話があるが、どう思うか」と四人に聞くと、三人は従来通り、石炭でいいのではないかと答えた。イギリスには国内に石炭があったから当然である。ところが、第一次世界大戦でイギリス海軍の軍令部長を務めることになるジョン・フィッシャー提督は相当の変わり者で、彼は「絶対に重油のほうがいい」といったのだそうだ。陸軍出身のチャーチルも熟慮の末、やはり重油だろうと判断した。何といっても、石油は石炭よりも、はるかに熱効率が高い。そのためボイラーを小さくすることもできるし、同じ量の燃料でより長い航行距離を稼ぐことができる。しかも、石炭に比べて煙も少なく、また、積み込みの手間も大いに減少することができるのである。

チャーチルは、燃料を石炭から重油に切り替えるための作業に着手し、すぐにアングロ・イラニアン石油会社をつくって重油獲得の手も打った。当時イランでは細々と石油採掘を行なっていたが、それまで軍艦を走らせるのに石油を使った国はほとんどなかった。

不思議なもので、エネルギー革命は起きてしまうと一気に社会を変えていくが、それまで、その資源が広く使われていたかというと、そうでもない。

産業革命も、石炭からつくったコークスを熱源および還元剤として利用することで、大量の鉄を生産できることが発見されたことから起こった。いわば石炭によるエネルギー革命だったといえるが、それ以前に石炭を大々的に使っていた国はない。

益田 孝

日本にも石炭は比較的豊富にあったが、江戸時代に石炭を燃料として使っていたという話を寡聞にして知らない。

おそらく日本で一番早く石炭に目をつけたのは、三井の番頭役で三井物産（三井物産会社）の社長を務め、三井財閥発展の基礎を築いた益田孝だろう。文久三年（一八六三）、十五歳で池田筑後守率いる遣欧使節団に随行した益田孝は、帰国後、明治四年（一八七一）に井上馨に勧められて大蔵省に入省。やがて井上馨が予算をめぐって大久保利通と対立し、大蔵大輔を辞任すると、益田孝もその後を追って職を辞し、井上馨らとともに、旧三井物産の前身となる貿易会社の先収会社を設立する。彼は英語に堪能だったので先収会社の頭取に就任したが、そこで三池炭鉱に目をつけ、払い下げを成功させて三井鉱山の発展の基礎を築いたのであった。これが端緒となり、日本は後年石炭の輸出国となり、三井鉱山は三井財閥のドル箱になったのである。

益田孝が石炭に目をつけたことが、三井財閥の発展のきっかけになったと同時に、日本はそのおかげで、エネルギー問題で苦労せずに日露戦争を戦うことができた。『軍艦行進曲』（軍艦マーチ）の二番の歌詞の冒頭に、

石炭（いわき）の煙は大洋（わだつみ）の
龍（たつ）かとばかり靡（なび）くなり

とも歌われていたように、当時の軍艦は黒煙をもうもうと巻き上げて走り回っていた。作戦の必要上、高品位の無煙炭であるイギリス・ウェールズ産のカーディフ炭も輸入したが、それはあくまでも付け足しである。

## 満洲にアメリカの石油会社を招致すればよかった

この益田孝のような人物が、第一次世界大戦のときにいなかったことが、ある意

味で、その後に日米開戦を決断せざるをえなくなった日本の不幸の始まりだったのかもしれない。

たしかに日本海軍も日露戦争中から軍艦の燃料を重油に切り替えるための研究を行ない、明治四十三年（一九一〇）には戦艦薩摩、第一次世界大戦の前年である大正二年（一九一三）には戦艦金剛に混焼缶（石炭と石油の両方を使えるボイラー）が導入され、巡洋艦や駆逐艦には大正時代の早い時期に重油専焼缶が導入されている。

だが、石油の調達をどうするかという肝心のところを、どれほど真剣に詰めて考えていたのだろうか。

戦争をしようと思えば大量の石油が必要になる。だが、大井篤『海上護衛戦』（日本出版協同）によれば、日本国内における石油の年間消費量（昭和十六年）は約三百五十万トン（民間百万トン、海軍二百万トン、陸軍五十万トン）で、国内で賄えるのは三十万トンの天然油と二十万トンの人石（人造石油）だけだった。

これに対して、昭和十四年当時における日本の石油輸入先はアメリカが八一・二%で、オランダが一四・三%である。明治以来、日本海軍の仮想敵国はアメリカだったにもかかわらず、石油の八割以上をアメリカに頼っていては、本来、対米戦争などできるはずがない。

陸軍はそれほど石油について深刻に考えなくてもよかったが、それでも満洲の撫順で油頁岩（ゆけつがん）、いわゆるオイルシェールを開発するなどの工夫をしていた。

しかし、石油開発に真剣に取り組むのなら、アメリカの石油会社から技師を呼んで掘削させるべきだったと私は思う。アメリカが満洲で一緒に石油開発をやろうといってきたこともあるが、日本は断っている。満洲等での権益をめぐり、日本がアメリカと対立していたことはわかるが、向こうは石油技術の先進国である。精製技術でも当時の日本のはるか先を行っており、アメリカでは航空用ガソリンはオクタン価百が普通だったが、日本はオクタン価百のガソリンをついに精製できないまま戦争に負けた。

私は、満洲の開発は大変な成功を収めたと、いまでも思っている。実際、日本が戦前に満洲で建設し、残してきた膨大なインフラが、戦後のシナの経済発展に大きく寄与しており、昭和三十四年（一九五九）には大慶油田が開発された。

戦後に満洲で、これだけの規模の油田が開発されているわけだから、戦前の日本は、当時、世界の最先端を行っていたアメリカの技術を進んで導入するべきだった。石油問題を本気で考えていれば、「満洲にアメリカを入れてはいけない」などと了見の狭いことをいってはいられなかったはずだ。アメリカの石油会社を招致し、石油開発で儲けさせてもよかったのではないか。

それに対して、イギリスのアングロ・イラニアン社は第一次世界大戦直前の大正三年（一九一四）三月に、現在のイラクを含むオスマントルコ帝国の石油資源を管理するトルコ石油（イラク石油会社の前身）の持ち株比率の五〇％を握っている。あれだけ広大な砂漠の地に眠っていた石油に目が届いたこと自体、すごい話だ。

国際石油資本の一角を占めるロイヤル・ダッチ・シェルも、現インドネシアのスマトラ島で産出した原油を精製し、明治二十五年（一八九二）にシンガポールやマレー半島向けに灯油の輸出を始めている。

もちろん、すでに広大な植民地を抱えていたイギリスやオランダと、持たざる国である日本を比べるのは酷というものだし、それゆえにこそ、第一次世界大戦を観戦した日本の将校たちは大きな悩みを抱えることになるわけだが、しかし、それにしても、資源確保という視点を国家戦略としてもっと強固に抱くべきだった。

## 資源問題の軽視は、あまりに愚

ちなみに、ロイヤル・ダッチ・シェルはイギリスのシェル・トランスポート・アンド・トレーディング社とオランダのロイヤル・ダッチ・ペトロリウム社が合併してできた会社だ。シェルの前身となった会社はもともと日本やアジアに機械や骨董品を輸出していたが、東洋産の装飾用の貝殻を輸入して財をなした。創業者のマーカス・サミュエルが日本の三浦海岸で拾った貝殻が美しかったため、シェルを社名にし、貝殻をロゴマークにしたという。

彼はユダヤ人だが、ユダヤ人は元来イギリスに対して忠義を尽くした人物が多く、彼もその例に漏れることはなかった。第一次世界大戦でも本業の石油でイギリスに貢献したほか、自分の邸宅も病院として開放した。石油を精製したものからTNT火薬という強力な爆薬をつくり、火薬製造工場も建てている。そうした業績が認められて、彼は戦時中に準男爵になり、さらに男爵、子爵と爵位を上げていった。

燃料に対して敏感な人たちは、どうもビジネスの嗅覚に優れているようだ。日本でも、敗戦で海外事業を失ったものの、戦後に原油の輸入から精製、販売までを一貫して手がける民族系石油会社・出光興産を築いた出光佐三のような人物が、第一次世界大戦のヨーロッパの戦場を見ていたら、どんなことをしていただろうかと、ついつい想像したくなってしまう。

翻って二十一世紀のいま、日本はエネルギー問題でどれほどの手を打てているのだろうか。

高度経済成長期の日本で石油ショックが起こった頃の政治家は、私よりも年上だったから、大東亜戦争のときにアメリカから石油を止められて、本当に青くなった経験を持っていると思う。私も当時、子供ではありながら、蘭印（オランダ領インドシナ＝インドネシア）からの石油の対日全面禁輸のニュースを聞いて顔が青ざめた経験がある。だから戦後まもない頃の政治家たちは、エネルギーが安定供給できなくなって日本が滅びることを恐れて、原子力発電の推進に踏み切ったと思うのだ。

日本が、発電しながら消費した以上の燃料を生成できる原子炉である高速増殖炉「もんじゅ」などに取り組んだ目的もはっきりしている。「もんじゅ」が完成すると、まったく材料を使わないで、二十五年もすれば原発がもう一基できるほどに燃料が増えていく。そのため百年、千年単位でエネルギーの心配がなくなるのだ。

ところが、それがいつの間にか、エネルギー危機の恐さを忘れた世代がずっと政権を握るようになり、エネルギー自給率が五％（原子力を除く）ときわめて低い日本の現状を無視し、原発ゼロやら脱原発と騒ぐようになってしまった。

一方、中華人民共和国は原子力発電所の開発に急ピッチで取り組み、さらに世界各地で資源開発に精を出している。

シナの場合、多くの人々が四千年も暮らしてきた中で、地下資源も相当なくなっていた。東條英機内閣で大蔵大臣を務めた賀屋興宣（かやおきのり）は、北支那開発株式会社の総裁を務めていたが、彼が書いたものを読むと、さまざまな資源の調査をしたが、シナはあまりにもモノのない国なので驚いたといっている。

いまシナ大陸で資源があるのは、歴史的に見れば本来はシナ本土とはいえないチベットやウイグル、そして満洲などである。シナ本土では資源を使い尽くしていて、ほとんど何も残されておらず、食糧さえ足りない。だからいま、シナは必死で資源を押さえようとしているのだ。

それと比しても、現代日本の危機感はあまりにも小さすぎないだろうか。かつての益田孝、出光佐三、あるいは戦後の電力再編を、朝野の反対を押し切って進めた「電力の鬼」と謳われた松永安左エ門ぐらい気骨のある人物が原子力発電を進めてくれればいいのだが。

# 第三章

## 社稷を念ふ心なし——五・一五事件への道

## 若者に歌い継がれた『青年日本の歌』

犬養毅首相を首相官邸で殺害するという五・一五事件の中心人物となる海軍の三上卓中尉が、事件の二年前の昭和五年（一九三〇）に作詞・作曲した『青年日本の歌』という歌がある。『昭和維新の歌』とも呼ばれることのある曲である。

この歌は、私の年代では知らない人はほとんどいないと思う。中学の先輩たちが「学校では歌っちゃいけないよ」と注意しながら、後輩たちにこの歌を教えていた。

『青年日本の歌』（三上卓作詞・作曲。昭和五年〈一九三〇〉）

1　汨羅（べきら）の渕に波騒ぎ　巫山（ふざん）の雲は乱れ飛ぶ
混濁（こんだく）の世に我立てば　義憤に燃えて血潮湧く

2　権門上に傲（おご）れども　国を憂ふる誠なし
財閥富を誇れども　社稷（しやしよく）を念（おも）ふ心なし

3

嗚呼(ああ)人栄え国亡ぶ　盲(めし)ひたる民世に踊る
治乱興亡夢に似て　世は一局の碁(ご)なりけり

4

昭和維新の春の空　正義に結ぶ益良夫(ますらお)が
胸裡(きょうり)百万兵足りて　散るや万朶(ばんだ)の桜花

5

古びし死骸(むくろ)乗り越えて　雲漂揺(ひょうよう)の身は一つ
国を憂ひて起つときに　大丈夫(ますらお)の歌無からめや

6

天の怒りか地の声か　そも只ならぬ響きあり
民永劫(えいごう)の眠りより　醒(さ)めよ日本の朝ぼらけ

7

見よ九天の雲は垂れ　四海の水は雄叫びて
革新の機(とき)到りぬと　吹くや日本の夕嵐

8　あゝうらぶれし天地（あめつち）の　迷ひの道を人は行く
栄華を誇る塵の世に　誰（た）が高楼の眺めぞや

9　功名何か夢の跡　消えざるものはただ誠
人生意気に感じては　成否を誰（たれ）か論（あげつら）ふ

10　やめよ離騒（りそう）の一悲曲　悲歌慷慨（こうがい）の日は去りぬ
吾等が剣（つるぎ）今こそは　廓清（かくせい）の血に躍るかな

私たちが中学生の頃は、皆が秘かにこの歌を歌っていた。なかでも印象深いのは二番の歌詞である。

権門上に傲（おご）れども　国を憂ふる誠なし
財閥富を誇れども　社稷（しゃしょく）を念（おも）ふ心なし

「権門」とは、「位が高く権勢のある家柄」（『大辞林』）のことである。昭和初期には元公家や元大名などの華族で公爵や侯爵、伯爵、子爵、男爵といった爵位を持っている家が数多くあった。現在に比べて貧富の差も大きい時代でもあり、庶民から見れば彼らは裕福な生活をしていた。そして政党政治は、とかく利権誘導や、反対党追い落としのための政争ばかりを繰り返しているようにも見えた。

また経済の面でも、第一次世界大戦で財閥が大儲けし、多数の成金を生んだあと、第一次世界大戦後にあれほどの不景気になったにもかかわらず、井上準之助元蔵相は金解禁を行なった。不景気のときに緊縮政策を行なうという、まったく逆のことをやってしまったのである。そのため貧しい者がさらに貧しくなり、財閥だけが儲かる世の中になったように感じられた。

「財閥富を誇れども　社稷（国家）を念ふ心なし」

という歌詞が、当時の中学生の胸にも響いたのは、そういう時代状況の中でのことであった。

五・一五事件では、犬養首相を殺害した三上中尉ら被告人たちに国民から数多くの減刑の嘆願書が寄せられた。三上中尉がつくったこの歌詞が広く国民に受け入れられていったエピソードは、い

三上 卓

かに一般国民までが当時の政治に批判的で、青年将校たちに同情的であったかを象徴している。

そして四番の歌詞には「昭和維新」という言葉が出てくる。

昭和維新の春の空　正義に結ぶ益良夫が
胸裡百万兵足りて　散るや万朶の桜花

幕末の時代も非常に世が乱れていた。大名や豪商は威張っていたのに、庶民は苦しみ、黒船が来航してから日本は外国からなめられた。そこで明治維新では下級武士たちが立ち上がったのである。青年将校たちは「自分たちこそ、その下級武士の再来である」という気概を抱いていた。

十番の歌詞の最後にはこう書かれている。

やめよ離騒の一悲曲　悲歌慷慨の日は去りぬ
吾等が剣今こそは　廓清の血に躍るかな

これは明らかに暴力革命である。結局のところ、この『青年日本の歌』に表われているのは、君側の臣たち、つまり上層部の偉い人たちは駄目だ、だから、自分たちが国家を改造しなければならないという維新思想そのものだ。実際、この歌によって昭和維新という言葉が流行り、「昭和維新の春の空」という歌詞を口ずさむと、皆が維新の志士になったような気になったものである。

いま振り返ると、こんな歌が青年の心を揺さぶっていたということが実に恐ろしい。この歌が発表されたのが昭和五年（一九三〇）で、私が中学に入ったのが昭和十八年だから十三年が経っている。にもかかわらず、この歌が中学生の間でも歌い継がれていたということに、改めて衝撃を覚えるのである。

## 「軍人さんに占領されているみたい」の真相

では、昭和初期は兵隊ばかりが威張る暗黒の時代だったのか。

けっしてそうではない。軍による国家総動員体制が確立するまで、戦前の日本国民は兵隊さんが大好きだった。

二・二六事件のときでさえ、東京の人たちは平気で外を歩いていて「兵隊さん」

と声をかけていた。兵隊さんが日本人を撃つわけがないから、全然怖くなかったのだ。要するに、軍と民との関係が非常に良かったのである。

考えてみれば、百姓の子供であっても兄弟などが軍人になっているわけだから、兵隊さんには親しみがあった。小学校の教科書にも兵隊さんの話が出ていたし、『僕は軍人大好きよ』という歌もあった。

『僕は軍人大好きよ』（水谷まさる作詞、小山作之助作曲）

僕は軍人大好きよ
今に大きくなったなら
勲章付けて剣下げて
お馬に乗ってハイドウドウ

教室の中では日清・日露戦争の話が常に語られ、広瀬中佐や橘中佐、東郷元帥、乃木大将などの活躍について、血湧き肉躍るような口調で先生が語ってくれた。

私が小学校に上がった昭和十年代といえば、日露戦争からまだ三十余年である。

いまから三十年前にどのような事件があったかを思い起こしてもらえばすぐに合点がいくと思うが、日露戦争の記憶は当時の人々にとっては、つい先頃のこと。しかも、あれほどの大戦争だから、濃厚な記憶として社会に残っていた。

それだけに、軍人が嫌いだという人は、左翼などのごく限られた人たちだけだった。特高（特別高等警察）はものすごく嫌われたが、軍人は嫌われていない。

嫌われるようになったのはシナ事変が長引いて配給制度が始まり、その元を軍が握るようになって、軍人が民間会社の社長にまで下りてくるようになってからだ。

なぜそうなってしまったのかについて、少し掘り下げてみたい。

前章でも触れたように、第一次世界大戦を観戦した武官たちを中心に、兵器におけるエネルギー革命（石油の使用）や国家総力戦（トータル・ウォー）の実態を目の当たりにして、「日本は戦争ができない国になる」と大きな危機感を抱いた軍人たちが生まれた。陸軍におけるその代表的な存在が、永田鉄山や東條英機らであり、彼らは総動員体制の構築や国家社会主義について研究を重ねた。

そしてシナ事変が始まり、物資が不足してくると、日本に国家社会主義が急速に台頭し、国家総動員法の成立（昭和十三年〈一九三八〉）にともない、配給制度をはじめとする経済統制が本格化するようになる。そこに、軍部と同様に反政党の姿勢を持つ新官僚たちも加わり、初めて威張る軍隊が出てきたのである。

われわれは子供だったから無関心だったが、うちの伯母が「軍人さんに占領されているみたいだね」と話していたのを覚えている。

だから一般的な日本人の場合、反軍思想があったとすれば、昭和十三年に配給制度が始まってからだと思う。それまでは、兵隊さんが嫌いだという人を、私は見たことも聞いたこともないし、ちょっと想像できない。

そもそも、とくに農村などでは、兵隊さんの家は暮らしぶりがいいことが、皆わかっていた。

私の実家のすぐ近くの、とあるお店の親父さんは将棋ばかりやっている怠け者で、家が壊れて薄汚れていたほど貧乏だった。ところが、たまに田舎からお婆さんが来ては、その親父さんを叱りつける。

その当時、お婆さんが大の男に命令するということは、とても考えられないことだったから、私は「なぜ、あの田舎から来るお婆さんはあんなに威張っているんだろう」と大人たちに聞いた。すると答えは、「そのお婆さんの旦那さんが、日露戦争に出征して金鵄勲章をもらったからね」というものだった。

旦那さんは百姓で召集された兵隊だった。彼は斥候として手柄を立てたという。

そして金鵄勲章を授けられたのである。金鵄勲章をもらうと兵隊でも功七級〜六級の終身年金が出た。一番下の功七級でも百円（日露戦争時）で、本人が死んでも年金はその未亡人に終生支払われていたとのことである。

当時の東北の農家では、食べる物や着る物にはそれほど不自由しなかったが、現金収入がほとんどなかった。ところが、そのお婆さんの家には、たいした額ではなかったにせよ、定期的に現金が入ってくるので威張っていたのだ。

## 「右翼の社会主義者」の強烈な主張

大正時代の一つの大きな問題は、日露戦争の頃から広がりを見せ始めた社会主義が、大きく流行したことだ。女権拡張運動が起きたり、明治時代後半に翻訳され始めたノルウェーの劇作家イプセンの『人形の家』が広く読まれたのも、この頃である。

従来の社会主義運動は、「貧乏人を救え」というぐらいの話であって、多少過激なものはあっても、私有財産の廃止や皇室の廃止などを唱える恐れはなかった。要するに、良性の社会改良運動だったのである。

ところがロシア革命が起きて共産主義政権が成立すると、ソ連は「万国の労働者よ、団結せよ」と唱え、国境を越えて国際共産主義運動を展開し始めた。そうなると、これまで「貧乏人を救え」という程度だった観念が、「国家を転覆せよ」という観念に変わってくる。これは単なる社会改良運動ではなく革命運動であり、これが日本でもさまざまな方面に影響を及ぼすようになったのだ。

もう一つの問題は、左翼と右翼の混在である。左翼はもちろん社会主義に端を発していて、「貧乏人の味方」という旗印は昔からあった。ところが今度は、左翼が「皇室廃止」という革命思想を持つようになったため、左翼的な志向を持っていながら「反皇室」には与しない人々が、天皇陛下を奉ってはいるものの社会政策としては左翼とほとんど変わりがない主張を打ち出すようになったのである。天皇陛下を奉っているために「右翼」と称されるが、しかし、その実は「左翼」的な運動が展開されたのである。

戦前の右翼のバイブルとして有名なのは、やはり北一輝の『日本改造法案大綱』であろう。

この中で北は、まず、

〈天皇は全日本国民と共に国家改造の根基を定めんがために天皇大権の発動により

て三年間憲法を停止し両院を解散し全国に戒厳令を布く〉（※読みやすさに配慮して文字遣いや表記を適宜変更し、句読点などを補う。以下同）

とするが、それで実現するものは、

〈華族制を廃止し、天皇と国民とを阻隔し来れる藩屏を撤去して明治維新の精神を明かにす〉

〈従来国民の自由を拘束して憲法の精神を毀損せる諸法律を廃止す。文官任用令。治安警察法。新聞紙条例。出版法等〉

〈天皇はみずから範を示して皇室所有の土地山林株券等を国家に下附す。皇室費を年給三千万円とし、国庫より支出せしむ〉

北 一輝

〈日本国民一家の所有し得べき財産限度を壱百万円とす。海外に財産を有する日本国民また同じ〉

〈私有財産限度超過額はすべて無償をもって国家に納付せしむ〉

〈日本国民一家の所有し得べき私有地限度は時価拾万円とす〉

〈私有地限度以上を超過せる土地はこれを国家に

納付せしむ〉

〈私人生産業の限度を資本壱千万円とす。私人生産業限度を超過せる生産業はすべてこれを国家に集中し国家の統一的経営となす〉

などというものであった。

つまり、華族制を廃止し、私有財産・土地の限度を設定してそれを超える財産は国家が没収し、私企業も規模を制限してそれを超えるものは国有化する、という計画なのである。

しかも、国家改造を始めた最初の三年（つまり北が戒厳令を布くとする期間）に、私有財産の没収や企業の国有化に違反する者は、法律の保護の外に置き、死刑に処するのだと主張する。

〈この納付を拒む目的をもって現行法律に保護を求むるを得ず。もしこれに違反したる者は天皇の範を蔑にし、国家改造の根基を危くするものと認め、戒厳令施行中は天皇に危害を加うる罪および国家に対する内乱の罪を適用してこれを死刑に処す〉

北の構想によれば、在郷軍人団（現役を離れた予備役や退役の軍人組織）を内閣直属の機関として、これらの改革を断行させるのだという。

これらの主張を読めば一目瞭然だが、極論すれば、天皇が「国家改造」を行なうという一点を除けば、共産党の「革命プログラム」と、ほとんど変わりのない主張をしているのである。

昭和六年（一九三一）三月に、右翼諸団体が結集して「全日本愛国者共同闘争協議会」という連合体をつくっているが、その綱領にも、北の主張と通底するような思想が見て取れる。

〈一、われらは亡国政治を覆滅し、天皇親政の実現を期す〉
〈一、われらは産業大権の確立により資本主義の打倒を期す〉
〈一、われらは国内の階級対立を克服し、国威の世界的発揚を期す〉

つまり、天皇親政という名の独裁政治を実現し、軍に対する統帥権のような「産業に対する天皇の統帥権」（産業大権）を確立して、資本主義を打倒しようというのだ。

まさに彼らの正体は、紛うことなき「右翼の社会主義者」だったのである。

## 特高の取り締まり対象は左翼より右翼

当時、国家に反対し、転覆しようとする社会運動ならびに思想運動を取り締まるために特高（特別高等警察）があった。これは、幸徳秋水らが明治天皇の暗殺を計画したとして逮捕・処刑された事件（大逆事件）をきっかけに、事件の翌年の明治四十四年（一九一一）に発足したものであった。

たまたま当時の特高の首脳が書いたものを読む機会があったのだが、特高の取り締まりの対象は右翼が第一で、その次が左翼だったという。

戦後になって、われわれには共産主義が巨大な勢力のように見え始めたが、当時は共産党そのものはちっぽけなもので、それほど恐れるに足るものではなかった。その頃、共産党の天皇制廃止という方針は国民大衆の支持を勝ち得るものではなかったし、人々の間には尼港事件のときに共産ゲリラが凄惨な虐殺を行なった記憶が残っていたから、共産主義への嫌悪感も大きかった。

話は少し逸れるが、私は戦争中に特高に捕まり警察の取り調べ所に入れられていた親類の者に、当時の心境を尋ねたことがある。その人物から「いまと違うんだよなあ。戦争中だから、兵隊に行くと思えば……」という話を聞き、なるほどと思った。

戦後になって、思想犯で逮捕されていた共産党員たちが獄中から大威張りで出てきたが、彼らが獄中にいた頃、普通の日本男児は軍隊に行き、敵弾が飛んでくる戦場で、もっと大変な目に遭っていた。いまの人にはわからないかもしれないが、戦争中はたとえ監獄に入れられても、「軍隊に入ると思えば我慢できた」のである。その話を聞いて私は、健康な青年や壮年者が共産党員として監獄に入ったことは勲章になるなど話ではないと、しみじみ痛感した。

もう一つ、彼の話で印象的だったのは、裁判に対する絶対的な信用があることだった。彼は「いま、自分は警察で調べられているからこういう仕打ちを受けるのだ。警察は政府の手先だ」と思っていたが、大日本帝国憲法の五十七条に「司法権は天皇の名に於て法律に依り裁判所之を行ふ」とある通り、裁判官は天皇の代理だから、「裁判になれば絶対無罪になると信じていた」というのだ。当時の思想状況には、そういう側面もあった。

いずれにせよ、真っ向から国家転覆と皇室廃止を謳う共産党は、特高の主要な取り締まり対象であったが、当時、組織の内偵もかなり進んでいて、政府としても、まったく怖い存在ではなかったらしい。

事実、共産党は組織としてはほぼ壊滅に追い込まれ、それ自体として日本国民に大きな影響を及ぼすことはなかった。むしろ共産主義で怖かったのは、第一章でも見たように、そのシンパが国家中枢や軍中枢に入り込んで、内側から国家に打撃を

井上準之助

團 琢磨

与えていたことであった。

表面的に見れば、戦前は、左翼よりも右翼のほうが、社会的に大きな影響力を持っていた。というのも、右翼は軍部と結びついていたからである。

本章の冒頭で紹介した海軍中尉・三上卓らが起こした五・一五事件（昭和七年〈一九三二〉）にも、右翼団体の私塾「愛郷塾」の農民決死隊が参加している。

同年二月から三月にかけて起きた血盟団事件でも、井上準之助前蔵相と三井合名理事長の團琢磨を殺害したのは、民間右翼の血盟団であった。

右翼の怖いところは、「天皇陛下と自分たちの間に元勲や元老、華族といった存在は要らない、大地主も大資本家も不要で、われわれが天皇陛下と直結するのだ」という思想を持っていたことであった。

先ほども述べたが、当時は、日本で資本主義が急速に発達した頃で、とくに第一次世界大戦を機に、日本が初めて債務国から債権国になり、「成金」という言葉が流行るほど金持ちが増えた。

だが、第一次世界大戦後には、ヨーロッパが徐々に復興して欧州製の製品が再びアジアに出回るようになり、その煽りも喰らって日本は不景気になっていく。さらに、関東大震災（大正十二年〈一九二三〉）、片岡直温（なおはる）蔵相の失言で取り付け騒ぎが起きたことで発生した金融恐慌（昭和二年〈一九二七〉）などが起きて、日本経済はますます苦境に追い込まれていく。労働者の賃金はなかなか上がらず、社会的な不満が鬱積していった。

## 保護貿易と金解禁がもたらした昭和恐慌

さらにそんな日本を、昭和五年以降、アメリカ発の大恐慌と、浜口雄幸首相・井上準之助蔵相が進めた金解禁によるデフレのダブルパンチが襲うのである。

昭和四年（一九二九）十月、ウォール街のニューヨーク証券取引所で、株価の大暴落が始まった。一九二〇年代を通じてアメリカでは株への投機ブームが起きてお

浜口雄幸

り、株価はバブル的に値上がりしていた。ついに、そのバブルが弾けたのである。

だが、世界経済、そして日本経済に、より悪影響を与えたのは、その翌年（昭和五年〈一九三〇〉）にアメリカで成立したホーリー・スムート法であった。アメリカ国内の産業や農産物を守るため、二万品目について関税率を平均五〇％引き上げるというこの法案は、一九二九年の株価大暴落の前に議会に提案されていたものであったが、それが株価の大暴落の引き金になったことにより、より悲劇を拡大させた。各国も米国に対抗して関税を引き上げたため、一説によれば、このホーリー・スムート法の影響で、世界貿易が一年で半分になったといわれる。とくに日本の輸出品に対する関税率はきわめて高く、八〇〇％というものもあった。

これは私の母の話だが、私が生まれた昭和五年頃の不景気を思い出すと、夜中に目が覚め、冷や汗が出るほど厳しいものだったらしい。

しかも、時の井上準之助蔵相は政策を誤り、昭和五年（一九三〇）に金解禁（金輸出解禁）および緊縮財政政策を進めてしまった。

当時は金本位制で、各国の通貨は金との兌換によりその価値が保証されていた。紙幣の価値はきちんと担保されるが、逆にいえば紙幣の発行量は、その国が保有する金の量に左右されることになる。

第一次世界大戦が始まると、欧米各国は金と紙幣の兌換を停止し、金の輸出を禁止した。戦争中はどうしても輸入超過になるから、金が流出してしまう。金が流出してしまったら、金と紙幣が兌換である以上、紙幣の発行量を減らさざるをえなくなる。それではとてもではないが戦争は継続できなくなってしまうからである。

第一次世界大戦が終わると、再び欧米各国は順次、金の輸出を解禁していく。だが、日本は戦後不況や関東大震災などの影響もあり、なかなか金輸出解禁に踏み切れずにいた。国内外から金輸出解禁を求める声が高まり、ついにそれに向けて動き出したのが、タイミングの悪いことに大恐慌とほぼ同時になってしまったのである。

しかも、井上準之助蔵相は、当時の相場よりも割高な旧レートで金解禁を行なった。そのため円高が進み、輸出に不利な状況となる。しかも、その為替相場を維持するためにデフレの緊縮政策をとったので、日本の国内市場も冷え込んでしまう。まさにダブルパンチだったが、さらにそこに、世界恐慌の大打撃が加わったのである。

当時、日本は近代化を成し遂げたとはいえ、資源がないため、鉄や石油、タングステンやゴムなどの素材のほとんどを、海外から買わなければならなかった。そこで必要となる外貨を稼ぐにも、絹織物や綿織物ぐらいしか輸出品がなかったのである。

ところが先のホーリー・スムート法で、日本の輸出品に高い関税がかかるようになったので、輸出に耐えうる価格まで値段を下げるためには、労働賃金を安くすることは避けられなかった。こういうことをわれわれがいうのは簡単だが、賃金を下げられる労働者にしてみたら、たまったものではない。

奇しくもマルクスが「資本主義は必然的に恐慌に陥る」と唱えていたから、あたかもその予言が的中したように捉えられた。しかも当時のソ連は、計画経済によって不況知らずで驀進しているように、人々の目には映った（もちろん実際は、そのイメージは宣伝の賜物であり、実態は飢餓輸出のような無理を重ねた経済運営と恐怖政治の賜物だったわけだが）。かくしてマルクス主義の存在感が高まり、社会主義思想の影響力が強くなっていく。

かくして、実際には、あくまでホーリー・スムート法の影響や、当時の日本政府の経済失政によるところが大きかったのに、当時の人たちはそこがわからなかったから、資本家や政治家たちへの恨みを重ねていった。そしてマルクスの評価が上がった。

## 天才·高橋是清の貢献も時すでに遅し

加えて、当時の財閥系の銀行が、経済危機をリスクヘッジするために、為替取引を行なったことがまた、大きな批判の対象となる。

不況が長引いていたため、昭和六年（一九三一）にイギリスが再び金本位制をやめ、北欧諸国やアルゼンチン、オーストリアもそれに続いた。だが、井上準之助蔵相はこの期に及んでも金本位制を固守し続けた。これは明らかに無理のあることだった。普通のビジネスマンであれば、円相場が高くなると読むのが普通である。それがわかっている財閥系の銀行は大規模な「円売り、ドル買い」を行なって、利益を得た。

これはごく当たり前の経済行為である。だが、日本国内では、「貧しい人は不況で苦しんでいる中で、財閥ばかりが暴利をむさぼっている」と批判が高まった。

社会主義には、人々の妬み嫉みの劣情をかき立てることで社会不安を煽り、自分たちの勢力拡張を実現しようとする下卑た性質がある。現在の左翼勢力や左翼系メディアも相変わらず同じ論法を繰り返しているが、昭和初期には、日本経済が大変な苦境に落ち込んでいたために、この手法の効果は絶大なものとなった。「金持ちはけしからん」「社会を不景気にしたのは金持ちたちだ」「われわれは搾取されている」という雰囲気が、社会を暗く覆い尽くしていったのである。本当は金持ちの責任だとは言い切れないにもかかわらず、「こんな悪い社会にした連中を殺しても、やむをえない」という雰囲気さえ、社会に蔓延していった。

高橋是清

実際には、高橋是清という天才が、井上準之助蔵相の後に蔵相となり（犬養毅内閣：昭和六年〈一九三一〉十二月十三日～七年〈一九三二〉五月二十六日）、金輸出を禁止し、積極的な金融緩和政策と財政政策を推し進めたことで、日本は世界で最も早く不況からの脱出を果たした。日本の民衆を苦しめた経済状況が資本主義のせいでも、資本家のせいでもなかったことが事実として明らかになったわけだが、時すでに遅かった。経済の好転が波及し、目に見えたものとなるまでは、どうしても時間がかかるものだが、すでに情勢はそれを待つことを許さないまでになっていたのである。

## 喜んで売られていった娘さんもいた

昭和初期の経済苦境の中で、マルクス主義は軍部の青年将校たちにも少なからず影響を及ぼしていった。

当時の陸軍の将校は、旧制中学四年を修了したあと陸軍士官学校予科に進み、士官候補生を経て陸軍士官学校本科で学んだか、あるいは旧制中学一、二年で陸軍幼年学校に進み、そのあと同様のコースをたどって陸軍士官学校本科に入学した人たちである（大正九年〈一九二〇〉から昭和十一年〈一九三六〉まで）。頭脳だけでなく、身体能力も抜群に優秀だった。

彼らは士官学校を出れば、小隊長ぐらいにはなり、二十代前半ではあっても六、七十人ほどの部下を持つようになる。だが、その部下たちは、典型的なところでいえば貧乏な農民の次男、三男、四男、五男であり、経済恐慌の折柄、士官学校出の青年将校たちは、部下から、自分の姉や妹が身売りをしたという話を聞くこととなった。

彼らは頭脳も身体も優秀であったが、残念ながら、学校の狭い世界を出たばかりで世間的な智恵がない。そこで彼らの純粋な正義感に、たちまち火がつくわけである。

農民や庶民を苦しめる地主や金持ちに加え、ろくに働きもしないで優雅な生活を送っている華族たちを亡き者にし、昭和維新を成し遂げようという気風が、一部の青年将校の中に相当強い調子で表われてきたのは、そういう理由からであった。

だが現実を見ると、たとえば農村の疲弊の責任を、すべて政府に押し付けるのもどうかと思う。農村が頻繁に冷害や干魃に見舞われたということもあるし、何といっても子供が多すぎた。

私が幼いときにも、田舎のよく知っている家の娘さんたちが東京に売られていった。売られるというより、親の借金のかたに東京に連れて行かれて、返済が終わるまで働かされたわけだが、実際のところは、むしろ喜んで田舎を出る娘さんたちも多かった。

この感覚は、現代の人には理解されづらいかもしれないが、当時の実感としては、実際にそうであったとしかいいようがない。もちろん、涙を流して遊郭などに行った人も数多くいただろう。だが、自分たちがつくった米も食べられないような農村に育ち、同じような農家に嫁に行き、泥にまみれて一生働くぐらいなら、都会に出ていい着物を着られるほうがいい、と思っていた娘さんたちが、たくさんいたのも事実なのだ。

もちろん観念的な部分では、貧乏のあまり、自分の部下の姉や妹が売られているということに対する青年将校たちの正義感もわからないでもない。しかし当時、農村を豊かにする方法があったかといえば、移民しかないといわざるをえないのだ。農村でも田畑は限られているし、当時はまだ品種改良も、農業技術も、肥料なども現在のようには進んでいなかったから、日本国内だけでは食べるものさえ賄えなかった。ところがアメリカで排日移民法（大正十三年〈一九二四〉）が成立したため、かつてのように日本人がハワイや西海岸などに移民することもかなわなくなってしまった。

本章の冒頭で紹介した『青年日本の歌』（『昭和維新の歌』）が、青年将校たちの間に連綿として歌い継がれていったのは、そういうことを背景にしてのことであった。

## 「統帥権干犯問題」を煽ったマスコミ

しかも当時の日本政府では幣原喜重郎が外相を務めており、非常に英米に遠慮していて、結局アメリカが日本移民を禁止するのをやめさせることができなかった。幣原は第一次・第二次加藤高明内閣（大正十三年〈一九二四〉六月十一日～十五年〈一九二六〉一月三十日）、第一次若槻礼次郎内閣（大正十五年〈一九二六〉一月三十日～昭和二年〈一九二七〉四月二十日）、浜口雄幸内閣（昭和四年〈一九二九〉七月二日～六年〈一九三一〉四月十四日）、第二次若槻礼次郎内閣（昭和六年〈一九三一〉四月十四日～十二月十三日）で外務大臣を歴任している。

「幣原外交」は協調外交だったとして、戦後褒められることが多いが、ある意味で非常に問題の多い外交だったといえる。アメリカとイギリスの意向を聞くのは非常に結構だが、彼らが当時何を考えていたかというと、「日本をこの辺で抑えておかなければならない」ということだったからである。

第一次世界大戦の戦場になったヨーロッパが戦後に疲弊した結果、大儲けしたのは日本とアメリカだった。アメリカの儲けに比べれば日本はたいしたことはなかったが、当時の近代産業国家として、大戦の被害を被らなかったのは日本とアメリカだけだったのである。

こうしたなか、日露戦争の前から二十年以上存続し「日本外交の骨髄」といわれた日英同盟も大正十二年（一九二三）に廃止されたのは先に見た通りである。

また、台頭する日本の力を抑えるために、ワシントン会議（大正十年〈一九二一〉～十一年〈一九二二〉）、ロンドン海軍軍縮会議（昭和五年〈一九三〇〉）の二回の国際会議で海軍軍縮条約が結ばれている。

ワシントン会議では主力艦（戦艦）の現有勢力比率が米：英：日＝五：五：三、ロンドン海軍軍縮会議では日本の補助艦総トン数が対米六割九分七厘五毛、同じく大型巡洋艦が対米六割二厘などで合意した。

第一回目のワシントン会議で戦艦を抑えるという条約は日本もまあまあ呑めたが、第二回目のロンドン海軍軍縮会議では、巡洋艦、駆逐艦、潜水艦などの補助艦までも抑えることになり、大きな問題になった。というのも日本海軍は、太平洋を横断してくるアメリカ艦隊を迎え撃つ場合、潜水艦、航空機、水雷戦隊の夜戦などで漸減したあとに、戦艦による艦隊決戦を挑むという対米作戦構想を定めていたからである。

そこで起こったのが、いわゆる統帥権干犯問題（昭和五年〈一九三〇〉）だ。

若槻礼次郎元首相、財部彪海相などからなるロンドン海軍軍縮会議の全権委員は米英に妥協し、ロンドン海軍軍縮条約に調印を行なった。ところが海軍の作戦・用兵をつかさどる海軍軍令部は納得しなかった。

若槻礼次郎

大日本帝国憲法では、第十一条で「天皇ハ陸海軍ヲ統帥ス」、第十二条で「天皇ハ陸海軍ノ編制及常備兵額ヲ定ム」と規定されている。そのため「憲法に陸海軍の兵力を定めるのは天皇陛下であると定められているのに、海軍軍備を抑える軍縮条約を海軍軍令部（昭和八年〈一九三三〉より軍令部と呼称）の同意なしに決めてきたのは天皇の統帥権（軍事力の最高指揮・命令権）の干犯に当たるのではないか」という声が起こり、海軍軍令部、当時野党だった政友会、民間右翼などが政府を激しく攻撃したのである。

時の首相だった浜口雄幸は、軍備の決定も内閣の輔弼（国務大臣などが天皇陛下の行政を助けること）事項だと捉えていた。統帥権と並んで外交権も天皇にあるが、昔のルイ十四世じゃあるまいし、天皇ご自身が条約を結ばれることはなく、立憲君主制では外務省、つまり政府の責任でやる。軍事も同じことだ、と浜口首相は答えている。それは当時の憲法学の通説からいっても、きわめて真っ当な考え方であったが、ジャーナリズムなどはいい気になって、「統帥権干犯、統帥権干犯」とはやし立てたため、「統帥権干犯」が流行り言葉になった。ついには、カッとなった右翼青年が東京駅で浜口首相をピストルで狙撃する事態にまで至る。

浜口首相は重傷を負ったが、幸いなことに即死は免れた。ところが浜口内閣の打倒を狙って、当時の野党・政友会の犬養毅や鳩山一郎らが統帥権干犯を掲げて浜口首相を激しく批判する。政友会は、浜口首相の議会への出席を強く求めた。無理を押して議会に出席していた浜口首相は、病状の悪化のため首相を辞任したあと、昭和六年（一九三一）八月に亡くなってしまう。

あの頃の日本の政争は、誰が見てもひどいものだった。

## ジョン・ダワーの「日本人発狂説」

ＭＩＴ（マサチューセッツ工科大学）名誉教授で、日本研究の第一人者だといわれるジョン・ダワーという人物がいる。金沢の短大で教鞭を執り、東京の出版社に勤務してアメリカに帰国した人だが、彼は平気で、いわば「日本人発狂説」とでもいうべき議論を展開している。要するに、「驚くべきスピードで近代化を成し遂げた日本は、昭和に入った頃から狂い始めた」「あるとき突然発狂したようにおかしくなり、侵略国家になってしまった」という、戦時プロパガンダのような主張である。

そのような主張に与する人は、残念ながら日本人にも多い。そのような人々が「発狂の一つの引き金」として挙げることが多いのが、この統帥権干犯問題である。司馬遼太郎氏も、日本がおかしくなったのは、いわゆる統帥権干犯問題が起こった昭和五年（一九三〇）からだといっていた。

だが司馬氏は、その統帥権干犯問題が起こった背景について述べたことはない。先にも記した通り、統帥権干犯は、明治憲法に首相の規定がなかったことに加え、何かの問題で閣僚が反対し、首相がそれをまとめきれない場合、閣内不一致で内閣総辞職しなければならなかったことに端を発している。

たしかに、「日本人発狂説」を主張するダワー教授は、日本のことを十分に知らぬままに議論を展開しているように思われるが、われわれも、あえて当時の時代背景をもっと詳しく見ていく必要があるだろう。実際、外国人から見たら、日本はよくわからない国であるというのは事実だと思うからだ。

外国人の目線から見れば、ある時点まで、近代の日本は実によく国際法を守る国であった。日清戦争（明治二十七年〈一八九四〉～二十八年〈一八九五〉）でも、高陸号事件（英国旗を掲げつつ清国兵を輸送していた高陸号を、日本海軍が撃沈した事件）の折の東郷平八郎の処置が見事に国際法に適ったものだったために、列強諸国が舌を巻いたことなどは、その端緒に当たるものであろう。扶清滅洋を掲げて義和団が反乱を起こした北清事変（明治三十三年〈一九〇〇〉～三十四年〈一九〇一〉）では、日本軍は模範兵として世界の賞賛を浴びている。それゆえ、あのイギリスが、他のヨーロッパ諸国とは締結しなかった対等の同盟関係を日本と結ぶという前代未聞の出来事につながり、当時の世界を驚かせたわけである。

ところが、ダワー氏流の議論でいえば、そこから三十年経つか経たないかのロンドン条約締結の頃から、日本は突如おかしくなったことになる。

そんな「日本人発狂説」をあえて敷衍するなら、私はその「発狂」の根源は、やはり軍隊の組織にあったのだろうと思う。

## 派閥意識が少なかった「薩の海軍」

海軍のほうから見ていこう。

さすがに草創期は「薩の海軍」といわれただけあって、明治時代に海軍大将になった人は、皇族は別として、十四人中十三人が薩摩出身だった。当時はいわゆる薩閥が幅を利かせていて、明治時代に薩摩出身者以外で唯一海軍大将になったのが、会津出身の出羽（でわ）重遠（しげとお）である。海軍中将も七十二人のうち二十九人、すなわち約四〇%が薩摩の出身者だった。

とくに権力を振るったのは、「薩の海軍」の頭領といわれた山本権兵衛である。

山本権兵衛は主に陸にいて、海軍軍政の中心として活躍したあと、海軍大臣も歴任し、日露戦争に間に合うように海軍をつくりあげた。海の上でも東郷平八郎という薩摩出身の大英雄が出たから、当時の海軍は薩摩閥の全盛時代だったといってもおかしくはなかった。

ところが日露戦争の日本海海戦で日本海軍がロシアのバルチック艦隊を破って以来、海軍の人気がさらに高まった。海軍兵学校の生徒になれば、当時の青年たちの憧れだった短剣を吊ることができ、兵学校を卒業して海軍士官候補生になると、練習艦に乗って遠洋航海に出て、ヨーロッパにも行くことができた。そのため、海軍兵学校の入学試験が非常に難しくなった。

山本権兵衛

東郷平八郎

そうなると、兵学校生徒たちは薩摩出身者だけでもなくなっていく。当時は日本男子の一割しか旧制中学に行けなかった時代だったが、その旧制中学で一番から三番以内に入っているような人でなければ、海軍兵学校には絶対に受からないような状況であったことは、第一章で述べた通りだ。

もう一つ重要なのは、薩摩の人たちには、派閥意識がそれほどなかったということだ。たとえば薩摩閥の中心人物だった大久保利通は、自分の後継者に長州出身の伊藤博文を選んでいる。また、西郷隆盛がいくら人気のある人物だったからといって、彼の従弟（いとこ）の大山巌のように、晩年、西郷が薩摩に帰郷したとき、行動をともにしなかった人も少なからずいた。

してみると、たまたま薩摩藩と長州藩の出身者が中心になって明治維新を起こしたものの、薩摩の人たちは元来、それほど閥にこだわらないところがあったのではないかと思われる。

日本海海戦で第一艦隊兼連合艦隊参謀長を務めた島村速雄（はやお）大佐（のち大将、没後元帥）は高知県

島村速雄

出身である。日本海海戦に先立ちロシアのバルチック艦隊の行動がわからなくなったとき、連合艦隊司令部の中で「艦隊を津軽海峡に向けよう」という声が上がったが、「そんなことをしてはいけません。絶対ここに来ます」と、鎮海湾で待機することを進言したのが島村大佐だった。連合艦隊司令長官の東郷平八郎大将がその意見を採用した結果、日本は対馬海峡でバルチック艦隊を破ることができた。

その結果、彼は「あの島村はなかなか偉いやつだ」と認められ、のちに海軍軍令部長になっている。

島村大佐の後を継ぎ、東郷司令長官麾下（きか）の第一艦隊兼連合艦隊参謀長になったのが加藤友三郎少将（のち元帥）で、この人も広島出身で薩摩閥ではなかった。加藤

参謀長は日清戦争の発端となった豊島沖海戦で、巡洋艦吉野の砲術長として活躍している。宣戦布告前であるにもかかわらず、清国の軍艦が明らかにこちらを撃とうとしていたため、「撃たれる前に撃て」と指示して砲撃を行ない、同海戦に勝った。

加藤参謀長は、誰も彼の悪口をいう人がいないといわれるほど、軍人としても、のちに政治家としても常識的かつバランス感覚に長けた人物として知られ、大正四年（一九一五）八月十日に第二次大隈重信内閣（大正三年〈一九一四〉四月十六日～五年〈一九一六〉十月九日）に海軍大臣として入閣して以来、寺内正毅内閣（大正五年〈一九一六〉十月九日～七年〈一九一八〉九月二十九日）、原敬内閣（大正七年〈一九一八〉九月二十九日～十年〈一九二一〉十一月十三日）、高橋是清内閣（大正十年〈一九二一〉十一月十三日～十一年〈一九二二〉六月十二日）で海軍大臣を務めた。そして自身の加藤友三郎内閣（大正十一年〈一九二二〉六月十二日～十二年〈一九二三〉九月二日）でも海軍大臣を兼務している（大正十二年五月十五日より財部彪大将が海相に就任）。ワシントン会議（大正十年〈一九二一〉）にも首席全権として参加し、平和を求める当時の世論の後押しを受けて、海軍軍縮条約に調印している。

## ロンドン軍縮会議をめぐる大問題

海軍内部に問題があったとすれば、ロンドン軍縮会議をめぐって、海軍軍令部長の加藤寛治（ひろはる）中将（のち大将）と、のちに海軍軍令部次長になる末次信正大佐（のち大将）を中心とする反対派＝「艦隊派」と、財部彪大将、谷口尚真大将、山梨勝之進中将、左近司政三中将、寺島健少将、堀悌吉少将ら条約推進派＝「条約派」の対立が起きたことであろう。

艦隊派の加藤寛治中将は福井出身で、ワシントン会議の首席随員を務めた。また末次大佐は長州出身で、彼も全権委員随員としてワシントン会議に参加している。加藤中将は主力艦について対米七割の強硬論を主張し、末次大佐も条約成立に反対だったものの、加藤友三郎首席全権の決断により、対米英六割で一応の妥協を見ている。その意味で、のちに触れるように陸軍に比べたら、当時の海軍には派閥はほとんどなかったといっても過言ではない。

ところが、そのワシントン会議から約十年が経ち、ロンドン海軍軍縮会議（昭和五年〈一九三〇〉）の頃になると事情が大きく異なってくる。同会議で全権を務めたのが浜口雄幸内閣（昭和四年〈一九二九〉七月二日～六年〈一九三一〉四月十四日）の海軍大臣だった財部彪大将である。財部大将は宮崎出身で、加藤友三郎内閣でも海軍大臣を務めた。

末次信正　加藤寛治

先にも述べた通り、ワシントン会議では主力艦（戦艦）の現有勢力比率が米：英：日＝五：五：三となり、ロンドン海軍軍縮会議では日本の補助艦総トン数が対米六割九分七厘五毛、同じく大型巡洋艦が対米六割二厘などで合意した。

海軍大臣をトップに頂く海軍省が、海軍を代表してロンドン海軍軍縮会議に臨んだのだが、条約で日本がこうした劣勢を押し付けられたことに対して、海軍の作戦・用兵をつかさどる海軍軍令部を中心に、「これでは国防に責任が持てない」と反対論が巻き起こったのである。

その中心人物である加藤寛治海軍軍令部長（当時）や末次信正海軍軍令部次長（当時）は、二人

財部 彪

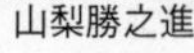
山梨勝之進

ともワシントン会議に随行した経験があるから、軍縮会議というものをよく知っていて、海軍の作戦を立案する人たちから見た場合、ロンドン海軍軍縮条約がいかに日本に不利に働いているかということを実感していたのだろう。

かつてワシントン会議で主力艦が制限されたため、前述のように日本海軍は、太平洋を横断してくるアメリカ艦隊を潜水艦、航空機、水雷戦隊の夜戦で漸減するという、補助艦などを活用した対米作戦構想を立てていた。ところがロンドン海軍軍縮会議で補助艦にまで大幅な軍備削減が求められたため、その作戦構想も成立しなくなる恐れがあった。

アメリカ側の口実としては、太平洋と大西洋に艦隊があるから、日本よりも艦艇が多いのは当然だというわけだ。ところがアメリカは日本海軍を軍縮条約で縛る一方、艦艇多数をパナマ運河経由で太平洋に進出させ、ハワイを軍事基地にしたばかりか、海兵隊まで持っていた。

アメリカ軍の海兵隊は、島嶼で本格的な戦闘を行なう軍隊であり、普通の水兵が居留民保護などの任務に応じて小銃や機関銃などの簡単な武器で戦う日本の海軍陸戦隊とは異なる。普通の国では陸海空軍というが、アメリカには陸海軍（空軍は戦後に設立）のほかに海兵隊が独立した軍隊として設けられていたのだ。

## 「条約派」と「艦隊派」の対立という悲劇

このように、ワシントン会議からロンドン海軍軍縮会議までの約十年間で時代は大きく動き、「平和」に対する感覚もまったく変わってしまったのである。

強硬派の加藤海軍軍令部長は直接、天皇陛下に対して帷幄上奏というかたちでロンドン海軍軍縮条約への反対を伝え、軍縮会議終了後に、政府と海軍省は兵力量の決定という海軍軍令部の権限を侵したと非難を浴びせた。そこから「統帥権干犯」問題に火がつくことになる。

国際的な条約を結ぶ権限を持つ海軍省と、つねに作戦のことを考えている海軍軍令部との関係が、ここから一気に悪化した。

ちなみに、ロンドン海軍軍縮会議で全権を務めた財部海相が、ロンドンに夫人を同伴したことに、艦隊派を支持していた東郷平八郎元帥が腹を立てたというエピソードがある。

その後、海軍大臣になった岡田啓介大将、安保清種大将、大角岑生大将などは、対立する海軍軍令部と海軍省の仲を取り持つことに苦労することになる。

東郷平八郎元帥が艦隊派を支持していたことは有名な逸話だが、それもわからないこともない。こと海軍に関しては、船の大きさや大砲の数や口径、射程距離といった性能面で戦力を比較し、戦う前から勝負がついている部分がかなりある。だから作戦や用兵を手がける人たちは、図上演習などを行なっても、どうしてもアメリカ海軍に勝てずに苦慮していたという事情もあるのだろう。東郷元帥は日露戦争で、それこそ身を削るほどの思いをしているわけだから、国を守る責任を持つ軍人として、自国ばかりが不利になるような軍縮に違和感を覚えたのであろう。

しかし、結果論からいえば、日本海軍はそれこそ東郷元帥の有名な言葉「百発百中の砲一門は百発一中の砲百門に勝る」ではないが、訓練に次ぐ猛訓練でそのハンデを克服しようとし、ハワイ空襲の直前期においては砲撃の命中率や戦闘機などの性能、練度などにおいて、日本海軍はアメリカ海軍よりも段違いに優れていた。だから後知恵ではあるが、真珠湾奇襲などを行なわなくても、艦隊を組んで太平洋を渡ってくるアメリカ太平洋艦隊と真っ向勝負しても、日本海軍は堂々と完勝していただろうというのが、専門家の話である。だから、当時の海軍軍令部員たちはそれほど神経質になることもなかったのではないか、ともいえる。

だが、そうもいかないのが、勝つために最善を尽くさなくてはいけない軍というものの宿命であろう。結局、大角大将が海軍大臣を務めていた昭和八年（一九三三）とその翌年に、条約派の主立った面々が予備役に回されることになる（大角人事）。このことが、海軍内部にしこりとして残ることになる。

## 陸軍大将・上原勇作という人物

陸軍の事情は、海軍に輪をかけて大問題であった。

明治維新後、新政府のもとで陸軍の制度をつくりあげ、陸軍参謀本部を創設し初代参謀長を務めた一番の功労者が、長州出身の山県有朋元帥である。そして山県有朋を助けて陸軍制度の整備を手がけ、大将、元帥、公爵へと上り詰めていったのが薩摩出身の大山巖元帥だが、大山元帥には薩摩出身者で派閥をつくろうという意識はなかったようである。

山県有朋

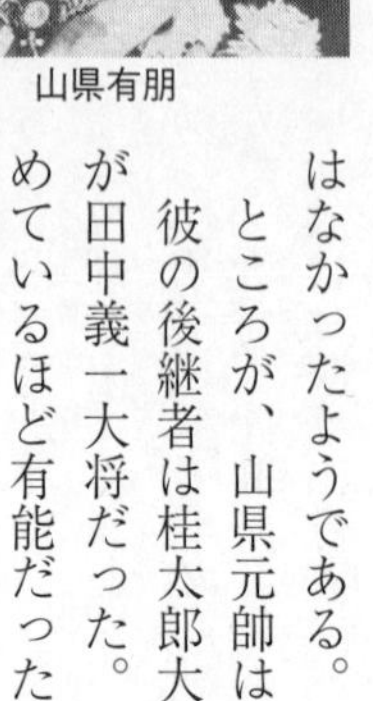
大山 巌

ところが、山県元帥はその逆だったようだ。彼の後継者は桂太郎大将で、その後を継いだのが田中義一大将だった。二人とものちに首相を務めているほど有能だった人物で、彼らは長州閥である。

ところが、この長州閥に猛烈に対抗した人がいる。それが、のちに元帥になった上原勇作大将である。彼は日向国都城にある薩摩藩の支藩藩士の家に生まれた。上原大将のもとには陸軍内の九州出身者らが集まり、閥が形成された。武藤信義、荒木貞夫、真崎甚三郎などがそれに連なるが、やがてその流れが、皇道派と呼ばれる強大な派閥につながっていくことになる。

上原勇作という人は、陸軍大臣、参謀総長、教育総監という、いわゆる陸軍三長官をすべて経験した人である。明治四十五年（一九一二）四月五日に第二次西園寺公望内閣（明治四十四年〈一九一一〉八月三十日～大正元年〈一九一二〉十二月二十一日）の陸相に就任したが、同内閣の緊縮政策に反対して二個師団の増設を要求し、それが拒否されたため陸相を辞職したことは先に紹介した通りである。陸軍は後継大臣を出さなかったため、同内閣は総辞職に追い込まれている。

田中義一

桂 太郎

　上原大将は、宇垣一成陸相が進めようとした軍縮（宇垣軍縮）にも猛反対している。宇垣陸相は、田中義一陸相のもとに陸軍次官を務めて、その後を継ぐかたちで陸軍大臣に就任した人物である（当時中将、のちに大将）。あとで詳述するが、上原大将はそもそも宇垣陸相の就任にも反対をしている。

　私はこの上原大将と、後述する真崎甚三郎大将がいなければ、二・二六事件は起こらず、したがって昭和十年代における日本の危機もなかったと思う。

田中義一大将から宇垣大将まで続くラインが陸軍を抑え続けていたら、また別の展開もあったかもしれない。だが昭和六年（一九三一）三月に起きた三月事件をきっかけに、宇垣大将はあえなく失脚してしまう。

上原勇作

歴史書ではほとんど触れられていないが、この事件で宇垣大将の政治生命が断たれたことは、日本の近代史にきわめて重要な影響を与えたと私は思う。実際、同事件後に宇垣大将が陸相を辞任し、予備役に編入されたあとの陸軍は、雰囲気ががらりと変わってしまったのだ。

## 未遂に終わったクーデター・三月事件の衝撃

昭和六年（一九三一）の三月事件とは、陸軍将校と民間右翼らが計画したクーデターで、議会を占拠して内閣を総辞職させ、宇垣大将を首班とする軍事政権を擁立しようとしたものの、未遂に終わった事件である。クーデターを計画したのは、革新派青年将校たちの団体である「桜会」のメンバーで、中心人物には参謀本部第二部ロシア班長の橋本欣五郎中佐（のち大佐）やシナ各地の駐在武官を務めた長勇少佐（のち中将）などがいた。

橋本欣五郎

長　勇

すでに述べたように、実は昭和五年（一九三〇）にアメリカで成立したホーリー・スムート法によるところが大きいのだが、恐慌の影響で世間に失業者があふれ、農村は貧困に苦しむ状況を憂え、彼らは国家改造しなければならないと考える。

このクーデターには大川周明や清水行之助などの民間右翼が参加し、麻生久（日本労農党）や亀井貫一郎および赤松克麿（社会民衆党）らの左派の合流も予定されていた。

彼らが立てたクーデター計画は大雑把なものではあったが、青年将校だけで国家改造を実現するのは難しい。そこで彼らが担ごうとしたのが宇垣陸相だった。

その頃、宇垣陸相は中耳炎の手術をして入院していた。大東亜戦争の敗戦前年に総理大臣になった小磯国昭少将（のち大将）が軍務局長を務めていたが、彼の紹介で宇垣大将は大川周明と会談している。

折しも浜口雄幸首相が「統帥権干犯問題」で右翼青年に撃たれて重傷を負い、幣原外相が臨時首相代理を務めていた頃である。ところが幣原外交はアメリカからはなめられ、シナ大陸でもなっていないという状況だったため、一度、右翼の人とも話してみたらどうかという趣旨で、小磯軍務局長は宇垣陸相を大川周明に会わせた。

宇垣陸相はなかなか弁の立つ人だったそうだが、会談の中で「お国のために命を投げ出すことは軍人としての本望である」という話が出たことから、大川周明は「宇垣はやる気だ」と受け取り、青年将校たちに宇垣陸相の蹶起（けっき）は確実だと伝えられたようである。

その後、大川周明は宇垣陸相に宛てて、改めて蹶起を促す手紙を出した。そこにはクーデターの具体的な計画がいろいろ書いてあったらしく、宇垣陸相も驚いた。自分はそんなつもりで話したのではない、軍は彼らとは絶対に関係を持たないという立場から、宇垣陸相は小磯軍務局長を通じて関係者にクーデターの中止命令を伝えた。

ところがこの三月事件を機に、宇垣陸相は陸軍部内で厳しい批判にさらされるようになる。大川周明との面会を斡旋したのが小磯軍務局長だったことから、「軍上層部も関与しているのだから、宇垣陸相がクーデター計画を知らなかったわけがない」ともいわれた。また当時、宇垣陸相の手腕に対する評価は高く、重傷を負った浜口首相の次は宇垣陸相がいいのではないかという声さえあったから、「宇垣陸相には『革命を起こさなくても俺は首相になれる』という気持ちがあって、クーデターに与しなかったのではないか」というデマも流された。ひどい話ではあるが、陸軍部内には「宇垣国賊論」まで出ていたのである。

大川周明

この三月事件は、大川周明からの手紙を受け取った宇垣陸相が手を切ることを明言した結果、未遂に終わり、一人も犠牲者が出ておらず、表には出ていない。だがクーデターの計画が相当進んでいたことは確かだ。たとえば橋本欣五郎中佐は千葉の陸軍歩兵学校から伝票をもらい、横浜・保土ヶ谷にあった火薬工場から演習用の砲弾三百発を手に入れている。これを参謀本部の参謀第二部長だった建川美次（たてかわよしつぐ）少将（のち中将）の部屋に置いて、民間右翼の清水行之助に渡した。クーデターが未遂に終わったあと、清水行之助が砲弾を渡すのを拒んだという事件もあったが、これもあまり知られていない話だ。

しかも尾張徳川家の徳川義親侯爵が、清水行之助にクーデターの資金として二十万円を提供している。ちなみに、この徳川義親は二・二六事件でも、栗原安秀中尉らの蹶起将校らを自ら引率して宮中に参内させ、蹶起の趣旨を言上させようとしたが未遂に終わり、反乱幇助（ほうじょ）の容疑を受けた。戦後は日本社会党の結成を支援し党顧問となるが、公職追放に遭っている。公職追放解除後、名古屋市長選に立候補したが落選した。

三月事件に話を戻すと、徳川侯爵は当時の右翼と非常に仲が良かったから、先の砲弾は彼を通じて清水行之助から取り戻したという説があるが、こういう話はけっして表に出てこない。

また小磯少将は宇垣大将の「三羽ガラス」の一人といわれた人物で、当時は作戦・人事事務を除く重要事項を広く扱う軍務局の局長を務めていた。軍務局長は、陸軍省の中で陸軍大臣、陸軍次官に次ぐ地位にあった。

小磯少将の部下で軍務局軍事課長を務めていた永田鉄山大佐（のち少将）は、陸軍随一の秀才で、青年将校たちによるクーデターの話を聞くや、反対を訴えたが、小磯少将は永田大佐に「政府転覆という場合の一つのシミュレーションプランを立ててみてくれないか」と命じた。永田大佐は、非合法活動には反対だと、正面切ってその依頼を断ったというが、これは小磯少将自ら話していることだから間違いないだろう。

それでも小磯少将が、「参考のためにつくっておいてくれよ。小説を書くつもりで」というので、永田大佐は軍隊の動員計画を書いた。

その動員計画を廃棄しておけばよかったのだが、小磯少将は保管を命じた。永田大佐は自分の金庫に計画書をしまっておいたが、転勤したときに置き忘れ、それがあとになって出てきたのである。この書類が発端となり、「宇垣は暴力革命をやるつもりだった」とか「宇垣は自分にとって都合が悪いからクーデターをやめたにすぎない」「宇垣は国賊だ」という話が広まり、宇垣陸相は陸軍部内で力を失ってしまったのであ

小磯国昭

る。

強いていえば、この一件には、小磯少将をはじめとする将官級が多少加わっていたと考えられなくもない。

## 半年後に再び計画された十月事件

そしてその約一カ月後に浜口首相が辞任し、第二次若槻礼次郎内閣（昭和六年〈一九三一〉四月十四日～十二月十三日）が発足する。宇垣大将は三月事件の責任を取って陸相を辞任し、同年六月に予備役に編入され、朝鮮総督に任命された。第二次若槻内閣の陸軍大臣は南次郎大将になり、その次の犬養毅内閣（昭和六年〈一九三一〉十二月十三日～七年〈一九三二〉五月二十六日）では荒木貞夫中将（のち大将）が陸相を務めている。

先にも触れたが、犬養首相は立派な人物ではあったが、統帥権干犯を掲げて浜口元首相を激しく批判するという、非常に害のあることも行なっていた。だが犬養首相と宇垣大将は郷里が同じ岡山で仲が良く、宇垣大将は犬養首相が組閣をするときに朝鮮から手紙を送り、いろいろと注意を与えていたという。

その注意の中でたった一つだけ漏れたことがある。それは、荒木中将を陸軍大臣にしてはいけないということだった。

先ほど述べたように上原勇作大将は反長州閥をつくっていて、荒木中将はその流れに連なる人物であった。これがのちに皇道派と呼ばれるようになる。

三月事件の結果、宇垣大将が失脚したことで、陸軍を政治的に抑える力を持った人がいなくなってしまったことが改めて悔やまれる。そういう力を持った人物は、のちの第二次近衛内閣（昭和十五年〈一九四〇〉七月二十二日～十六年〈一九四一〉七月十八日）で東條英機中将（のち大将）が陸相になるまで、ついに現われなかった。

荒木中将は陸相になると、恥ずかしげもなく反宇垣人事を実行していくが、それについては後述することとする。

さて、三月事件は未遂に終わったものの、国家改造の夢を抱く青年将校たちの行動は止まらない。三月事件から約半年経った昭和六年十月に、橋本欣五郎中佐、長勇少佐らはいわゆる十月事件と呼ばれるクーデターを計画する。今度は陸相や軍務局長といった上層部を介さず、青年将校だけで蹶起することにした。しかも今回は閣僚や政党幹部、財界の有力者などを暗殺し、荒木中将を首班とする軍事政権を樹立する計画を立てるところまでエスカレートしている。

要は、上は頼むに足らず、ということだ。彼らはそのクーデターを十月二十四日に実行することにしていた。

昭和六年といえば満洲事変が起こった年である（事変勃発は九月十八日）。陸軍からすれば、幣原外交に象徴される大陸政策に関する政府のやり方は手ぬるく、アメリカの排日移民政策に対しても無能で、協調路線の内閣では駄目だと思っていたに違いない。日露戦争以来の日本の満洲での権益が、シナ側の協定違反や現地の反日運動によって次々と危機に見舞われているのに、なんら有効な手を打とうとせず、ただただ手をこまねいていただけだったからである。

その不満、および満洲の危機状況は、満洲事変が起きたことにより解消されることとなるが、日本政府は満洲事変以後、各国から満洲について批判されても自国の立場や日本がシナ側から受けた理不尽な仕打ちについて、まともに説明することができず、「日本はダブルガバメントだ」と批判を受ける有り様だった。こうした憤懣が鬱積する中で、三月事件と同じく橋本欣五郎中佐や長勇少佐が中心になり、再び国家改造クーデターが企てられたのである。

要するに、宇垣中将を含め、将官をはじめとする偉い人たちは全部駄目だというわけで、そのあたりから「青年将校」という概念が確立し始めた。彼らの中で主立ったメンバーは、維新の志士を気取って芸者屋や料亭に居続け、そこでクーデターの計画も立てられた。

十月事件には、陸軍からは桜会メンバーを中心とする百二十人の将校、近衛歩兵十個中隊、機関銃隊二個中隊、偵察機四機が参加し、海軍からは霞ヶ浦航空隊の爆撃機十三機、横須賀から抜刀隊十人が加わる予定だった。民間からは例によって大川周明、北一輝、西田税（みつぎ）らが参加することになっていた。

長少佐が指揮して閣議中の議会を襲い、首相以下の閣僚を殺すと同時に、警視庁を占拠し、陸軍省と参謀本部を包囲して上官をクーデターに同意させ、反対する者は捕縛するというのが彼らの計画だった。彼らはまた東郷元帥や閑院宮殿下、元老の西園寺公爵を説き、クーデターを起こした自分たちに組閣の大命が降下するよう上奏させるつもりだった。

彼らが樹立を目指した新内閣には、当時教育総監部本部長だった荒木中将が首相で橋本中佐が内務大臣、大蔵大臣が大川周明、外務大臣は建川少将のほか、霞ヶ浦航空隊司令でクーデターに海軍の飛行機を出すと話した小林省三郎少将が海軍大臣として入閣する予定だった。

## 首謀者たちに下されたきわめて甘い処分

十月事件が実施される予定だった前月の昭和六年九月、陸軍省では長少佐を危険視し、北京駐在武官を命じたが、長少佐は赴任を嫌がり、上官に説得されてようやく北京に発った。ところが長少佐はものの一週間で北京を抜け出し、東京・築地の金龍亭という料亭で芸者を侍(はべ)らせて潜んでいた。そのとき彼は出所不明の二十万円を所持していたが、これは大川周明が渡したものだといわれている。

ところが桜会のメンバーの中にも、このクーデターの計画が粗雑かつ時期尚早で、大量殺人につながることに反対した人たちがいた。積極派にしてみれば「自分たちの計画は建設的とはいえないが、破壊だけは成功する」というわけで、戦後の大学紛争時代の全学連に似たようなものである。クーデターに反対した青年将校たちは、彼らの上司である参謀本部作戦課長の今村均大佐に計画を打ち明けた。

今村大佐は大東亜戦争で、第十六軍司令官としてジャワで善政を敷いたあと、第八方面軍司令官としてラバウルで戦い、戦後も立派な人物として讃えられている。部下からクーデターの話を聞いた今村大佐は、二宮重治参謀次長に報告し、二宮次長は南陸相に報告を入れた。そこで南陸相は、クーデター政権の首相に指名されている荒木教育総監部本部長に、首謀者たちの説得を依頼したのである。

荒木中将はやはり、自分がクーデター政権の首相に担がれることには抵抗があったのだろう。荒木中将は当時人事局補任課長を務めていた岡村寧次（やすじ）大佐をともない、料亭に潜伏していた橋本中佐と長少佐のもとを訪れ自首を勧めた。橋本中佐ら五人の中心メンバーは料亭から憲兵隊に連行され、保護検束を受けたためクーデター計画は挫折した。

ところが、その後の処置に大きな問題があった。クーデターを計画した青年将校たちが、監獄どころか東京都郊外の料亭に「分散収容」されていたのだ。

酒は飲み放題で芸者も呼び放題だったから、処罰というより歓待である。クーデターも未遂に終わり軍法会議も開かれなかったから、内々の行政処分になっている。橋本中佐は謹慎二十日間、長少佐と田中弥（わたる）大尉が同十日間および地方転出になり、その他は無罪放免というきわめて甘い処分が下された。

ところがこのクーデターの話は、どこからか宮中にも漏れていて、「橋本事件はいったいどうなっているのか」という問い合わせがあったらしい。そこで南陸相が報告書を提出しているのだが、「彼らは憂国の情熱から行動に及んだ」と、むしろ弁解しており、保護の目的で首謀者たちを収容したと報告している。つまり、陸軍部内では彼らを罰する気はまったくなかったということだ。

## 海軍の青年将校が主導した五・一五事件

こうした青年将校たちの動きが、翌年の昭和七年（一九三二）五月十五日に起きた五・一五事件へとつながっていくことになる。

今度は海軍側で、「国を憂える陸軍の青年将校たちが十月事件などの壮挙に及んだにもかかわらず、自分たちは何もしていないではないか」という話になったのが事の発端だ。

海軍にも藤井斉大尉（戦死後少佐に進級）という、青年将校運動のリーダー格と目される人物がいた。藤井大尉は大川周明や西田税らと交流を持ち、昭和三年（一九二八）に国家改造を目指す若手海軍士官の集まりである王師会を結成したが、昭和七年（一九三二）の第一次上海事変で偵察飛行中に戦死している。

その王師会の主なメンバーが古賀清志中尉、三上卓中尉、中村義雄中尉で、彼らが五・一五事件の首謀者だった。彼らは陸軍にも声をかけ、その後二・二六事件の中心になる安藤輝三大尉や村中孝次大尉に参加を呼びかけたが、彼らは時期尚早だといってクーデターに加わらなかった。陸軍からは、その場に居合わせ、クーデターに賛成した士官候補生十一名が参加している。

この五・一五事件の特徴は、民間右翼に広く声をかけたことだ。たとえば大川周明をはじめ、橘孝三郎が率いる水戸の愛郷塾、それから本間憲一郎が塾長を務める土浦の紫山塾、頭山秀三が設立した世田谷の天行会が加わっている。だが実際には大川周明・頭山秀三らは動かず、蹶起に参加したのは愛郷塾の農民決死隊だけであった。

ピストルや手榴弾は海軍将校が上海から持ってきたもので、それらを運んだのが駆逐艦「楡（にれ）」だったというから、ひどいものである。

第一組（三上中尉指揮）が首相官邸と日本銀行、第二組（古賀中尉指揮）が牧野伸顕内大臣邸、第三組（中村中尉指揮）が立憲政友会の本部を襲撃したのち、各隊が合流して警視庁を襲撃する計画だった。また愛郷塾の農民決死隊が変電所を襲い、混乱に乗じて、荒木陸相を首相とする内閣を樹立しようと企てたのである。

彼らは襲撃を終えたら憲兵隊に自首するつもりだった。あの十月事件でさえ、首謀者たちはほとんど懲罰を受けていないのだから、たいした罪にはならないと考えていたのだろう。

首相官邸に向かったのは三上卓中尉、山岸宏中尉、村山格之少尉、黒岩勇予備少尉の四人の海軍士官と陸軍士官候補生五人である。裏門から山岸中尉と村山少尉が官邸内に侵入した。これは有名な話で、犬養毅首相はまったく慌てることなく、「話を聴けば判ることじゃろう」（勝田龍夫『重臣たちの昭和史　上』〈文藝春秋〉所収、司法省「右翼思想犯罪事件の綜合的研究」）といいながら、胸元に拳銃を突きつけた三上中尉を、食堂から日本間に誘導した。三上中尉が「我々が何の為に来たか判るじゃろう、何か云うことがあればいえ」（同書）と話し、犬養首相が何かを言い出そうとして体を前に乗り出したとき、山岸中尉が「問答無用、撃て」（同前）と叫び、黒岩予備少尉と三上中尉の拳銃が火を噴いた。

犬養 毅

このとき警官が一人重傷を負い、もう一人は首相官邸を襲撃した将校たちと戦って殉職している。第二組は牧野内大臣私邸の表玄関から手榴弾を投げつけ、警視庁の総監室に入って手榴弾を投げ、庁内でピストルを乱射したあと麹町の憲兵分隊に自首した。

## そして減刑嘆願書が山積みにされた

五・一五事件は、現役の軍人が首相を白昼ピストルで殺害するという前代未聞の事件であり、軍隊が暴走し、本物の暴力によって犠牲者が出たクーデターであった。

事件後、海軍および陸軍でそれぞれ軍事裁判が行なわれたが、陸軍のほうは昭和八年（一九三三）九月に十一名に対して禁錮四年の判決が出ている。海軍の軍法会議では、主犯格の古賀中尉ら三人に死刑が求刑されたものの、判決では禁錮十五～十三年になるなど、刑が大幅に軽減された。

これには、海軍兵学校の卒業生やクラスメートが、青年将校たちのために助命運動を起こし、嘆願書を出したことが背景にある。また、当時の国民の多くが苦しい生活を強いられていた中で、満洲事変が成功したにもかかわらず、アメリカがたびたび横槍を入れ、日本を敵対視するような姿勢を見せていたことに、国民が怒っていたという事情も大きい。

当時の雑誌の写真にも写っているが、裁判官の机の上には全国から寄せられた減刑の嘆願書が山積みにされていた。被告人たちはクーデターを起こして首相を殺しているにもかかわらずである。

軍法会議を行なうにあたり、海軍では東郷元帥にもお伺いを立てていた。東郷元帥の意見は、「動機などを問う必要はなし。厳罰に処して可なり」というもので、きわめて理路整然としていた。検察官も理路整然としていて、これは海軍刑法の反乱罪に該当するため、首謀者は死刑が相当であると主張した。ところが裁判官が、被告人たちの減刑を求める強い世論に流されてしまったばかりか、主犯格三名に対して死刑の求刑を行なった法務局長も、辞表提出を余儀なくされてしまったのである。

しかしどう考えても、五・一五事件において首相を殺した犯人さえ死刑にしなかったことは、日本政府の最大の失敗であった。

五・一五事件に対する甘い処断で思い起こすのは、主君・浅野内匠頭長矩（たくみのかみながのり）の仇を討つために吉良邸に討ち入りをした赤穂浪士に対する処分である。この処分も、江戸幕府にとって相当悩ましいものであった。

吉良邸に討ち入った四十七人（四十六人ともいわれる）は全員が死罪になったが、斬首ではなく切腹を命じられているから、幕府も一応は情状を酌量したのだろう。

当時の江戸幕府の役人たちは、武士道における一点の名誉を重んじながらも、法の支配を貫徹させたのであって、私は昭和の軍部にもそういう考え方が必要だったのではないかと思う。

そもそも赤穂浪士の一件の場合、浅野内匠頭が江戸城本丸の松の廊下で吉良上野介義央（こうずけのすけよしなか）に斬りかかった際、幕府は喧嘩両成敗の鉄則を無視し、赤穂浅野家だけを処罰（浅野長矩は切腹し、所領は没収）したのがいけなかった。仮に赤穂浅野家を半地にしても、三分の一にしてもいいから浅野長矩の弟である大学（だいがく）に家督を継がせればよかったのだ。やはり五代将軍・徳川綱吉は少々吉良寄りすぎたのではないか。

喧嘩両成敗というと馬鹿馬鹿しく聞こえるかもしれないが、よく考えてみるとそれなりに意味がある。どちらかが正しく、どちらかが悪いということになると、双方ともに正義を主張し合い、収拾がつかなくなる。ところが両成敗なら、お互いに責め合い、はては殺し合うより、お互いに妥協しようとするものなのだ。

たしかに浅野内匠頭は殿中で刀を抜き、吉良上野介は刀を抜いていないから、浅野内匠頭が悪いといえば悪い。だが浅野内匠頭に対する厳罰主義は、赤穂浪士に対する世間の同情をかき立て、幕府の評判を落としたといわざるをえないのだ。

非常に面白いことに、乃木大将は浅野内匠頭を、「殺す気があったらなぜ抱きかかえて刺さなかったのか。武道不心得である」と批判していた。

五・一五事件に話を戻せば、犬養首相が白昼に青年将校に殺されたことで「民主主義は死んだ」という人もいて、犬養首相はヒーロー扱いされている部分があるように思える。だが犬養首相は、先に紹介したように、かつて野党だった立憲政友会の総裁として、ロンドン海軍軍縮条約の締結をめぐり、政府が軍令部の反対を押し切って対米妥協案を決定したことは「統帥権干犯である」と、政権批判を大々的に行なった人物である。

犬養首相は非常に優れた人物ではあったが、党利党略にとらわれていた。彼が率いる政友会は海軍の強硬派などと組み、統帥権干犯問題を利用して倒閣運動を展開したわけだが、そうした行ないが、のちに青年将校による暗殺として彼自身に跳ね返ってきたのではないかとも思われ、なんともいえぬ気分になる。

ともあれ、五・一五事件の犯人たちに多くの同情が集まり、軽い処分しか下されなかったことが、さらに二・二六事件、そしてその後の危機を招く大きな要因となったことは間違いのないことである。

本章で見てきたように、青年将校たちは「権門上に傲れども国を憂ふる誠なし財閥富を誇れども社稷を念ふ心なし」と歌い、多くの国民もその歌に酔った。そしてその背景には、保護貿易（ホーリー・スムート法）や金解禁などといった間違った政策が引き起こした昭和恐慌という厳しい状況、そして統帥権干犯問題などに見られる醜い政争があった。

だが、高橋是清がいかにも明治の自由な気風を感じさせる大胆な経済政策を行ない、経済が上向きつつあったのも確かなのだ。その意味では、やはりどうしても政策が実現するまでのタイムラグの悲劇性、そして、人々の妬み嫉みをかき立てる社会主義的主張の兇悪さを嘆かざるをえないのである。

青年将校たちに「国を憂ふる誠」があったことは確かなのだろう。だが彼らはその憂いから、「右翼の社会主義テロ」に惹かれていってしまった。それが本当に「社稷を念ふ心」だったといえるのか。このあとに続く歴史の結果を見れば、答えは自ずと明らかであろう。

# 第四章

# 二・二六事件と国民大衆雑誌『キング』

## 田中・宇垣派と上原派の対立の行方

さて、ここまで昭和七年（一九三二）の五・一五事件までの大きな動きを見てきたが、いよいよ事態は昭和十一年（一九三六）の二・二六事件に流れ込んでいくことになる。この間の陸軍の派閥事情は複雑だから、ここで改めて、時計の針を宇垣一成陸相が誕生した時点に巻き戻して見ていくことにしよう。

前章で述べたように上原勇作元帥は、長州閥の田中義一大将と対立関係にあった。そこで、大正十三年（一九二四）一月七日に清浦奎吾内閣（～六月十一日）が成立した際、上原勇作元帥は、田中義一大将に代わる陸軍大臣として、清浦首相に福田雅太郎大将を薦めた。

上原元帥の派閥は、大分県以外の九州出身者が中心を占めていたが、福田大将も長崎出身で、関東大震災（大正十二年九月一日）のときには関東戒厳司令官を務めている。

ところが、前任の陸軍大臣であった田中義一大将は、次の陸軍大臣に宇垣中将を推そうと考えていた。だが、上原元帥はかつて陸軍大臣、参謀総長、教育総監の

「陸軍三長官」を務めた身（三長官を歴任したのは上原元帥の他には、のちの杉山元元帥のみ）であるだけに、その意向をそう簡単に退けるわけにはいかなかった。

そこで田中大将は非常にうまいことを考えた。前陸軍大臣である自分と参謀総長の河合操大将と教育総監の大庭二郎大将の三人で相談し、三長官の合議のうえで陸軍大臣を薦めることにしたらどうか、というのである。

河合大将は、清浦内閣で宇垣大将が陸相になったときも参謀総長の地位にあり、田中大将はもちろん宇垣中将を推していた。大庭大将はどちらでもいいという考えだったが、三長官による次期陸相の推薦ということになると誰も嫌な気はしない。結局、三人の会談では、次期陸相は宇垣中将ということにまとまり、上原元帥も引き下がらざるをえなかった。

荒木貞夫

ところが上原元帥は、昭和五年（一九三〇）に鈴木荘六大将が参謀総長を辞めたとき、武藤信義大将（のち元帥）を後任に推薦した。佐賀出身の武藤大将は陸軍大学校を首席で卒業した武勲赫々たる人で、皇道派の中心人物だった荒木貞夫中将や真崎甚三郎中将などが猛烈な推薦運動を展開している。

陸軍で偉くなる人は、必ず一度は参謀本部に入って参謀総長の下につくから、陸軍部内における参謀総長の影響力は非常に大きかった。だから上原元帥にしてみれば、そのポストを自分の派閥から離したくなかった。そこで、政治性がないことで有名な奥保鞏（おくやすかた）元帥や閑院宮元帥を訪ねたりし

真崎甚三郎

日露戦争では第二軍の司令官としてロシア軍の主力と戦った中心人物である。奥元帥は小倉藩の出身で、た。

それから栃木出身の奈良武次少将（のち大将）が、侍従武官長を通じて天皇陛下に拝謁し、「武藤こそは参謀総長にふさわしい人です」と述べている。

天皇陛下に直接訴えるというのは、よほどのことがない限りやってはいけないことである。陸軍では参謀総長と陸軍大臣が持つ特権だったから、宇垣一成陸相は奈良少将に上奏させた上原元帥は国賊であるといい、上原元帥を軍籍から除くための手続きを取り始めたが、周囲になだめられて断念した。

宇垣陸相は、浜口内閣の陸相時代の飲み友達だった金谷範三大将を参謀総長にし

て、上原元帥は手を引いた。その代わりとして、武藤大将を教育総監に薦めたようである。

その結果、陸軍内の重要ポストである参謀総長は取り損ねたものの、上原元帥の派閥から発展した皇道派はますます結束を固めていくことになる。

皇道派の中心人物の一人である真崎甚三郎中将（のち大将）については、宇垣陸相の後任として第二次若槻内閣で陸軍大臣を務めた南次郎大将や金谷参謀総長が、「真崎というやつは青年将校を煽っていて危ないぞ」と警戒し、軍籍から除こうとしたが、真崎中将の部下たちが延命運動を行なった。その結果、真崎中将は予備役編入を免れ、台湾軍司令官を命じられている。

そのとき教育総監だった武藤大将が、荒木だけは東京に残すよう南陸相に頼んでいる。そこで南陸相は荒木中将を教育総監部本部長という閑職に置いたのだが、荒木中将は教育総監部で今度は青年将校をさんざん煽った。荒木中将はまた閑院宮殿下を担ぎ出して参謀総長に据え、真崎中将を台湾から呼び寄せて参謀次長に就けている。

こうした人事面の争いを経て、荒木中将は犬養毅内閣（昭和六年〈一九三一〉十二月十三日～七年〈一九三二〉五月二十六日）に陸軍大臣として入閣を果たすことになる。

## 荒木・真崎時代の到来

これによって荒木・真崎時代が到来する。そして荒木陸相は、いわゆる皇道派人事を臆面もなく展開したのである。

宇垣大将の子飼いで陸軍次官を務めていた杉山元中将を久留米の第十二師団長にし、二宮治重参謀次長は広島の第五師団長、参謀本部の参謀第一部長になっていた建川美次少将を参謀本部付にして、ジュネーブ軍縮会議の陸軍代表として派遣した。軍務局の軍事課長を務めていた永田大佐も参謀本部第二部長という閑職に回された。

宇垣大将の直系ではたった一人、小磯中将だけは次官に残すが、自派の山岡重厚少将を軍務局長にして目付役とした。また、陸軍省の人事局長には福岡出身の松浦淳六郎少将を任命し、秦真次中将を憲兵司令官にしている。

ところが、荒木陸相に対する当時の世論は悪くなかった。私もよく覚えているのだが、荒木陸相は当時非常に評判が良かった。私が子供の頃の鉛筆は面白くて、乃木鉛筆、東郷鉛筆などというものがあったが、荒木鉛筆もあったように記憶している。

そのような国民的な人気の背景には、荒木陸相が「皇軍」や「皇国」という言葉を好んで使い、精神主義的で右翼的な言動を繰り返していたため、青年将校に絶大な人気があったことがあるのだろう。その意味で、いまからいえば青年将校は日本のガンのような存在だったのかもしれないが、軍法会議の裁判官が首相を殺した容疑者を死刑にできないほど、青年将校たちが当時の国民に支持されていたことが、忘れがたいのである。

それはある意味で、学生紛争の頃に学生たちがあんなに馬鹿なことをやっていたにもかかわらず、なかなか抑えが利かなかったのと似ている。いや、それをさらにスケールアップさせたようなものといえるだろう。

荒木陸相はつねに「革新」を口にし、昭和維新を彷彿とさせるようなことを述べていた。そのため何となしにではあるが「青年将校をうまく扱えるのは荒木将軍しかいない」という世論になっていた。荒木陸相が陸軍部内でこれだけ乱暴な人事を行なっていても、普通の人には関係がなかった。

彼が人事で行なったことは、田中義一、宇垣一成以来の穏健な陸軍主流派をすべて外したということにほかならない。何よりも荒木陸相自身が「青年将校は維新の志士である。位は低いが志は高い。上級将校たちは、たとえてみれば、幕末の頃の各藩の家老のごときものである」という声明を行なっているのだ。

つまり元帥、大将をはじめ上級将校は数多くいるが、彼らは国のことを考えていない、幕末の頃の各藩の家老と同じようなものである、と現役の陸軍大臣が話しているのだから、ひどい話である。まさに『青年日本の歌』の二番に書いてあることを、そのままなぞらえているかのようだ。

ではあるが、荒木陸相もさすがに陸軍中将であるから暴力革命そのものには反対だった。青年将校が次第に暴走していく中で、荒木陸相自身も次第に立場を変えて、「軍人の本分を忘れて軍紀を乱す者は許せない」という発言をするようになる。「第二次十月事件」ともいうべきクーデターが起こる懸念がますます高まる中で、荒木陸相もはっきりと「暴力否定、政治関与をするな」と言い出すようになる。

つい最近まで青年将校を煽っていた荒木陸相が自重を求めるようになると、荒木陸相の人気は大きく下降した。青年将校たちは荒木陸相を口先だけの将軍だと批判する一方、真崎中将を担ぎ上げるようになる。

真崎中将は第一次上海事変（昭和七年〈一九三二〉一月二十八日～五月五日）当時、

「南京まで占領してしまえ」と発言しており、対ソ強硬派で青年将校に非常に人気があった。真崎中将は佐賀の出身で、荒木陸相と同様に上原系の人物である。

## 「反皇道派」の巻き返し

ところが、ここまで皇道派が勢力を拡大すると、「これではいけない」と考える人たちが出てくるようになる。いま、われわれの記憶に残っているのは永田鉄山少将（死後、中将）、東條英機少将（のち大将）、武藤章中佐（のち中将）、富永恭次中佐（のち中将）、今村均大佐（のち大将）、それから池田純久少佐（のち中将）、四方（しかた）諒二（りょうじ）少佐（のち少将）などの人物で、彼らは統制派と呼ばれるようになった。

永田鉄山

だが、「統制派」といっても、実際問題として「派閥」としては陸軍部内における皇道派が抜きん出ており、おおまかにいえば、皇道派ではなかった人たちが統制派と呼ばれたのが実情である。

彼らは、少なくとも自分たちは戦争が専門であ

東條英機

武藤 章

るとわきまえていた。彼らは第一次世界大戦の現状を見て、戦争だけの計画では不十分で、国家全体を改造しなければトータル・ウォー（総力戦）は難しいという危機感を抱いていたが、自分たちは経済分野の素人であるという立場から、プロの経済官僚たちに声をかけるようになる。

その経済官僚たちは「革新官僚」と呼ばれ、池田純久少佐などの陸軍の経済官僚とともに国家総動員法や電力国営法をはじめとする経済統制を推進した。

革新官僚で最も有名なのが岸信介元首相で、終戦時の鈴木貫太郎内閣で内閣書記官長を務めた迫水久常や唐沢俊樹、和田博雄といった、戦後にも活躍した有名な人たちが参画していた。

そして昭和七年（一九三二）五月二十六日に成立した斎藤実内閣（〜九年〈一九三四〉七月八日）で、反皇道派が台頭する契機となる事件が起こる。

斎藤内閣には荒木中将が陸軍大臣として入閣したが、その当時は真崎中将が参謀次長、教育総監を林銑十郎大将が務めていた。

荒木中将は昭和九年（一九三四）一月、陸相を退任する。病気のためとされるが、一説には、先に見たように青年将校たちに反感を持たれ、統制が取れなくなったことも理由といわれる。荒木陸相のあと、同年一月二十三日に陸相になったのは林銑十郎大将であった。永田少将（昭和七年四月十一日に少将に進級）も同年三月五日に軍務局長になり、軍中央に復帰している。真崎中将は昭和八年六月十九日に大将に昇進して教育総監になり、柳川平助中将が陸軍次官になった。

この柳川平助という人は、その後、台湾軍司令官に流されているが、非常に戦争がうまい人だった。シナ事変で上海がなかなか落ちずに死傷者が続出した際、新編制の第十軍司令官となり、杭州湾への上陸（昭和十二年〈一九三七〉十一月四日）を見事に成功させている。三個師団半からなる第十軍が、「日軍百万杭州湾上陸」のアドバルーンを掲げて上陸し、上海に立てこもった蔣介石軍を崩壊させ、一気に南京まで占領し

林銑十郎

たのは第一章で述べた通りだ。

斎藤内閣当時、若干の異動はあるものの、憲兵司令官は秦真次中将、整備局長は山岡重厚少将（のち中将）、軍務局の軍事課長は山下奉文大佐（のち大将）で、陸大幹事が小畑敏四郎少将（のち中将）という陣容だった。

林陸相は、満洲事変の折に朝鮮軍司令官を務めていたが、独断で満洲に侵攻し「越境将軍」と呼ばれた、いわくつきの人物である。だが林大将は派閥争いに距離を置いており、陸相就任後に永田少将を軍務局長に起用するなど、皇道派の勢力を抑える人事を行なった。ちなみに、永田少将を軍務局長に起用するための条件として、真崎中将が示した条件が、東條少将の士官学校幹事への左遷である。

当時、参謀総長の地位にあった閑院宮殿下は真崎中将を嫌っていた。病気で退任した荒木中将の後任として真崎大将を推す声があったにもかかわらず、殿下が林大将を陸相に推薦したのも、そのためである。

渡辺錠太郎軍参議官も、荒木陸相の人事はまずいのではないかという立場を取り、朝鮮軍司令官から軍参議官に転じた植田謙吉大将も林陸相と永田少将を擁護し、荒木人事に歯止めをかけるため、柳川陸軍次官を東京の第一師団長に、秦憲兵司令官を仙台の第二師団長にそれぞれ転出させた。その代わりとして東條少将は中央を追われ、久留米の第二十四旅団長に左遷されたのである。

なぜ、そうまでして林陸相はこうした人事を行なったのかというと、皇道派に対抗しうる最も重要な人材が、永田少将であることを理解していたからである。林陸相は、永田少将の考えていることこそ、今後の日本陸軍の生きる道だと評価していたのだと思われる。

## 叛乱の前触れ――十一月事件の波紋

このような状況を受けて、真崎大将を支持する村中孝次大尉や磯部浅一中尉などの皇道派青年将校らが、昭和九年（一九三四）十一月二十日にクーデター企図容疑で検挙された事件が十一月事件（陸軍士官学校事件）である。

この十一月事件の計画の中身は、二・二六事件（昭和十一年〈一九三六〉二月二十六日）とほとんど同じようなものだった。暗殺の第一目標は、西園寺公望元老、岡田啓介首相、牧野伸顕（のぶあき）内大臣、湯浅倉平（くらへい）宮内大臣、鈴木貫太郎侍従長、斎藤実前首相。第二目標は高橋是清蔵相、若槻礼次郎元首相、幣原喜重郎元外相、財部彪元海相、伊沢多喜男貴族院議員。伊沢議員は浜口雄幸元首相と親しく民政党内閣設立の立役者として働いたような人だった。

その少し前のことだが、東條少将は陸軍士官学校幹事を務めていて、のちにノモンハン事件などで有名になる辻政信大尉（のち大佐）を、自分の部下として陸軍士官学校生徒隊中隊長とした。

毀誉褒貶もあるが、辻大尉は兵隊の信頼が非常に厚かった。戦後に石川一区から出馬して衆議院議員になり、のちに参議院議員に当選した経験を持つ、陸軍将校としてはかなり例外的な人物である。当時、士官学校に、この辻中隊長を崇拝する佐藤勝郎という士官候補生（士官学校生徒）がいた。

佐藤候補生は辻大尉に、他中隊の候補生が青年将校とクーデター計画を立てていることを打ち明ける。辻大尉は佐藤候補生に、スパイとして計画の全貌を調べて報告するように命じた。佐藤候補生は村中大尉や磯部中尉らに加え、昭和維新のリーダー的存在だった西田税元少尉にも会い、歩兵第一、第三連隊、近衛歩兵第二、第三連隊からそれぞれ二個中隊、歩兵第十八連隊と戦車第二連隊からも若干の兵力が加わるというクーデターが計画されていることを辻大尉に報告した。

事の重大さに驚いた辻大尉は、その詳細を参謀本部第四課の片倉衷少佐、塚本誠憲兵大尉に話した。塚本大尉が持永浅治東京憲兵隊長に報告したものの、持永憲

村中孝次

磯部浅一

兵隊長は皇道派で「そういう話はしょっちゅう聞いている」と相手にしない。そこで塚本大尉は憲兵司令官の田代皖一郎（かんいちろう）中将とともに陸軍次官の橋本虎之助中将にクーデター計画の詳細を伝えた。

その結果、首謀者を捕らえるよう厳命があり、村中大尉、磯部中尉のほか、佐藤候補生以下五人の士官候補生が検挙されたのである。

未遂に終わったこのクーデター計画が、田代憲兵司令官から橋本陸軍次官を通じて林銑十郎陸軍大臣に報告される前に、本来はまったく関係がないはずの真崎大将や荒木大将に伝わっていたから、統帥が乱れていたのは明らかだった。

検挙された首謀者たちは第一師団の軍法会議で取り調べを受けた。ところが師団長の柳川平助中将はバリバリの皇道派で、「これは皇道派による犯罪ではない」などと法務官に言い聞かせたため、証拠不十分で不起訴となったが、士官は停職六カ月、候補生は退校という処分を受けた。

ところが停職処分になった村中大尉と磯部中尉が、獄中から辻大尉らを誣告罪で告訴した。また村中大尉と磯部中尉は「粛軍に関する意見書」と題するパンフレットで統制派を批判し、われわれが尊敬できる人物は荒木大将と真崎大将に加え、林大将だけで、松井石根大将や南次郎大将をはじめとする将官は全部駄目だとか、汚職をしていると誹謗した。林大将は当時の陸軍大臣だから、付け足しのようなものだったと思われる。

同パンフレットには、三月事件以来の陸軍の内幕と称する暴露話や中傷が数多く記されていたため、村中大尉と磯部中尉は免官された。二人が免官になったのちもパンフレットは陸軍内に出回り、それを読んだ皇道派の相沢三郎中佐が、永田軍務局長を斬殺することになる。

## 永田鉄山斬殺事件

この間、昭和九年（一九三四）七月八日に岡田啓介内閣（～十一年〈一九三六〉三月九日）が成立していたが、海軍出身でロンドン条約賛成派の岡田首相は、斎藤実内閣に続いて挙国一致内閣を掲げ、「陸軍は事件ばかり起こしている。もう少し慎んでもらわなければならない」と自重を求めた。そこで、陸軍大臣になった林大将は命がけで真崎大将を追い払おうとした。

林陸相は参謀総長である閑院宮殿下の同意を得たうえで真崎大将を呼び、「君が派閥の中心になって軍の統制を乱している。この際、君も教育総監を辞めてくれないか」と切り出したが、真崎大将は断った。閑院宮殿下、林陸相、真崎大将が一堂に会した三長官会議の席で真崎大将は、「自分は教育総監という大元帥である天皇陛下に直属する役職にある。この人事を断行すれば何が起こるかわからない」と述べた。これに対して閑院宮殿下は、「このままでいけば何か起きるかもしれないが、そのときには陸軍大臣が処置をするだろう」と答えている。それでもなお真崎大将は、辞任を納得しなかった。

そこで林陸相は葉山の御用邸に赴き、天皇陛下に裁可を求めたところ、真崎大将を教育総監から更迭(こうてつ)し軍参議官にすること、後任の教育総監を渡辺錠太郎大将にすることが認められた。かくして、昭和十年(一九三五)七月に、真崎は教育総監を罷免(ひめん)されることとなった。この処置については当時の世論も好意的で、林大臣は将来の首相の器だともてはやされている。

だが、真崎大将は陸軍の最高人事は三長官で決めるという規則があるのに、自分の意見を無視したのは統帥紊乱だと、大いに不満をぶちまけていた。真崎大将を取り巻いていた青年将校たちも、真崎大将の解任は理不尽であり、「真崎将軍こそは西郷隆盛の再来である」と持ち上げた。

そんな中で、永田鉄山軍務局長が、白昼の陸軍省軍務局長室で暗殺される事件が起きるのである。先ほど紹介したような皇道派側のプロパガンダに刺激された相沢三郎中佐が、広島・福山の歩兵第四十一連隊から台湾の歩兵第一連隊に転任するための挨拶回りと称して上京し、軍務局長室で永田少将を斬殺したのだ。

この永田鉄山斬殺事件が起きたのが昭和十年（一九三五）八月十二日で、二・二六事件が発生したのが、その約半年後の昭和十一年二月二十六日である。二・二六事件では渡辺錠太郎大将が教育総監部で殺されているが、クーデターを起こした青年将校たちにとっては、真崎大将の後任の教育総監であるというだけで、殺す理由は十分だったのだろう。

## 叛乱勃発と昭和天皇の激怒

こうした出来事が重なり、昭和十一年（一九三六）二月二十六日、ついに二・二六事件が起きる。

二・二六事件は、「昭和維新」の実現を目指す陸軍の青年将校らが起こした大規模な叛乱事件で、叛乱には陸軍歩兵第一、第三連隊に加え、近衛歩兵第三連隊などから千四百人あまりが動員された。近衛連隊は皇居を守るために設置された、まさに天皇陛下のお膝元の部隊である。

叛乱を指揮した青年将校たちは先の十一月事件で免官された村中孝次元大尉や磯部浅一元中尉をはじめ、野中四郎大尉、河野壽大尉、香田清貞大尉、安藤輝三大尉、中橋基明中尉、栗原安秀中尉などといった人々であった。

叛乱部隊の兵隊たちは、上官である青年将校から命令された通りに動いて永田町・三宅坂一帯を占拠し、斎藤実内大臣、高橋是清蔵相、渡辺錠太郎教育総監らを殺害した。大東亜戦争終戦時の内閣総理大臣だった鈴木貫太郎大将が当時、侍従長を務めていたが、彼も重傷を負っている。叛乱部隊は首相官邸にも押し入り、岡田啓介首相の義弟である松尾伝蔵大佐を岡田首相と誤って射殺した。岡田首相は女中部屋の押し入れの中に隠れて、奇跡的に難を逃れている。

これに対し、海軍の対応は早かった。横須賀鎮守府長官・米内光政中将（のち大将）と参謀長・井上成美少将（のち大将）のコンビは同日午後に軽巡洋艦那珂を芝浦に差し向け、特別陸戦隊を上陸させたほか、戦艦長門を旗艦とする第一艦隊約四十隻を東京・台場沖に停泊させている。必要とあらば、艦砲射撃をやるぐらいの覚悟だった。

当初、陸軍の首脳部、幕僚陣の大多数は事件処理について右往左往の体たらくであった。これは、明治時代の陸軍とは大違いである。

九州の士族が西郷隆盛を擁して起こした西南戦争（明治十年〈一八七七〉）が終わったあと、恩賞がなかったことや経費削減による減給などを理由に、竹橋事件（明治十一年〈一八七八〉）という、日本で初めての兵士による叛乱が起きている。

同事件では、当時陸軍卿だった山県有朋が兵卒二百五十九名を処罰し、うち五十三人を死刑にしている。明治維新の元勲たちは刃の下をくぐっているから、やるべきことは断固として実行したのだ。

ところが昭和の軍人たちは、叛乱部隊を鎮圧するために「皇軍相撃つことは避けなければならない」という心情が先に立つようになる。しかも陸軍内には、事件を利用して皇道派の勢力を拡大させようとする動きも生じるなど、さまざまな派閥の思惑も重なった。そもそも二・二六事件自体、青年将校だけの蹶起というより、はなから皇道派の上の世代層が噛んでいたという見方もあるほどである。

事件当日の二月二十六日に最初の陸軍大臣告示が発表されたが、そこには「蹶起ノ趣旨ニ就テハ天聴ニ達セラレアリ」「諸子ノ真意ハ国体顕現ノ至情ニ基クモノト認ム」「国体ノ真姿顕現ノ現況（弊風ヲモ含ム）ニ就テハ恐懼ニ堪ヘズ」というような、叛乱の首謀者たちにゴマをするような言葉も入っていた。戒厳司令官だった香椎浩平中将は皇道派なのである。

こうした陸軍の煮え切らない態度に激怒したのが、昭和天皇である。

昭和天皇には具体的に怒る理由もあった。叛乱部隊に撃たれて重傷を負った鈴木貫太郎侍従長の夫人が、幼少時の昭和天皇、秩父宮、高松宮の御用掛を務めていたのである。そのため昭和天皇にしてみれば、鈴木侍従長は自分のおじのような存在だったから、叛乱部隊が軍紀を破ったことに対する怒りはもちろん、自分の一番親しい人を傷つけられたことへの怒りもあったのである。

叛乱部隊ならびに陸軍首脳に対する昭和天皇の怒りは、ことのほか深かった。

後年、鈴木貫太郎内閣（昭和二十年〈一九四五〉四月七日～八月十七日）で書記官長を務めた迫水久常は、回想記の中でこう述べている。

〈そして遂に、陛下は、香椎戒厳司令官に対し、『もし戒厳司令部で鎮圧できぬなら、自分みずから叛乱軍を説得にでかけてもよい』と仰せられたということである。『叛乱』という言葉は、陛下が初めて仰せられたのであるということは、後年、私が鈴木終戦内閣の書記官長となったとき、何度も鈴木総理から伺った〉

（迫水久常『新版　機関銃下の首相官邸』〈恒文社〉）

こうした昭和天皇の激しい怒りに触れて、急に陸軍は正気に返り、叛乱部隊の鎮圧に向けて一気に動き出した。もともと天皇陛下を担いで昭和維新を断行しようと目論んでいた部隊の将校たちも、天皇陛下から叛乱軍といわれては、なすすべがない。こうして二・二六事件は春の淡雪のごとくに消え去り、粛軍が実行されたのだ。軍法会議で主謀者の青年将校ら十七名に死刑が宣告され、民間人の北一輝、元軍人の西田税も青年将校に思想的な影響を与えたとして死刑になっている。

なお同事件では、五・一五事件のときに見られたような、叛乱の首謀者たちに対する世間の同情はなかった。五・一五事件からわずか数年が経つ中で、軍隊が勝手に動くことはよくないということが、当時の日本人に実感として強く意識されたのだと思う。五・一五事件のときは、叛乱軍の将校に同情の手紙が寄せられたが、二・二六事件では犠牲になった巡査に同情が集まり、弔慰金も民間から寄せられ、二十万円にもなったと伝えられる。

二・二六事件後に陸軍は大規模な粛軍を実施し、叛乱軍将校のほとんどを死刑にし、叛乱軍に同情的だった真崎大将と荒木大将に加え、林大将以下、七人の大将が予備役に編入されている。さらに三千人規模の大異動（粛軍人事）も行なわれ、過去の事件や派閥運動に関わった将校の多くが現役を離れたため、皇道派の勢力は完全に一掃された。

## 息を吹き返した「軍部大臣現役武官制」

二・二六事件後に岡田啓介内閣が総辞職したあと、近衛文麿を元老西園寺は推薦したが、彼は病気と称して断ったので、広田弘毅内閣（昭和十一年〈一九三六〉三月九日～十二年〈一九三七〉二月二日）が成立した。広田首相は組閣の際、陸軍大臣に寺内寿一（ひさいち）大将（のち元帥）を選んだ。ところが、広田首相は外務大臣に吉田茂を入閣させたかったのだが、寺内大将は「そんな自由主義者は駄目だ」と言い出し、組閣に干渉したのである。

広田弘毅

寺内が陸相に選ばれたのは、二・二六事件後に陸軍では粛軍と呼ばれる大規模な人事異動が行なわれたためであった。つまり、粛軍の名のもとに皇道派を一掃しなければならなかったのだが、そこで「この人なら問題にならないのではないか」と白羽の矢が立ったのが、長州出身の寺内寿一大将だった。

寺内大将の父である寺内正毅（まさたけ）元帥は首相も務め、伯爵にもなっているから、名門中の名門の出である。二・二六事件のあとの陸軍を誰がまとめていくのかというとき、最も差し障りがなかったのが、名門出身である寺内大将を担ぎ出すことだった。

当時、長州閥の将校は中央には置かず、地方で勤務させることが不文律になっていた。寺内大将も第五師団長、第四師団長、台湾軍司令官を歴任したあと、昭和十年（一九三五）十二月二日から軍参議官の役職にあった。そして彼は、昭和十一年（一九三六）三月九日に成立した広田内閣の陸軍大臣として入閣するのである。

寺内陸相は育ちが良く、厳しい交渉も難しい仕事も平気でこなせるところがあっ

た。その彼が広田首相に要求したことの中に、軍部大臣現役武官制度の復活があっ

た。つまり、第一次山本権兵衛内閣時代に木越安綱陸相がしたこととは逆のことを

行なったのである。

寺内陸相は広田首相を説得するため、「真崎大将は二・二六事件後に予備役にな

りましたが、彼のように現役でない軍人が陸軍大臣になってしまった場合、総理は

どうしますか」と話したという。そこで広田首相は考え込んで、「陸海軍大臣は現

役に限る」と制度を元に戻した。これがのちに取り返しのつかない大問題になった

ことは、すでに述べた通りである。その後の日本政治はいうまでもなく、軍部に反

対されたら何もできないような状態に陥った。

たとえば、米内光政海軍大将を首班とする米内内閣（昭和十五年〈一九四〇〉一月

十六日〜七月二十二日）は日独伊三国同盟に反対で、陸軍が三国同盟の締結に善処

するよう求めたが、米内首相は拒否した。すると陸軍大臣の畑俊六大将が辞職し、

陸軍が後継の陸相を出さなかったため、米内内閣はあえなく総辞職している。

私には、大東亜戦争以前の日本の近代史を大きく動かしたのは軍部大臣現役武官

制であると思われてならない。陸海軍大臣を現役に限るか、退役した民間人でも陸

海軍大臣になれるかという、この差が非常に大きかった。

その意味で、日本が大東亜戦争に突き進んでいくことになった一つの主因として、軍部大臣現役武官制が挙げられるとするならば、広田首相はその責任を免れることはできないだろう。寺内陸相が陸海軍大臣を現役から選ぶように求めたとき、広田首相があくまでそれをはねつけていれば、三国同盟を結ばずにすんだであろう。アメリカが対日戦に踏み出す口実の一つが三国同盟だったから、日本が三国同盟を結ばなければ、アメリカとの戦争を回避することも不可能ではなかったのではないか。

昭和十二年（一九三七）一月に広田内閣が総辞職すると、後継首相として組閣の大命が降下したのが宇垣一成大将であった。軍部の政治干渉が激しくなり、国際情勢も緊迫化する中で、それらに対して適切な手を打てるであろうと力量を恃まれてのことである。

だが、この宇垣内閣は、陸軍が軍部大臣現役武官制を盾に陸相を出さなかったため流産してしまう。

その経緯を詳しく説明すると、昭和十二年（一九三七）一月二十四日、宇垣大将が宮中に参内して組閣を命じられたという情報が流れると、陸軍省の首脳たちは陸相官邸に集まり、宇垣大将が組閣を試みた場合、陸軍大臣を出さないことを決定した。その席に、当時参謀本部の第二課長を務めていた石原莞爾大佐と中島今朝吾憲兵司令官もいた。同日深夜に中島憲兵司令官が宇垣大将に会い、大命を辞退するよう勧告している。翌二十五日に大命が降下し、宇垣大将は組閣に着手するのだが、先に述べたように陸相を得られず、同二十九日に組閣を断念した。

結局、他の閣僚はすべて揃ったのだが、陸軍の内規で三長官が一斉に推薦しないから陸相が出せないという理由で、宇垣大将は組閣ができなかった。こうした一つの規則で国家の運命が大きく変わるのだから、歴史とはまさに複雑怪奇なものである。

## 軍隊は民主主義のルールには臆病である

改めて振り返ると、二・二六事件の頃になると、日本はもう後戻りできないところまで進んでしまったといわざるをえない。

三月事件、十月事件、五・一五事件、そして二・二六事件までの軍部の人間模様や権力争い、派閥抗争は非常にわかりにくいが、こと陸軍の場合、突き詰めていってしまえば、陸軍大臣、参謀総長、教育総監の陸軍三長官のポスト争いだったと喝破できるかもしれない。皇道派はその争いに敗れ、最後に残った教育総監のポストを、真崎大将が必死に守り抜こうとした。荒木大将は青年将校に口先だけの将軍だと批判されて失脚したが、真崎大将だけは青年将校に見限られないほどの過激な姿勢を取り続けていた。

歴史の本ではあまり触れられないことだが、やはり上原勇作元帥と真崎甚三郎大将という二人の頑固者がいなければ二・二六事件は絶対に起こらなかったというべきであろう。そこに荒木貞夫を加えてもいい。そして二・二六事件がなければ、日本は対米戦争も避けることができたはずである。

ところが、その二・二六事件後に開かれた軍法会議で、事件の火元であると万人が認めていた真崎大将は、共謀の容疑で取り調べを受けたものの、証拠不十分として罰せられなかった。ある種の個人の行動や性格が、歴史を動かす大きな影響力を持っていることを痛感せずにはいられない。

だからこそ軍隊組織を統率する人は、民主主義の手続きに徹して選ばれるべきであると私は思う。実際、軍隊によるクーデターは、アングロサクソンの国ではなかなか起こらない。やはり民主主義のルールにしたがった選挙で、皆に選ばれた人が統率しているから、「財閥富を誇れども」とはなかなか歌えないのだろう。

現代においても、民主主義のルールに則らない独裁政権は、きわめて臆病である。かの毛沢東が起こした文化大革命という名の権力闘争も、その臆病さに起因するものであったろう。いまの主席の習近平も「大中華帝国」などと大きなことをいっているが、結局のところ、臆病で総選挙すらできないではないか。

その意味で、民主主義に欠点はいくらでもあるかもしれないが、軍隊の蜂起が起きにくい制度であるということが、一つの大きな長所だといえるだろう。

一方、「もし永田鉄山が生きていたら」という仮説は興味深い。永田少将が暗殺されなかったら、日本は太平洋でアメリカと戦争することはなかっただろうという説を述べる専門家もいる。たしかに、宇垣一成大将のあとに全陸軍をまとめていく能力を持っていたと考えられるのは永田少将であった。

だが、宇垣大将の組閣は陸軍によって潰され、永田鉄山も、陸軍内部の派閥抗争の中で殺害されてしまっていた。まことに、この当時の日本は運がなかったというほかない。

## 恐怖心、パイプ断絶、日本人軽侮

二・二六事件は日本の近代史に三つの影響を与えたと私は考えている。

一つは、天皇陛下も含めた日本の上流階級に、二・二六事件が下級軍人の叛乱であったことへの恐怖を強烈に植え付けた。

逆にいえば、元帥や大将、中将などの上層部が軍隊をまったく握っていないということがわかったのである。軍を実質的に握っているのは二十歳代の少尉や中尉で、せいぜい大尉クラスまで。彼らは小銃どころか機関銃も持っていて、朝から晩まで訓練に明け暮れている。そういう集団が、首相や閣僚、重臣たちを、首謀者の命令通りに殺害したのである。軍隊であるから、警察などまったく問題にならない。こうした事態に対する恐怖心が、日本が大東亜戦争に敗れるまで、日本の上流階級の骨の髄にまで染み込み、やがて日本全体を覆っていったと私は思う。

広田首相が、寺内陸相から陸海軍大臣を現役から選ぶよう要求されたとき、毅然とした態度を取ることができなかったのは、二・二六事件が下から起こった叛乱であり、それを恐れたからということもあったかもしれない。

二つ目として、金輸出を禁止し、積極的な金融緩和政策と財政政策を実施して、日本経済を深刻な不況から脱却させた高橋是清が殺されたのも大きかった。

日本が経済不況から脱するのに、高橋是清の手腕はきわめて大きなものだった。

昭和二年（一九二七）の金融恐慌を収めたのも彼である。そして、世界恐慌と井上準之助蔵相の金解禁政策のせいで未曾有の不況に陥った日本経済を、昭和六年（一九三一）十二月に蔵相となって立て直したのも高橋是清であった。「困ったときの高橋是清」とでもいうべきか、実に五度目の蔵相就任である。

実際のところをいえば、皇道派の青年将校らが蹶起などしなくても、高橋是清の経済手腕で日本の農村も民衆も、まもなく救われようという矢先だったのである。

だが、日本のリーダー層はまだしも、下級士官や兵隊に経済政策・金融政策の機微などがわかるわけはない。彼らは、軍事予算を切ったという程度の話で「高橋是清はけしからん」と考えただけであった。高橋是清がどれだけ日露戦争の勝利に貢献したか、また彼の存在がどれだけ日本にとって重要な可能性を秘めているのかということが、二十歳代の青年将校たちには理解できなかったのである。

それにしても、当時「ダルマさん」と呼ばれて国民に親しまれた高橋是清を殺すというのは、どう考えても納得がいかない。もし高橋是清が青年将校に殺されなかったら、その後、日米戦開戦前夜の状況においても石油ルートの確保についても、道はあったと思う。高橋蔵相はユダヤ人とのパイプが太かったから、石油の問題さえなんとかなっていたら、日米戦争は避けられたはずである。

そのようなことを考えると、「高橋是清の殺害はコミンテルンの指示だったのではないか」という説にも、ついつい首肯したくなってくる。もちろん、確たる証拠がある話ではないが、青年将校の中にコミンテルンのシンパがいて、高橋是清とユダヤとの関係を潰しておくようにというコミンテルンの指示に従ったのだ、という説である。普通は、軍事費の増額要求を抑えたという理由だけで大蔵大臣を殺すはずがない。だが、「日本を危地に落としたい」という動機があったとすれば、実に納得ができる。それほど、高橋是清のような人物が殺されてしまったことは大きかった。

さらに三つ目は、二・二六事件が、シナ人に日本陸軍を軽視させる引き金になってしまったことである。

蔣介石はじめ多くのシナの軍人たちが日本陸軍で軍事教育を受けていたから、「日本人は非常に団結心が強く、兵隊は死を恐れない。だから恐ろしい」と思っていたはずだ。ところがその軍隊が東京の真ん中で叛乱を起こし、閣僚などを殺害する事件が起きた。もちろん、シナでも「日本軍の兵隊が叛乱を起こして首相や大臣たちを殺した」という程度の大雑把な報道が流れていたはずだし、シナの将官たちは動向を注視したことだろう。

シナでは現在もそうだが、文化的特性というべきか、ケンカをするときには平気で嘘でも何でもつくようなところがある。街場のケンカでもそうだというが、それが戦争になると悪辣（あくらつ）ともいえるほどに宣伝に力を入れる。たとえば、あるところで軍事衝突が起こり、日本軍が手を打って引くと、向こうは「勝った」と大宣伝をする。そうすることで自分に箔をつけて、身をより安泰にするという軍閥的な発想があった。日清戦争以来、満洲事変も含めてシナ軍は日本軍にコテンパンにやられているから、日本が少しでも妥協すると、自分たちが本当は負けているのに「勝った」と宣伝していたのだ。

加えて、敵が弱ったときには情け無用で挑発し、「水に落ちた犬は打つ（打落水狗）」のが、かの国のお国柄である。だから二・二六事件が起きたことを知ったときのシナ人の喜びは、ことのほか大きかったのではないか、と思う。いくら士気の高い日本軍とはいっても、内部は案外割れているのではないかと彼らは考え、日本軍に対する軽侮心が生まれたのではないかと思うのだ。「この機に、ちょっと挑発してやろう」という気持ちが、盧溝橋事件（昭和十二年〈一九三七〉七月七日）につながった部分もあったのではないか。蔣介石自身にどれほど全面戦争までの決意があったかはわからないが、当時は蔣介石軍にも中国共産党員や共産党のシンパが入り込んでいた。

盧溝橋事件はシナ側が謝罪して終わったが、それから一カ月も経たない七月二十九日に、北京郊外の通州で冀東防共自治政府の保安隊が日本居留民を虐殺した通州事件が発生し、さらに八月十三日、上海でシナ軍が在留法人保護のために駐留していた海軍陸戦隊を攻撃。さらにシナ空軍による爆撃まで行なわれて、全面戦争に発展していったのは、第一章で述べた通りである。

## なぜ三国同盟が結ばれてしまったか

もう一つ、二・二六事件が遠因となったと考えられるかもしれないものが、日独伊三国同盟の締結である。

のちに日独伊三国同盟に発展する日独防共協定が結ばれたのが、昭和十一年（一九三六）十一月のことであった。ということは、同年二月二十六日に起きた二・二六事件の余波を受けて陸軍内が非常にごたついているときに、ナチス・ドイツに傾倒していたドイツ大使館付武官の大島浩少将が、同協定の成立に奔走していたことになる。

共産主義に対抗するという大義名分を掲げたこの日独防共協定が成立したところ

までは話がわかるが、昭和十五年（一九四〇）九月二十七日に調印された日独伊三国同盟は、日米関係を決定的に悪化させたという意味できわめて影響が大きい。

ここでは同盟成立の経緯などの詳細は省くが、日本がそうしてまで日独伊三国同盟を結ぼうとした理由は、昭和十四年（一九三九）五月から九月まで続いたノモンハン事件にある。ノモンハン事件は、実は戦場で勝っていた日本が負けたと思っていたところが大問題であった。このため、昭和十四年（一九三九）九月一日に始まった第二次世界大戦（～昭和二十年〈一九四五〉九月二日）の欧州戦線で連戦連勝していたドイツ軍の勢いを見て、軍部は軍事同盟を結びたくなったのだろう。

私の子供の頃の印象をいえば、当時のドイツの強さは神秘的でさえあった。第一次世界大戦ではあれだけ戦ってもパリを占領できなかったのに、第二次世界大戦の緒戦でドイツ軍はあっという間にパリを占領してしまったので、「ドイツは強い」と誰もが感じていた。

だが、もしその頃、日本がノモンハン事件におけるソ連側の被害を正確に把握していたら、陸軍は三国同盟に対してあれほど熱心になることはなかったのではないか。

痛恨ともいうべきは、インテリジェンスの欠如である。第一章でも述べたが、ソ連崩壊後に明らかになった情報を含めると、ノモンハン事件における日本軍の損失は、戦車が二十九台、飛行機が百七十九機で、ソ連は飛行機千六百七十三機、戦車・装甲車両を八百台以上失っている。その辺をきちんとつかんでいれば、三国同盟が陸軍にとって魅力的に映ることはなかっただろう。ノモンハン事件で戦果を正しく評価できなかったということが、あらゆる意味で、その後の日本に大きな影響を及ぼしたと思うのである。

そこで想像してしまうのが、もし小畑敏四郎が陸軍の中枢にいたらどうだったか、ということである。

小畑敏四郎は陸軍ロシア畑の俊英であった。大正四年（一九一五）にロシア駐在となり、第一次世界大戦ではロシア軍に従軍して観戦している。その後、大正九年（一九二〇）にロシア大使館付武官となるが、当時、日本がシベリアに出兵していたため入国できず、ベルリンに滞在する。このときに行なわれたといわれるのが「バーデン・バーデンの密約」である。ドイツ南部のバーデン・バーデンで、小畑少佐、スイス駐在武官の永田鉄山少佐、欧州出張中であった岡村寧次少佐の三人が落ち合って、派閥解消による人事刷新や、軍制改革による総動員体制の確立などを申し合わせた、というものだ。

この三人は、その後も問題意識を共有し、帰国後に青年将校を集めて「二葉会」なる会合をつくって陸軍改革に取り組もうとした。そのメンバーには、河本大作、山岡重厚、板垣征四郎、土肥原賢二、東條英機、山下奉文らがいた。さらに昭和四年（一九二九）には、その会合と若手の会合が合流するようになり「一夕会（いっせきかい）」となった。ここには既述のメンバーに加え、鈴木貞一、石原莞爾、根本博、牟田口廉也、武藤章、田中新一、富永恭次らが参加している。

ちなみにいえば、彼らは陸軍で幅を利かせる長州閥にも腹を立てており、反宇垣の運動を起こしてもいた。陸軍の場合、田中・宇垣ラインと上原ラインの対立でゴタゴタしていたうえに、彼ら若手が引っかき回したことが、傷をさらに深くしたともいえる。

小畑敏四郎

途中まで意気投合していた永田と小畑だったが、昭和八年（一九三三）頃から、対ソ戦略をめぐって決定的に対立するようになる。小畑はコミンテルンの活動などからソ連の極東攻勢は火を見るより明らかであり、ソ連が計画経済で国力増強を果たす前に、早期に戦争をすべきだと考えていた。一方、永田は、ソ連と戦う場合は総力戦を想定せざるをえず、それにはまだ日本の情勢が整っていないと考えていた。対支（対中）戦略でも、小畑が対ソ戦を重視していることもあって欧米との協調路線を標榜していたのに対し、永田は対ソ戦になった場合は満洲・華北を安定させてそこから資源を得なければならないと考え、どちらかといえば強硬路線を掲げていた。

実は荒木貞夫大将も、もともと陸軍ロシア畑の出身で、小畑も荒木大将を補佐する仕事をしていたこともあり、荒木は陸相時代に小畑の構想に賛同し、その実現を目指して動くようになる。このような流れの結果、小畑と永田の路線対立は決定的なものとなり、小畑は荒木、真崎ラインにつながる皇道派の有力メンバーと目されるようになるのである。ちなみに、先に挙げた一夕会への参加者のうち、皇道派の有力メンバーとなったのは小畑、山岡、山下らであった。

そのため、二・二六事件後の粛軍人事で皇道派が一掃されるなか、小畑も昭和十一年（一九三六）八月に、予備役となってしまうのである。

ソ連の手口を知り尽くしたロシア畑の俊英・小畑敏四郎が軍を去ったことが、その後の日本にとって大きな損失であったことは間違いない。対ソ強硬派で、ソ連へのインテリジェンスにも長けていた小畑らが陸軍で大きな影響力を保持し続けていたとしたら、たとえばノモンハン事件とその後の処理はどうなっただろうか。もしかすると、まったく違った歴史が現出していたかもしれない。

## 事件の背景にある国際的な軍拡競争

二・二六事件と前後して、国際情勢も急速に変わりつつあった。

第一次世界大戦に敗れたドイツは、ベルサイユ条約で全植民地と本土の約一割を失い、陸軍兵力十万人以下、海軍の大幅な削減、航空機および戦車、潜水艦の保有禁止など軍備を厳しく制限されたほか、千三百二十億金マルクという膨大な賠償金を支払わなければならなくなった。

さらに、ベルサイユ条約調印後、ラインラント（ドイツ西部のライン川沿岸地域）の緊張緩和と安全保障を確立するために、一九二五年（大正十四）十二月にロカルノ条約が調印された。同条約のうち、ドイツ、ベルギー、フランス、イギリス、イタリアの五カ国で結ばれたライン協定では、ラインラントの現状維持や不可侵などの集団的安全保障、紛争の平和的解決などが定められた。

ところが世界恐慌下、このような苦境に対してドイツ国内の反発が急速に高まる。この気運を捉えたヒトラー率いるナチス（国家社会主義ドイツ労働者党）は、昭和七年（一九三二）七月の選挙で国会の第一党となる。そして、翌昭和八年（一九三三）一月に、ヒトラーは首相となる。さらにその翌年（昭和九年〈一九三四〉）八月には総統として独裁者の地位を確立した。

ヒトラーは国家社会主義的な統制経済で経済を立て直しつつ、次々と強硬策を打ち出していく。昭和十年（一九三五）三月には再軍備宣言を行ない、二・二六事件が起こった昭和十一年（一九三六）三月七日には、ロカルノ条約破棄を宣言し、ラインラントに進駐したのである。

一方、ソ連は五カ年計画で工業化と近代化を推し進め、極東での軍備を拡張したのみならず、コミンテルン（共産主義インターナショナル）が思想戦でシナを反日に煽り立てた。先にも述べたように、アメリカもプロテスタント教会の牧師たちを通じて、シナで民族自決の美名のもとに反日運動を煽り、満洲の独立に徹底的に反対した。

結局のところ、当時、日本にとってシナ問題はソ連問題であり、アメリカ問題だったのである。

## 国家社会主義に幻惑された日本人

非常に表面的に見れば、明治維新と昭和維新は、わりと似たような構図であるといえるかもしれない。

明治維新のときには下級武士たちが幕府上層部の偉い人たちは駄目だと意気に燃えて立ち上がり、そしてやがて偉くなって日本の指導層に上り詰めていった。

一方、これは多少勘ぐりになるが、二・二六事件では陸軍エリートの登竜門だった陸軍大学校に行けなかった青年将校たちが、日本を悪くする君側の奸臣(かんしん)、権門階級を一掃することを唱えて立ち上がった。それがクーデターの主要な動機にはなりえないとしても、心のどこかには、もはや軍全体を動かせるほどに出世することが見込めないから、武力を使ってでも自分たちが目指す天下を実現したいという野心もあったかもしれない。

だが、明治維新と昭和維新に大きな差があるとすれば、それはおそらく外圧の種類の違いである。

明治維新は、欧米列強の圧力という国難から立ち上がるため、日本という国をあるべき姿に変えていこうという意識から生まれたものであった。しかし昭和維新は、舶来の社会主義思想が大正時代に日本で流行したことを背景としている。逆にいえば、社会主義がなければ昭和維新という発想は生まれなかった。

その意味で、ロシア革命を経てソ連という国がつくられたことの影響は大きかった。要するに、天皇陛下に忠節を尽くすことを除けば、青年将校たちがやろうとしていたのは、革命にほかならない。右翼と左翼の違いは事実上、天皇陛下を肯定するか否定するかどうかの差でしかなかった。統制派は国家社会主義であり、革新官僚はむしろボルシェビキに近い。

ロシア革命にも平気でいられたアメリカは物資が豊富だったので、経済を統制しなくてもよかったが、日本やドイツは経済統制をしなければ、次の戦争に備えることができなかった。むしろ日本は重要物資が入ってこなくなったため、戦争に向かわざるをえなかった。こうした日本の行く末を心配するあまり精神を病む人もいて、国力を総動員するための計画をつくらなければ駄目だと主張した人もいたわけだ。

つまるところ、大恐慌後、苦境にあえぐ資本主義列強を尻目に躍進しているように見えたソ連やナチス・ドイツの姿を見て、あたかも国家社会主義は非常に有効な制度であるかのように映り、当時の日本人は幻惑されたのだ。実際、国家社会主義で短期間に国力を高めたドイツは非常に強く、あのタイミングでアメリカが第二次世界大戦に参戦しなければ、イギリスはもちろんソ連もどうなっていたかわからない。

当時のドイツのように、国家社会主義経済のもとでアウトバーンをつくれといえば、きわめて短時間でできあがる。いまの中国も同様で、誰かが高速鉄道をつくろうと決めて、線路の予定線を引けば二年後には竣工してしまう。

しかし、当局によって恣意的かつ強制的に統制が行なわれるのは、国民にとってはたまったものではない。

第三章で、日本人に反軍思想が芽生えたのは国家総動員法の成立〈昭和十三年〈一九三八〉〉以後、配給制度をはじめとする経済統制が本格化してからであり、私の伯母が「軍人さんに占領されているみたいだね」と話したと紹介したことを思い起こしていただきたい。そのような制度は、国民を幸せにする制度ではまったくないし、そもそも、長続きするようなものではないのである。

## 『キング』が伝える昭和十一年の日本

だが、日本で統制経済が本格化するのは昭和十二年のシナ事変以降のことである。二・二六事件当時、普通の日本人は国際情勢の変化も切実には感じていなかった。よく、「戦前は暗黒の時代だった」などと言われるが、単純にそう決めつけるのは大きな間違いなのである。

それがよくわかるのが、当時、百万部も発行されていた、大日本雄辯會講談社（現・講談社）発行の国民大衆雑誌『キング』の記事である。どこを見ても、非常に呑気で危機感がまったく見られない。

私の自宅には、大正十四年（一九二五）から敗戦までに発刊された『キング』が揃っているが、誌面を通じて当時の雰囲気がよくわかる。その『キング』でさえ、二・二六事件について触れているのは、同事件から約二カ月後の昭和十一年五月一日号しかないのだ。

たしかに二・二六事件当時、心配のあまり明治神宮に参拝した女学生たちもいたが、クーデター自体は三日間で鎮圧されているので、当時の一般大衆にとっては一過性の事件としか映らなかったのかもしれない。

同号の『キング』のスナップ写真を見てみると、明治神宮に参拝している女学生たちや西園寺公の姿が掲載されている。事件当時、夫人たちが鎮圧部隊に炊き出しをしていたことも出ている。それから佐倉の連隊（歩兵第五十七連隊）が千葉から入ったとか、海軍陸戦隊が上陸したとか、首相官邸などで殉職した巡査たちに対する見舞金が、短期間に二十万円も集まったというような写真が記事になっている。

当時の二十万円といったら、非常に大きな金額だ。総務省統計局「戦前基準の物価指数（昭和三十年〜平成二十六年）」によれば、昭和九〜十一年の平均消費者物価（東京区部）を一とすると、二〇一三年は一七五一倍だから、ざっと計算すると三億五千二十万円が集まったことになる。

『キング』大正14年（1925）の創刊号

二・二六事件の翌月の三月九日に広田内閣が成立し、広田弘毅が総理大臣になったが、『キング』の同号に「広田弘毅氏、出世物語」という記事が出ていて、殉職した巡査や岡田首相をうまく脱出させた小坂慶助憲兵曹長、最後まで警視庁の電話を守った女性交換手たちの美談も紹介されている。

何か事件があったとき、死線を突破した人たちや現場の人たちの写真を出してストーリーを書いていたのが、『キング』の人気の理由で、その女性交換手たちも同誌に写真付きでインタビューに答えている。

日本がポツダム宣言を受け入れ、連合軍との戦闘を停止したあとの昭和二十年（一九四五）八月二十日に、ソ連軍が樺太の真岡（まおか）に上陸し、多数の民間人が犠牲になった。その際、真岡郵便電信局を最後まで守り自決した女性交換手たちも、こういう記事を読んで育った世代なのかもしれない。

面白いのは、当時の時事解説名人として有名だった太田正孝という人の「時事問題早わかり」というコーナーだ。ちょうど『キング』のこの号に、ヒトラーがロカルノ条約を破棄し、ラインラントに進駐した話が出ている。

二・二六事件の記事のあとに、隅田川で大きな鯉が捕まり、食べてしまうにはあまりにも惜しいので、皇太子殿下に献上するかたちで宮中の池に放されたという話題もある。『キング』という雑誌の記事の九九％は、こうした何気ない普通の面白い話題であった。

## 日本人は本来「自由」を愛する国民だったのに

「面白づくめ号」という増刊号もある。漫画をはじめ、全部面白い話ばかりが載っていて、軍国主義の色などみじんもなく、一ページたりとも軍事的なことは書かれていない。少なくともこの時代までは、日本は「真っ暗」ではなかったことは、注意しておかねばならないことである。

私は「『キング』はどういう雑誌ですか」と聞かれたら、「『文藝春秋』と『週刊文春』と女性雑誌を合わせて圧縮して一冊にしたような雑誌です」と答えている。

こういう雑誌には、どうしても週刊誌の要素も入ってくる。当時は皆で本を貸し合っていた時代であったにもかかわらず、発行部数が百万部を超えることもあったことには本当に驚かされる。戦後隆盛を誇った月刊誌『文藝春秋』でも最盛期の発行部数が百万部を超えたが、現在は印刷証明部数で五十万部を割っているそうだ。戦前の百万部といったら、いまの感覚としては五百万部ぐらいになるのではないだろうか。

当時の田舎には新聞配達もなく、普通の家に活字はほとんどなかった。田舎でも少し知的欲求がある青年がいる家で『キング』を買っているぐらいだったが、たまたま私の実家では『キング』を定期購読していた。

皇室から下々の国民まですべてを扱うというのが『キング』の趣旨だったから、誌面には皇室の写真もあれば、総理大臣の写真もある。二・二六事件の頃でさえ面白い話題ばかりがたくさん載っていた。私はこういう雑誌を子供の頃に読んでいた記憶があるから、いまの人たちがいうように、戦前の日本は軍国主義一色だったという話を聞くと馬鹿馬鹿しく思えて仕方ないのである。実際、『キング』のどこを読んでも軍国主義は見られないのだ。

ちなみに二・二六事件の翌年の昭和十二年（一九三七）に大いに流行った歌は、『もしも月給が上がったら』である。

「もしも月給が上がったら　わたしはパラソル買いたいわ　僕は帽子と洋服だ　上がるといいわね上がるとも　いつ頃上がるのいつ頃よ　そいつがわかれば苦労はない」という歌詞である。

『うちの女房にゃ髭がある』は昭和十一年。「花咲き花散る宵も　銀座の柳の下で待つは君ひとり」から始まり、「楽し都　恋の都　夢の楽園（パラダイス）よ　花の東京」と歌われる有名な『東京ラプソディ』も昭和十一年に流行った歌で、一般大衆はまったくの平和路線を行っていた。

第一次世界大戦後のパリ講和会議以来、日本では自由主義が一世を風靡していた。大正デモクラシーに引き続き、昭和初期にもデモクラシーが支持され、当時の大衆の間には自由主義がもてはやされていた。

だが、ともすれば自由主義は「エロ・グロ・ナンセンス」などといった様相を見せるようにもなる。現実に、そういう流行りもあったから、その世相を見て、「やはり自由主義、個人主義では駄目だ」という声が出てくるようになる。

そして、そのような声が出てくる背景にも、軍の秀才たちが第一次世界大戦当時にヨーロッパに渡って現地を見て「このままでは日本は戦えない国になる」と衝撃を受けたことがあった。第一次世界大戦で戦争の様相が大きく変わり、総力戦の時代になった。そういう中で、国民を総動員できる国にしなければ、つまり国家社会主義でなければ戦争ができない国になってしまうという考えが台頭してきたのだ。

国家社会主義を標榜して台頭してきたナチス・ドイツに共感して「やはり自由主義ではダメだ」と考えてしまう軍人が多かったのも、その理由からである。また、広田内閣は当初、吉田茂を外務大臣として入閣させようとしたのに対して、「あんな自由主義者は駄目だ」と陸軍が拒否したのも、同じ考えからであった。

だが、日本人が本来、いかに「自由」を愛する国民であるかは、当時の『キング』の売れ方を見れば一目瞭然であろう。

そのことを考えると、やはり、二つのことが悔やまれてならないのである。一つは、幣原外交に象徴される「協調外交」という道をとってしまったことだ。「自由」を守るためには、むしろ強く、賢くあらねばならなかった。何でもかんでも「相手を刺激せぬよう」「相手に慮(おもんぱか)って」「誤解されぬよう、とりあえず弱腰に」などということであったら、あまりに「ふやけすぎ」である。日本人がすでに百万人も住んでいた大陸の情勢には無関心に近かった。それでは反感が昂じて、反動で強硬路線が台頭するのが関の山である。大陸オンチの西洋かぶれの当時の秀才たちには見えていなかったのかもしれない。

もう一つ悔やまれるのは、ソ連やナチス・ドイツに幻惑されてしまったことである。いくら日本が「持たざる国」として焦りを抱えていたとはいえ、社会主義的な志向にとらわれてしまったのは、大いなる過ちであった。

現実に、シナ事変が始まると国家総動員法が成立して、社会主義的な国家統制色が強くなっていくが、それでも大東亜戦争で大きく劣勢に追い込まれる昭和十九年ぐらいまでは、日本の社会にはまだ「自由」の息吹はあった。しかし、敗色が濃厚になるにしたがって、物資がなくなり、生活もどんどん息苦しくなっていった。そんな日々の中で、私などは、数年前の楽しく『キング』を読んでいたような時代が、早くまたやってくればいいと思っていたのである。

# 第五章

# 満洲事変と石原莞爾の蹉跌（さてつ）

## なぜ満洲が重要だったのか

本書の第一章で、東京裁判は日本の侵略戦争の始まりを満洲事変〈昭和六年〈一九三一〉〉だと断定して、半藤一利氏は、

〈昭和史の諸条件は常に満州問題と絡んで起こります。そして大小の事件の積み重ねの果てに、国の運命を賭した太平洋戦争があったわけです。とにかくさまざまな要素が複雑に絡んで歴史は進みます。その根底に〝赤い夕陽の満州〟があったことは確かなのです〉

と書いておられることを紹介した。

同じ章で、満洲事変の遠因である張作霖爆殺事件が、通説としていわれている「関東軍の謀略」でない可能性があることも論じた。ただし、たしかに半藤氏がいわれるように、「昭和史の諸条件は常に満州問題と絡んで」起こっていることは確かである。

なぜ、昭和史にとって満洲問題が非常に重要だったのだろうか。それを考えるためには、明治維新、そして日清戦争にさかのぼらなければならない。

そもそも日本の明治維新は西洋列強の脅威からわが国を守るためのものであった。維新後の日本は当初、朝鮮や清国と手を結び、白人の植民地にならないように両国に近代化を求める道を模索するという考えであった。しかし清国は自らを中華とし、他を蛮夷とする中華思想から抜け出そうとしない。朝鮮もその華夷秩序から一向に抜け出そうとせずに、日本を蔑視する態度を取り続け、そればかりか清朝が動揺すると、あろうことかロシア勢力を自国に招き入れるような外交を展開した。日本としては自国を守るために、清と戦って因循固陋な華夷秩序を打ち破り、朝鮮を独立させなくてはならなかった。そのために戦われたのが日清戦争（明治二十七年〈一八九四〉～二十八年〈一八九五〉）である。

日清戦争に勝利した日本は、清国と下関条約を結ぶ。この条約で清国は朝鮮の独立を認め、さらに日本に遼東半島、台湾全島、澎湖諸島を永久割譲し、賠償金二億両を払うことが決められた。このおかげで、朝鮮は初めて独立国となり、韓国皇帝と称することができたのである。

しかし、この下関条約が結ばれた六日後に、ロシア、フランス、ドイツの三カ国が遼東半島を放棄するよう干渉してくる（三国干渉）。日本は涙を呑んでこの遼東半島を放棄することにした。

しかし、この三国干渉は、西洋列強諸国が清国が日本に敗れた結果を目の当たりにして、清国を食い物にしようと群がりはじめた端緒にすぎなかった。三国干渉に参加したドイツは、明治三十年（一八九七）、ドイツ人宣教師が殺されたことを口実として膠州湾を占領し、青島を含む山東半島の租借権と鉄道敷設権、鉱山発掘権を獲得する。ロシアは清朝から東清鉄道（シベリアのチタから満洲北部を横断しウラジオストクに至る路線）の建設許可を取り付け、さらに明治三十一年（一八九八）三月には旅順、大連租借条約を結んで、旅順、大連の租借と、ハルビンから大連、旅順に至る南満洲支線の敷設権を獲得した。フランスは広州湾を租借し、イギリスも威海衛と九龍半島を租借している。

清国が外国を使って日本を抑えようとしたために、かえって清国自体が蚕食されることになってしまったのである。

さらにこの三国干渉の結果を見て、日本に独立国にしてもらったばかりの朝鮮では日本を侮る気運が高まり、「日本よりもロシアについたほうがいい」と考える勢力が力を増してくる。朝鮮国内で抗争が続くが、ついには朝鮮国王がロシア公使館に入って政治をする事態になっていく。

ロシアは満洲、朝鮮でわがもの顔に振る舞いはじめる。日露戦争以前、満洲は事実上ロシアの占領地区となり、清朝の役人も、満洲に入るためにはロシアの役人の許可を得なければならなかった。

それでも日本はロシアの南下を、満洲までは静観していた。ところがロシアが朝鮮まで下りてきて、龍岩浦（りゅうがんぽ）を軍港にし、朝鮮北部の鉱山発掘権や森林伐採権などを手に入れ、さらに朝鮮半島の突端の港までを要求してきたことが、日露戦争の直接の導火線になった。朝鮮が完全にロシアのものになってしまったら、日本の安全保障は決定的に危機に陥るからである。放っておけば朝鮮はロシア領コリアスタンになりかねなかった。

かくして日本は日露戦争（明治三十七年〈一九〇四〉～三十八年〈一九〇五〉）を戦うことになった。人的損害が約十一万八千人に上り、臨時軍事費十七・二億円を費やした日露戦争の結果、日本はロシアに勝利した。そして、関東州（旅順・大連を含む遼東半島西南端部）の租借権、東清鉄道のうち長春―旅順間などの権益を得た。

日本が満洲に特別な権益があると思っていたのは、こういう事情があったからだ。

## アメリカとソ連が火をつけた「民族自決」

だが、実は日本がロシアから得た満洲の権益の内実は不安定なものだった。いずれもロシアが清国と結んだ協定を、両国の了承のもとに引き継いだものだが、その協定では大連や旅順が含まれる関東州の租借期間はわずか二十五年であり、東清鉄道の権益は、開通後三十六年で清国が買い戻せることになっていた。租借は大正十二年（一九二三）に、鉄道は昭和八年（一九三三）前後には、期限を迎えることになっていたのである。

その後、明治四十四年（一九一一）に辛亥革命が起こり、シナでは中華民国が生まれ、やがて袁世凱が大総統の地位に就く。日本は袁世凱に突きつけた対支二十一カ条（大正四年〈一九一五〉）——このうち最後の五カ条は撤去——で、九十九年の期間延長を認めさせ、一息ついた。

だが、ロシアにソビエト連邦が誕生して左翼思想で反日運動を煽動し、また、アメリカが引き続きシナへの参入を強く求めたことが、日本を新たな窮地に陥れていくことになる。

ソ連のスターリンが、東アジアの主敵である日本を打倒するために「中国革命」を利用した話は第一章で紹介した通りだ。ソ連は、国民党にも中国共産党にも援助をし、両者を国共合作で合同させようと画策する。そして民族主義を鼓吹し、中国人民の敵愾心を日本に向けて、各地で深刻な反日運動を展開させていった。

そして、民族主義を鼓吹したのはアメリカも同じだった。第一次世界大戦後にアメリカが訴えた「民族自決権」という考え方が、大きな影響を与えたのである。

「民族自決」とは本来、第一次世界大戦終盤にアメリカのウィルソン大統領が議会に対する教書の中で、講和の原則の一つとして示したものである。あくまで第一次世界大戦の戦場となったヨーロッパ、とくに当時のオーストリア＝ハンガリー帝国などの支配下にあった各民族に対し、政治体制や帰属を自ら決定する権利を持つ、としたのが、ウィルソン大統領が唱えた民族自決権であった。

ソ連共産党書記長
ヨシフ・スターリン

そもそも、イギリスがインドをはじめとする植民地を、民族自決権に基づき独立させるはず

米28代大統領
ウッドロウ・ウィルソン

はないし、アメリカもフィリピン、ハワイに対して民族自決権を認めるわけがない。民族自決権といえば非常にきれいに聞こえるが、実は、それはハプスブルク家が統治していた東ヨーロッパから中央ヨーロッパにかけての複雑な民族関係に限られていたのだ。

だが、そんなアメリカの本来の思惑を超えて、「民族自決」の考え方は西洋の植民地主義の圧制下にあった植民地の人々の心を捉えることになる。列強に蚕食されていた中国でも、その気運は一気に高まった。

しかも、民族自決権をシナに吹き込む先導役になったアメリカ人たちがいた。無数のプロテスタント教会の牧師たちである。

きわめて善意に解釈すれば、西洋列強や日本人が威張っている中で、シナ人たちは非常にかわいそうな状況にあると考え、彼らなりに義憤にかられたのだろう。ただし中には、白人が威張ることには怒りを覚えないのに、日本人が威張ることは許せないと思う人たちもいたかもしれない。そういうことがあったとしても、人種差別が当たり前の時代だから、当然といえば当然であった。

いずれにしても、こうした民族自決権という考え方が、対支二十一カ条で怒りを抱いたシナの若者たちに火をつけた。加えて、コミンテルンの過激な煽動によって、排日運動はどんどん激化していく。それがシナ本土だけならまだしも、満洲でも起こってくるから、なおさら日本も引けなくなった。

先にも述べたように、満洲は清朝時代は「No Man's Land（主のいない土地）」という言葉通りの不毛の地で、「禁封の地」と呼ばれて漢人の入植が禁じられていた。その後、ロシアの占領地区となり、日本が日清・日露戦争で多くの血を流した土地となった。

日露戦争のときには、戦場が清国になるので、日本はまじめに清国に対して「戦場になりますが、中立を守ってください」などと申し入れた。だが、その清国は、ロシアと密約を結んでいて、「日本と戦争になった場合、露清両国は相互に援助する」などということを取り決めていた。この密約があったことが発覚したのは大正十一年（一九二二）のことであったが、何のことはない。こんな取り決めがあったのなら、日露戦争で日本がロシアに勝った時点で、日本が満洲を獲得しても文句はいえない状況だったのである。

しかも日本が満洲を獲得すると、日本は満洲に治安の安定と繁栄をもたらすことになる。辛亥革命（明治四十四年〈一九一一〉）の頃に千八百万人であった満洲の人口が、わずか二十年後の満洲事変の頃（昭和六年〈一九三一〉）には三千万人になっていた。当時、シナ本土は軍閥が割拠していたから、戦乱を逃れて多くの人々が、日本のおかげで治安が良くなった満洲に押し寄せてきたのであった。

## 幣原外交の致命的失敗

日本もただ手をこまねいていたのではない。大正二年（一九一三）には、当時の辛亥革命（第二革命）の状況を見て、日本の三大財閥の一角だった三井は、日本政府とも連携をしつつ、満洲を買収する交渉を行なっている。だがこれは、交渉相手の孫文が第二革命の失敗で日本に亡命したため、実現しなかった。

その後、中華民国は軍閥割拠の状況になるが、孫文の死後、国民政府を掌握した蔣介石が「北伐」を行ない、国民党が根拠地としていた広州から南京、上海、北京へと攻め上って中国統一に成功すると（大正十五年〈一九二六〉～昭和三年〈一九二八〉）、今度は国民政府の外交部長の王正廷が「革命外交」を唱え出す。「中国は革命に成功したのだから、これまで結んできた一切の不平等条約を廃止できる」とする外交方針であった。明治維新後も、不平等条約改正のためにまじめに努力を重ねてきた日本からすれば、まったくとんでもない話であった。

このような状況下で日本の外務大臣を務めていたのが幣原喜重郎であった。幣原は大正十年（一九二一）から始まったワシントン会議で外務次官として全権を務めたあと、加藤高明内閣（大正十三年〈一九二四〉六月十一日〜大正十五年〈一九二六〉一月二十九日）で外相に初就任。以来、第二次若槻礼次郎内閣（昭和六年〈一九三一〉四月十四日〜十二月十二日）までの多くの期間、外務大臣を務めていた。

幣原喜重郎

幣原外交は、先にも述べたように、ひたすら協調外交であった。もちろん、そのような外交を支えたものとして、ヨーロッパ大戦後に平和謳歌が国民全体の気分になっていたことや、「日本が世界の五大国の一つになった」という喜びがあったことは確かである。そういう世論の支持のもとに政党政治があり、幣原外交もあった。

ところが、大正十一年（一九二二）に成立したソ連が、国境を越えて国際共産主義運動を展開し始める。また日本人は当初、ワシントン条約（大正十年〈一九二一〉）やロンドン海軍軍縮条約（昭和五年〈一九三〇〉）について、軍備を縮小し平和の理念を実現するのは良いことだと歓迎していたが、実はそれはアメリカが平和の名のもとに日本を抑えつけるための方便だったということが、だんだんと明らかになってきた。そういう中で、幣原外交に対する不信が広がっていったのである。

結局のところ、協調とは聞こえがいいが、その実態は日英同盟の廃止をはじめ、問題だらけの外交でしかなかった。幣原が全権を務めたワシントン会議で、シナの領土保全および門戸開放、機会均等などを定めた九カ国条約が結ばれているが（アメリカ、イギリス、日本、フランス、イタリア、中華民国、ベルギー、オランダ、ポルトガル）、ソ連の脅威がどんどん増していく中で、ソ連抜きのシナ関連条約など、とても実効力があるものではなかった。

さらに、もっと大事なことは、九カ国条約ではシナに対しても兵力縮小が要望されたのだが、シナは軍備を縮小するどころか、近代的武器を装備した大規模な常備軍を持つようになったことである。これは、隣国である日本としては放っておくわけにはいかない条約違反だ。しかし幣原外交には、これを止める力がなかった。

満洲において排日運動やサボタージュなどが起きて大きな被害を被っても、満洲における日本の権益拡大に反対していたアメリカなどとの関係を悪化させないようにとの思いで、遠慮してばかり。しなくてもいい妥協を重ねるので、それを見たシナでは「日本与(くみ)しやすし」と、さらに排日運動が激化するという悪循環に陥ってしまう。有効な手を何ら打たない日本政府に対する国民の不満が高まっていた。

　米英との関係が良好であれば、幣原の話にも聞くべきものはあったかもしれない。だが、繰り返すが当時の米英、とくにアメリカは日本を抑え込もうという意図を明白に持っており、幣原は米英協調外交を進めながらも、日本人に対する人種差別を背景にした排日移民法などの成立を止めることができなかった。

　いうまでもないことだが、日本国民と日本政府は、ベルサイユ条約からワシントン条約までの平和路線、すなわち幣原の外交路線が好きだった。議会もそれを支持した。ところが実際には、その協調姿勢につけ込まれ、失点ばかりを重ねてしまったのである。

　ワシントン会議の際、日本がベルサイユ条約で権益を得た山東半島などの旧ドイツ領を、アメリカの一方的な圧力で返還しなければならなくなったことなどは、まさに象徴的である。ワシントン会議の幣原全権がアメリカの圧力に屈した姿は、その後の幣原外交の路線を彷彿とさせるものがあった。

当然、幣原外相に対して、「日本移民の禁止も止められないのに、なぜアメリカのいうことばかり聞くのか」という批判の声が上がるようになってくる。実際、この頃からアメリカは明らかに、シナで意識的に排日運動を起こさせている。となると、現地に派遣されていた部隊をはじめ、日本陸軍が騒ぎ始めるのもある意味で仕方がない。

これは「当時の目」をもって見ないと歴史を理解するのはなかなか難しいという、一つの典型的なケースだと私は思う。

## 激化する革命外交と排日運動

一方、シナ国民政府の革命外交の方針は、さらに強まっていく。昭和六年(一九三一)には、「外国駐屯軍の完全撤退」「治外法権撤廃」「租借地の回復」「鉄道利権の回収」などが外交目標として掲げられるに至った。同年四月十四日、上海総領事だった重光葵(まもる)が王正廷外交部長と会見するが、その場で王外交部長は「革命外交は自分の真意であり、租借地・鉄道利権の回収には、もちろん旅順・大連など関東州と満鉄の利権が含まれる」と答えたのであった。

加えて、排日運動はさらに激化していった。昭和五年（一九三〇）五月にはコミンテルンの指示で満洲・朝鮮国境の間島（かんとう）地方で暴動が発生。日本領事館や、発電所、交通機関、親日朝鮮人家屋などが襲撃されている。

このような暴動は各地で発生しており、昭和五年には年間百回近くの衝突事件が起きていた。

さらに、満洲では満鉄利権を脅かすように満鉄を包囲するかたちで鉄道が敷設され、日本人に土地を売った者は売国犯罪者として死刑その他に処すという法律までつくられ、排日教育も盛んに行なわれた。

王正廷

これではたまったものではない。在留邦人は盛んに日本政府に対応を求めたが、幣原外相は腰を上げようとはしなかった。昭和五年十月に、間島地方の竜井村市内を巡察中の日本警官がシナ軍隊から発砲を受け、二名が殉職、一名が重傷という事件が発生した折には、日本は応援として警官百名余を派遣したが、幣原外相は「日支対立を深め

させている。

る」と、この増援に反対し、十一月五日には反対を押し切って応援警官を引き揚げさせている。

そんな中で、万宝山事件と、中村大尉殺害事件が起きる。

万宝山事件は、昭和六年七月二日、長春郊外で水路工事を行なおうとした朝鮮人農民（当時、朝鮮人は日本人であった）を、中国人農民が襲撃した事件である。当時、満洲では朝鮮人が迫害対象となることが多かった。現地では日本警官が介入して朝鮮人たちを守ったため死者は出なかったが、朝鮮の中では反シナ人暴動が起きてシナ人が殺害される事件が起きている。

そして同年六月二十七日、中村震太郎陸軍大尉が北満洲で地誌調査中にシナ兵に捕らえられて殺害されていたことが、七月に入ってから発覚する。日本は外交交渉を行なうが、シナ側は事実無根だとしらばっくれる。

このように危機が高まっているなか、九月十八日夜、柳条湖事件が発生し、満洲事変が勃発するのである。

## 満洲事変への批判を招いた幣原外相の罪

満洲事変（昭和六年〈一九三一〉九月十八日）が勃発すると、詳しい経緯は他書に譲るが、満洲駐屯中の第二師団を中心とする約一万の兵力が、約二十七万の正規軍からなる張学良軍を追い払い、満洲を押さえた。

陸軍中央には当初、政府の不拡大方針に従おうとする動きもあったが、結局は満洲の占領および満洲国の建設に着手した。幣原外相は満洲事変に対して徹底的に反対したが、政府も結局は満洲事変を追認し、満洲国の建国を後押しするようになる。

そういう態度が日本政府に対する信用を大きく低下させた。

そもそも、現地の居留民を守るために軍隊が出動するというのは、現在はもちろん当時の国際社会ではごくごく当たり前のことであった。義和団が居留民を襲った北清事変では、イギリス、アメリカ、ロシア、フランス、ドイツ、オーストリア、イタリア、日本の八カ国が連合軍を出動させているし、蔣介石率いる国民革命軍（北伐軍）が南京で居留民を襲撃殺害した南京事件（昭和二年〈一九二七〉三月）の折には、英米が軍艦から艦砲射撃を行ない、陸戦隊を上陸させている。

実はこの南京事件の折、日本人も殺害され、英米からともに行動するように声を掛けられているのだが、対支協調を謳う幣原外相はそれに応じなかった。それどころか、警備していた日本軍人は反撃を禁じられたため、婦女子を含む日本人が暴行、凌辱、略奪されるのをただ見ているしかなかった。結局、このことで、シナは日本を侮るようになり、さらに日本人に対する暴行事件が増えたばかりでなく、英米からも「日本だけがいい顔をしようとしている」と不信を招くようになったのだ。

その教訓を、幣原外相はまったく生かそうとしなかった。満洲事変に至る過程をきちんと説明して、理解を求めれば、日本に批判が集まることはなかっただろう。だが、幣原外相は不拡大を唱えるばかり。それに対して、幣原外交にもはや聞く耳を持たない関東軍は粛々と行動したから、日本は「ダブルガバメント」だと批判され、受けなくてもよい不信の目を向けられることになったのである。

さらにいえば、関東軍は満洲を攻め取って領有したのではなく、最後の清皇帝・溥儀（ふぎ）を迎えて満洲国を建国している。もともと満洲は満洲族の故地であり、これは当時の国際常識からいっても穏健な手法であったといえる。

清朝復興を心から望んでいた最後の皇帝・溥儀が満洲に入ると、それまで自分が満洲の支配者だと自称していた人物たちがみな恭順し、溥儀の配下についた。昭和七年（一九三二）に満洲国が成立したが、国務総理になった張景恵は、それまで自分が満洲皇帝だといっていた人物の一人である。溥儀は昭和七年に満洲国執政となり、昭和九年（一九三四）に皇帝に就任したことを大変喜んでいた。

この満洲国の成立までは、たしかに理由が立っている。満洲は本来満洲族のものであり、清朝の皇帝だった人物が満洲に戻ってきたのだからいいのではないか、というのはどこにでも通用する理屈だ。

ところが日本は国際連盟で、どうもそこを強く主張した形跡がない。

満洲事変の二年後の昭和八年（一九三三）にジュネーブで開催された国際連盟総会に松岡洋右（ようすけ）が日本の首席全権として参加するが、満洲国が否認されたことから国際連盟を脱退することになる。

## どう考えても大義名分が立つ行為だった

しかし、どう考えても満洲国の建国は、偏見を交えずにいえば、十分に大義名分が立つ行為だった。そもそも、紫禁城から追われた溥儀が軍閥・馮玉祥の部隊に追われる恐れが生じたため、家庭教師のレジナルド・ジョンストンとともに日本公使館に逃げ込んだことが、この満洲国建国の発端にはある。だから満洲国は、満洲族の出身である清朝最後の皇帝・溥儀が故郷に戻ってつくったということを、もっと広めていけばよかったのである。そもそも、清朝の皇帝が自分の郷里に帰り、国をつくってどこが悪いのかということなのだ。

松岡洋右

ところが松岡洋右首席全権が国際連盟総会で行なった演説をざっと見る限り、その点を強調した箇所は見当たらない。彼は若い頃アメリカにいたので、東洋の歴史には詳しくなかったかもしれない。詳しくなくても構わないのだが、せめて勉強はしておくべきではあった。

さらにいえば満洲事変の立役者である石原莞爾と胸襟を開いて話し合い、情報を共有していれば、国際連盟における松岡首席全権の答弁と満洲における軍の動きの平仄が合い、信憑性が高まっていただろう。政府（外務省）と派遣軍（関東軍）は、二つの別の国のように別々に動いていたのである。意思の疎通がまったくないために、国際連盟での答弁とは異なることが現実には起きていた。その意味で、国際連盟における答弁や演説は、シナの専門家が同行して補助するべきだった。

それこそ石原莞爾ならば、日本の満洲政策をきちんと説明できたに違いない。戦後、石原莞爾は、山形県酒田市の酒田商工会議所で開かれた東京裁判の臨時法廷に呼ばれたが、当時病を得ていたにもかかわらず絶対の自信があり、あたかも東京から来た検事が嘲笑されていたような雰囲気さえあった。

明治の頃なら、彼を辞めさせて外交官にするということもできたかもしれない。だが、昭和になると組織や規則が確立されてしまったから、そういう勝手なこともできなかった。

石原莞爾のことは、また少し後で触れるとして、ここで国際社会における日本の主張の下手さという問題点を指摘したい。というのも、日本が自らの立場を強く主張しないのは、いまでも同じだからである。

たとえばシナは尖閣（せんかく）諸島について、「明代には中国側の冊封使によって既に発見・認知されており、中国の海上防衛区域に含まれた台湾の附属島嶼であった」（外務省ホームページ）と主張している。だが「国際法上、島を発見したり、地理的な近接性があることのみでは、領有権の主張を裏付けることにはな」（同右）らないのであり、シナ側が「証拠」としている歴史的文献や地図には、尖閣諸島が明や清に属していたことを証明する記述は一切ないのである。

ちなみに日本は、明治十八年（一八八五）以降、沖縄県当局を通じての方法などにより、現地調査を重ね、尖閣諸島が無人島であるだけでなく、清国を含むどの国の支配も及んだことがないことを確認したうえで、沖縄県に編入した。

それゆえ一〇〇％ありえないことだが、仮に、尖閣諸島が清朝の支配下にあったとしても、現在のシナ人とはまったく関係ない話だ。

同様に、清朝は満洲人が建てたのであって、現在のシナ人の国家ではないということを、もっと宣伝すべきだと私は思う。外務省の高官とこの点について話したことがあったが、「清」と「中国」が別の民族の国家という考えは外交では使われていないらしかった。

加えていうと、第一章でも指摘したように、戦後にシナ人たちが満洲を自国の領土にしたとき、満洲人はほとんど絶滅させられている。アメリカも「日本は満洲を侵略した」と主張したが、戦後にシナ人たちが満洲人をほぼ絶滅させたにもかかわらず、それを人権問題として取り上げることはしなかった。同じく、中華人民共和国が成立後にシナ人たちが行なった、チベット侵攻やウイグル侵攻を批判しているにもかかわらず、である。

だから私は、日本がこれから歴史戦を戦っていくうえで、満洲をうまく使っていくべきではないかと思う。

## 崇高だった五族協和の理念

改めて考えてみると、日本には全体を考えて、実際に全体を動かしうる人がいなくなったのである。

国際連盟脱退で日本国内での人気を高めた松岡洋右は、昭和十五年（一九四〇）に第二次近衛文麿内閣の外相に就任するが、彼も幣原外交を批判し自主外交を主張したものの、英米に対抗するべく三国同盟路線を走り、さらにソ連を加えた四カ国同盟を構想するなど、また別の意味で危うい人だった。

ヨーロッパでは、ロカルノ条約を破棄したドイツがあっという間にオーストリアを併合（昭和十三年〈一九三八〉）し、チェコスロバキア領だったズデーテン地方を割譲（同年）させるなど、再び緊張が高まっていた。

第一次世界大戦後の平和・緊張緩和の時代が終わり、国際的な軍拡競争と共産主義の脅威が広がり始めた世界の趨勢（すうせい）から見ると、日本が自存自衛を図るうえで最も正しい解は、やはり満洲事変であり、それが実際に成功を収めた。

だからこそ、なおさら、なぜあのとき日本は満洲国の独立をイギリスやアメリカにうまく説明できなかったのか、本当に残念で仕方がない。

繰り返し強調するが、ポイントは、満洲をシナの一部として見なしてしまっている西洋人たちに、「満洲は別物なのだ」ということをわからせられるかどうかだった。私も「リットン報告書」を注釈をつけながら精読したが（『全文 リットン報告書』〈ビジネス社〉）、リットン調査団も、満洲をシナの一部として見ていた。だから日本政府は、「満洲はシナではない」ということを、国際社会に第一に説くべきだったのである。

もう一つ強調すべきは、満洲国が「五族協和」を謳う国だったことだろう。先にも述べた通り、ここでいう五族協和とは日本人、漢人、朝鮮人、満洲人、蒙古人など諸民族の協調路線のことである。この時代に「民族自決」が叫ばれたことはすでに紹介した。植民地の独立などに大きな影響を与えた理念ではあるが、しかし、それが極端なかたちに行きすぎて排他主義を帯びると、悲劇的な民族紛争を招いてしまう。これは現代の世界も直面している課題である。さらに、「民族自決」を利用して、国際共産主義運動は自らの勢力を拡大しようとした。その結果、共産主義独裁政権が世界各地に成立し、各国で虐殺などが次々と引き起こされたのは二十世紀の悲しい教訓であった。その意味でも、差別を排して、五族協和を実現するのだという理念は、まことに崇高なものであった。

いまでは知る人も少ない一九三三年（大同〈満洲国元号〉二年）二月に制定された満洲国国歌を紹介しておこう。

『満洲国国歌』（鄭孝胥作詞、高津敏・園山民平・村岡楽童作曲）

天地内有了新滿洲
新滿洲便是新天地
頂天立地無苦無憂
造成我國家
只有親愛並無怨仇
人民三千萬人民三千萬
縱加十倍也得自由
重仁義尚禮讓
使我身修

家已齊國已治
此外何求
近之則與世界同化
遠之則與天地同流

（大意邦訳）
天地の内に新満洲あり
新満洲は、すなわち、これ新天地である
天を頂き地に立ちて、苦は無く、憂いも無い
ここに我が国家を造成す
ただ親愛のみありて、怨仇は無し
人民は三千万あり　人民は三千万あり
たとえ十倍を加えても、自由を得るだろう
仁義を重んじ、礼儀を尚び
我が身を修めよう
家は已に斉い、国家も治まった

この外に何をか求めん
近くにあっては、世界と同化し
遠くにあっては、天地と同流しよう

第一章でも紹介した通り、満洲国が独立してから二年後にレジナルド・ジョンストンの『紫禁城の黄昏』が出版されたが、当時ロンドン大学の東方研究所の所長になっていた彼は、溥儀の即位を非常に喜び、自分の研究室に満洲国の旗を掲げていた。当時のイギリスの新聞にも「イギリスは清朝の味方だった」ということが書かれていて、「満洲を祝福すべきではないか」という論調さえ出ていたのだ。

面白いことに、ローマ法王庁も満洲国を案外早く認めている。米英はさておき、満洲国を認める国が最終的には二十三カ国にも上った。

## なぜ満洲国のみで自重できなかったか

この流れをさらに引き寄せるためにも、日本はもう少し我慢して、万里の長城の外側、つまり満洲国のみで自重するべきだったと私は思う。

石原莞爾

ところが三月事件以来のクーデター事件を見ても、陸軍は身内を罰することには消極的で、ようやく首謀者たちを厳罰に処したのは二・二六事件で天皇陛下の怒りに触れてからである。満洲事変で功績を上げた人はなおさら罰するわけがなく、そのチャンピオンともいえる存在が、石原莞爾にほかならなかった。

石原莞爾は、満洲事変のあと、どんどん出世していった。たしかに、満洲事変で勝利を収め、満洲国の建国を推進したのは大きな功績ではあった。二・二六事件にも反対で、皇道派でもなかったから、その点もよかったのかもしれない。

しかし、当時の幣原外交がいかに悪かったとはいえ、石原の行動が憲政の本義に外れていたことは否定できない事実であり、また、軍の統制を乱していたことも間違いない。そういう人物を現職に置き続けたことで、軍中央はかえって出先の部隊を抑える力を失ったのである。

軍においても政府においても、やはり統制が重要である。統制が利かなくなれば急進派の暴走は止められない。三月事件以降、軍部でクーデターが頻発したが、それは軍の統制を乱した者たちを罰してこなかったことの結果である。二・二六事件でようやく首謀者たちを、死刑をはじめとする厳罰に処したが、あまりにも遅きに失していた。

満洲についても同じだ。最終的にはシナ人も、万里の長城の向こう側にある満洲まではなんとか我慢したと思う。だが、万里の長城の内側に自治政府をつくろうというのは無理な話だ。

石原莞爾自身も、そのことはわかっていた。たしかに彼も満洲事変の頃までは、シナ本土への進出も視野に入れていたふしがあった。だがソ連が軍事的にも政治謀略的にも満洲・シナ方面に積極的に乗り出してきている情勢を受けて、考えを変えていく。対ソ戦略を考える場合、英米と敵対関係になったら絶対に不利になる。しかし、もし日本がシナ本土に手を伸ばしたら、シナに多大な関心を抱いている英米両国は必然的に敵となってしまう。それは避けねばならないと考えたのである。また、シナで国民党政権による統一政策が軌道に乗り始めていること、反日的気運がさらに上昇しつつあることなどを受けて、むしろ石原はアジアの諸国を糾合する「東亜連盟」的な構想を抱くようになっていく。

しかし、普通の軍人たちには、石原のような天才的な戦略家の大構想はなかなか理解できるものではない。むしろ、もっと短期的な視点で、満洲国を安定化させ、総力戦体制を整えるために、資源がある北支（シナ北部）を押さえなくてはならないと考えたのである。

石原は昭和十年（一九三五）八月に参謀本部作戦課長に、翌昭和十一年（一九三六）六月に参謀本部戦争指導課長になる。一方、陸軍は「華北分離工作」を進めて、河北・山東・山西・綏遠（すいえん）・チャハルの華北五省を日本の影響力の強い半独立地域にして、「半満洲国」のような地帯にすることを構想し、昭和十年十二月に河北省に冀東防共自治政府が設立される。

石原莞爾は、こうした動きを止めようとした。だが、皮肉なことに満洲事変の立役者である彼を出世させたことで、そのような石原の動きは、はなはだ説得力のないものにしかならなかった。石原莞爾が反対すると、華北分断工作を進めようとしていた後輩の武藤章が、「われわれは石原閣下が満洲事変でやったのと同じことをしようとしているだけです」と突き放したという話が伝わっている。

## 参謀本部が止められなかったシナ事変

昭和十二年（一九三七）三月に参謀本部第一（作戦）部長になった石原は盧溝橋事件でも、第二次上海事変でも一貫して不拡大の方針を取り続けるが、やはり説得力がなかった。結局、石原は昭和十二年九月に関東軍参謀副長に左遷され、翌年には舞鶴要塞司令官、昭和十四年（一九三九）には第十六師団長、そして昭和十六年（一九四一）、予備役にされる。これは統制を重んずる東條陸相の意志だといわれる。

ついでにもう一つ、歴史上の遺憾なことをいえば、日本軍が昭和十二年十二月十三日に南京を落としたときのことである。参謀次長の多田駿（はやお）中将は「寛大な条件で戦局の収拾を図るべきだ」と主張した。当時、参謀総長は閑院宮であり、多田は実質上、参謀本部の中心であった。その実戦の作戦の当事者が「やめたい」というのを近衛内閣は聞かなかった。第一章で見たように尾崎秀実らに影響された近衛内閣は、シナ側に誠意がないと強硬姿勢を崩さず、昭和十三年（一九三八）一月十六日に、「帝国政府は爾後国民政府を対手（あいて）とせず」との政府声明が発表されるに至るのである。

蔣介石の国民政府を相手にしないで戦争も何もあったものではない。これは近衛内閣の大きな失敗だった。シナ事変の継続を願ったのはスターリンであった。そして近衛のブレーンには左翼が多かったのである。

何より私が問題だと思うのは、日本の参謀本部が政府を動かせなくなっていたことである。以前なら、作戦計画を立案する参謀本部が「戦争をやめたい」といえば、実際にやめることができた。だが、この肝腎のときには、それができなかったのだ。「戦争をやめる」という重要なことを決められないなら、作戦計画の立案など何の意味もない。それを決める力が失われていたことは、あまりに不可解極まりない。

しかし考えてみれば、シナ事変は、参謀本部第一部長だった石原莞爾が反対していたにもかかわらず拡大していった戦いであった。とすれば、終わるときにも参謀本部に発言権がなかったといわれればそれまでだ。そこを含めて、当時の陸軍はまったく統制を欠いていたといわざるをえない。

結果論からいえば、石原莞爾は満洲事変直後に統制違反で退役させて、貴族院議員にするか、どこかの大学教授にでもしておけばよかったのかもしれない。ああいう人物を軍隊に置いて出世させては危険である。満洲の一件はファインプレーだったかもしれないが、ファインプレーがそうは続かないのが、政治の世界の宿命であるからだ。それよりも統制違反を真似る奴が出ることが怖い。

石原をうまく統制できる人がいたとすれば、永田鉄山だっただろうが、永田は二・二六事件の約半年前に暗殺されてしまった。

　永田が暗殺されていなかったら、東條英機はもっと早く軍中央に出てくることができて、石原莞爾を抑えることができたかもしれない。

　東條英機は石原莞爾を非常に嫌っていた。満洲事変は、当時関東軍の作戦主任を務めていた石原中佐（当時）らが中心となって立案した満蒙領有計画をもとに遂行したものだが、関東軍は事態の不拡大を閣議決定した第二次若槻内閣の意向を無視して戦線を拡大した。このとき参謀本部の編制動員課長を務めていた東條大佐（当時）は、少なくも閣議決定を守ろうとする側にいたのである。

　さらにその後、シナ事変で不拡大方針を唱えていた石原は、昭和十二年（一九三七）九月に関東軍参謀副長に左遷されるが、そのときの関東軍参謀長が東條英機であった。もともと石原は上官を上官とも思わない性格であったし、満洲やシナに対する政策も東條と対立していたので、石原は東條のことを「東條上等兵」などと小馬鹿にし、さらに東條から徹底的に嫌われることになる。

　実際、昭和十六年（一九四一）三月、陸相の地位にあった東條英機は、石原莞爾（当時中将）を予備役に編入している。

　それにしても、石原莞爾はとびきりの秀才だったようで、あれだけのスケールの頭脳を持った人というのも珍しい。彼は、私の母校である鶴岡市の旧制鶴岡中学校の先輩だ。陸軍大学校を二番で卒業するほどの秀才だったが、実は本当は一番だったのに、あまりにも傲岸不遜なところがあるため二番にしたとも伝えられる。

結局のところ、石原莞爾のようなクセの強い才人をどう使いこなせるかが、国家、あるいは組織の力量なのかもしれない。このような人物にどう対応するかということが、実は国家の運命にも関わる重要な問題をはらんでいたと思えてならないのである。

## 南京大虐殺という虚説を封じる反論

平成二十六年（二〇一四）二月、中国共産党は十二月十三日を「南京大虐殺犠牲者国家追悼日」に定めた。

同日に採択された「南京大虐殺犠牲者国家追悼日の設置に関する決定」にはこう書かれている。

〈一九三七年十二月十三日、中国に侵攻した日本軍は、南京で我が同胞に対する四十余日にわたる凄惨な大虐殺を開始し、中国内外を驚愕させる南京大虐殺事件を引き起こし、三十余万人が惨殺された。これは、人類文明史における残虐極まりないファシズムの暴行である。公然と国際法に違反するこの残虐行為は、動かぬ証拠が十分に揃っており、歴史的な結論と法的な定説が既に確立している。南京大虐殺犠牲者及び日本帝国主義の中国侵略戦争の期間に日本の侵略者に殺戮された全ての犠牲者に哀悼の意を捧げ、日本の侵略者の戦争犯罪を暴き、侵略戦争が中国と世界の人民にもたらした大きな災難を心に刻み、侵略戦争に反対し人類の尊厳を守り世界平和を擁護する中国人民の揺るぎない立場を表明するために、第十二期全国人民代表大会常務委員会第七回会議は、次のとおり決定する〉

（国立国会図書館調査及び立法考査局「外国の立法〈二〇一四・四〉」所収、岡村志嘉子「【中国】抗日戦争勝利と南京大虐殺の記念日」）

シナ人たちは相も変わらず、虚構の歴史を拡大再生産させているといっても過言ではない。とはいえ、シナ側の「三十余万人が惨殺された」という胡散臭い一方的な主張に対して、それがなかったということを証明するのはなかなか難しい。これはいわゆる「悪魔の証明」の典型で、「あったこと」を証明するよりも、「なかった

汪兆銘

こと」を証明するほうが難しいのである。

だが、彼らを黙らせる方法はある。

私なら、「あなたも習近平国家主席も、日本軍の南京入城の頃は生きていませんよね」とまず質問したうえで、

「日本軍が南京に入城したときの情報を一番よく知っているのは蒋介石ですね。蒋介石は当時約三百回ぐらい外国人記者と会談していますが、一度として大虐殺に言及したことはありません。蒋介石さえいっていないことを、あなたが主張しているのはなぜですか」

とたたみかけていく。

さらに、

「汪兆銘（汪精衛）は漢奸だとあなたがたは主張しますが、日本軍に軍事占領されるよりも、日本に対抗するための政府が必要だということで南京政府を設立しました。『三十余万人が惨殺された』というあの小さな町に、はたして新政府を置くでしょうか」

「あなたは中国共産党員ですね。当時の党幹部は誰も南京で虐殺があったとは口にしていません。あのときの同時代人でさえそうです。なのに、あなたが今頃そういっているのはなぜですか。朝日新聞を読んだからですか？」

というように、何気ない会話の中でもパッといえて相手を黙らせるフレーズをつくっておくべきだと思うのだ。

あるいは、

「南京虐殺があったと書いているのは、アメリカの宣教師やマンチェスター・ガーディアンなどのオーストラリア人記者ですね。いまではすべてわかっていますが、彼らは蔣介石政権の宣伝部からお金をもらっていたのです」

と反論してもいいだろう。

蔣介石はある意味で正直である。あとで嘘だとばれるのが嫌だったから、彼自身は何も語らず、宣伝部に金を払わせて白人たちにいわせたのだ。

## 虐殺後の南京に「汪兆銘政府」ができるか？

第一次安倍政権の頃に、「日中歴史共同研究委員会」と称して、日本とシナの学者たちがいわゆる歴史問題について話し合う会合が行なわれているが、日本では南京問題を研究した人は一人も入っていない。私は日本側の座長だった北岡伸一氏とも一緒に議論をしたことがあるが、彼が南京問題を真剣に研究していたとはとても思えない。

そういう人が日本側の座長だったのだから、人選が間違っているといわざるをえない。そのため「日中歴史共同研究委員会」では、日本の学者がなんとなく向こうの学者と会って話し合い、「日本が悪うございました」というような結果になった。だから、とくに国家間で見解の異なる問題を話し合う場合、そこに送り出す人を選ぶ側である外務省や文部省の役人によほど勉強してもらわないと困るのだ。

実際、シナ人たちが「南京屠殺」と呼んでいる南京事件で、巻き込まれた人はいるかもしれないが、市民の虐殺は事実上限りなくゼロに近かったのである。殺された大半は、南京陥落の折に、軍服を脱ぎ、一般市民に紛れ込んだいわゆるシナの「便衣兵」であった。便衣兵とは、民間人に偽装した兵隊のことである。国際法上でいえば、きちんと軍服を着て、軍人とわかるかたちで降伏しなければならない。

しかし南京攻略戦のときは、南京防衛軍の唐生智司令官が撤退命令を徹底させないまま退却してしまったので、軍紀の乱れたシナ軍の兵士たちは勝手に軍服を脱いで市民に紛れ込んでしまったのである。それまでも便衣兵からの攻撃を受けていた日本軍は、投降しない便衣兵を処断する必要があった。そして、便衣兵を処刑することは、国際法上、捕虜虐待などの咎にはならないのである。

だいいち、先ほども少し述べたが、仮に南京で大虐殺があったなら、汪兆銘は南京政府をつくることができなかっただろう。いってみればそれは、虐殺が行なわれたアウシュヴィッツなどの地に、虐殺を主導した人々が新しい政府を打ち立てられるか否か、という問いと同じである。もし、本当に三十万人もの人々を大虐殺するような事件があったなら、そんな大虐殺の跡地に、シナ人たちが「汪偽政府」や「汪偽国民政府」と呼んでいる親日政権を設立することを、民衆が許すはずがない。

汪兆銘は中国国民党左派のリーダーで、蔣介石とは対立もしたが、ともに孫文の弟子で、愛国心については一点の曇りもない。その彼が、このままでは中国のために良くない、しっかりした政府をつくって交渉しなければならないと考えて南京に新政権を打ち立てたのだ。それほどの人物が、南京を首都とすることもなかっただろう。

南京の城内はそう広いものではなく、中国の学者でも最近、三十万人の犠牲者という数字は南京だけでは説明できないという人がいるほどだ。日本側としては、そういう矛盾をうまく突いていく必要があるのだが、別の中国人学者は、日本軍が上海から南京まで部隊を進めた過程も全部含めて三十万人だと、話をずいぶん広げてきている。戦場での殺傷は虐殺とはいえないから「グレーター南京」の死傷者数を問題にすべきだと主張している人もいるわけだが、それらはすべて「三十万人」という数字を正当化するための後付けであることはわかりきっている。

戦時国際法上大きな問題になるのは、無抵抗な市民をどれだけ殺したかである。日本軍が南京に攻め込んだとき、中支那方面軍司令官の松井石根大将が南京にオープン・シティを勧告したにもかかわらず、シナ軍は無視した。オープン・シティにしなければ市街戦になるのは明らかだから、向こうの責任が大きい。しかも蔣介石と宋美齢は十二月七日に、シナ軍の唐生智司令官は日本軍の南京占領（昭和十二年〈一九三七〉十二月十三日）の前日に南京を脱出してしまった。

## 反省すべきは説得できなかった力量不足

この、いわゆる「南京大虐殺」について、日本では心ある人たちによる調査が進んでいるから、史料的には何をいわれても絶対に負けまい。「日本軍の残虐行為の証拠」といわれた写真も、出所はほぼすべて調べがついている。たとえばアメリカの雑誌『ライフ』に掲載された、上海南駅で赤ん坊が泣いている有名な写真がある。当時、その写真が世界中に流れて同情を集めたのだが、前後の写真もみな調べたら、ちゃんと親がいて、赤ん坊を座らせているところも写っていた。

それから、シナ人たちが「女性や子供が強制連行され、強姦殺人の現場に向かっているところ」だとする写真は、当時の『アサヒグラフ』などに掲載されていた写真を勝手に使っているだけである。本当はその写真は、日本軍の兵隊たちに守られた女性や子供たちがニコニコ笑いながら農機具などを持ち、農作業から帰ってくるところを写したものだった。

ほかにも、日本軍がシナ人の首を切ったとか虐殺したとかいう写真は、蔣介石軍が匪賊を退治したときの写真であるといったことを、日本側はすべて調べ上げていて、日本軍が大虐殺を犯したことを証明する写真など一枚もないことがわかっている。それでも証拠があるというなら出してもらいたいものだが、出せるはずがない。

しかも、日本において「南京虐殺はなかった」ということが動かしがたい事実であることを、史料を積み重ねて証明してきたのは全部民間人であった。日本政府は

「何もしていない」といってよい。

朝鮮半島についても、韓国側が主張する歴史問題を完膚無きまでに叩きのめしたのは筑波大学の古田博司教授をはじめとする論客だった。古田先生は「戦後日本の朝鮮史観はすべて左翼思想によるものである」と厳しく批判している。

こうした本物の朝鮮半島の専門家である古田先生のような人物が、日本側の論客としてなかなか選ばれないのが残念である。古田先生は「日韓歴史共同研究委員会」の日本側委員に選ばれたが、韓国側の主張があまりにも幼稚で議論のレベルにならないため、「もうあのような会合には出ない」とおっしゃっているほどひどい状況だったという。

「戦前の日本のことを反省する」というのならば、まずは、ありもしなかった「侵略」や「残虐行為」を反省するのではなく、世界に満洲事変の真実を伝えられなかったことをはじめ、自国の主張を正当に訴えて諸外国を説得できなかった力量不足を反省すべきであろう。

軍は外務省のことを恃（たの）みとも思わず、外務省は「あれは軍がやったこと」と頬被（ほおかむ）りする。陸軍・海軍は日本からなくなったが、そんな体質が、現在も政府内部に色濃く残っているように思われてならない。政府は国際広報戦略についても、本気になって、全体的な見地から、全体的な手を打てるように考えていくべきであろう。
このことについては、最終章でまた少し考えてみたい。

# 第六章

# 人種差別を打破せんと日本人は奮い立った

## 「卑怯な黄色い人間に負けてたまるか」

自らの誇りをかけて「負けてたまるか」と強烈に思うことは、とてつもなく強い「ガッツ」をもたらすものである。

第二次世界大戦当時のアメリカの軍人に非常なガッツがあった理由をちょっと考えてみると、そういう人情の機微ともいうべきものに突き当たるような気がする。

あとでも書くが、日本の外務省の出先である大使館員の怠慢のおかげで、一般のアメリカ人たちは、日本が卑劣な真珠湾攻撃を仕掛けてきたと考えていた。しかも、当時のアメリカは強烈な人種差別の国だった。いまのように人種差別が悪いことだといわれるようになったのは、戦後しばらく経ってから公民権運動が燃え盛って以降の話であり、当時のアメリカ社会では白人意識こそ善であり美徳の元だった。

そのためアメリカ人たちは「黄色い人間たちが生意気にも卑怯な手段で攻めてきた」「負けてたまるか」と敵愾心を燃やし、強烈なガッツを抱いたのではないか。

もともとアメリカは第二次世界大戦への参戦をめぐって世論では反対が多く、ルーズベルトは大統領選挙の折には「参戦せず」を公約とするほどだった。それほど割れていた国内が、これを機に「断固戦う」と一つにまとまったのだ。

あの頃のアメリカの小説を見ても、真珠湾攻撃（昭和十六年〈一九四一〉）のあと、「軍隊に志願しないようなやつは男じゃない」という雰囲気があったことが読み取れる。一番わかりやすい例の一つが、映画にもなった『ゴッドファーザー』で、マフィア・コルレオーネ家の三男が真珠湾攻撃をきっかけに大学を中退し、軍隊を志願していることだろう。

実際、アメリカでは真珠湾攻撃後に多数の志願者が集まり、断るのに苦労したほどであった。

アメリカには、カウボーイの英雄思想やインディアンと戦った英雄の話が語り継がれたカルチャーが背景にある。ある意味で敵愾心に燃えた彼らは、日本人をインディアン扱いにするような気分だったのではなかろうか。

いざ戦うとなれば、強烈なガッツと敢闘精神を示す気風が西洋にはある。

これはアメリカとは少し違う話だが、私が若い頃にドイツで見た決闘の話を紹介したい。私がドイツに留学したのは昭和三十年（一九五五）から三十三年（一九五八）までだが、ドイツでは当時でも決闘が行なわれていたのである。

決闘とはいっても、相手が憎いから殺すなどということではなく、儀式としてルールに則って行なうもので、剣道などの武道と同じといえば、同じである。

その決闘を一度見せてもらったことがあるのだが、「血が飛ぶから粗末な服を着てこいよ」といわれた。決闘では実際に両者が剣を交えて戦い、斬られて傷を負うのだが、「あの顔の刀傷がいい」という女性も、ドイツでは数多くいたのである。

いまでは決闘は禁止されたようだが、名宰相ビスマルクが決闘好きだったことは有名である。彼は決闘で多くの刀傷を負っている。かつてドイツには決闘団体があった。会員たちの団結心が強く、そこに入るとよく出世ができたという。

十九世紀のイギリスにもこんな話がある。貴族の子弟が通う名門イートン校で、生徒が喧嘩をして殴り殺されたのだが、校長先生がご両親に向かって「誠に残念でした。もう少し強く育てるべきでした」と話したという。これは嘘か本当かわからないが、イートン校はそれほど荒っぽい学風だった。ワーテルローの戦い（一八一五年）でナポレオンを破ったウェリントン公が、「ワーテルローの戦いはイートンの運動場において勝ち取られた」という有名な言葉を残しているが、やはりそういう雰囲気があったのだ。

戦前の日本では、「アメリカ人は女の尻ばかり追い回している弱虫だ」などという罵詈雑言もあった。だが、それは日本人の大いなる勘違いだといってよい。

たしかに西洋では、男たちが少なくとも十五、六歳からダンスパーティなどに出て、そこで女性たちをエスコートする習慣がある。アメリカでは、いまでもその風潮が盛んなようだ。だが、そこで女性たちに「いくじなし」とでもいわれたら、男として落第だという烙印を押されたも同様だったのである。そうならぬための「男らしさ」は、当時の男たちにとって死活問題だった。

少し趣が異なるが、日本でも昔は、「男たちの評価は女性たちがする」という雰囲気があった。将校でも会社員でも一定のクラスになると、料亭での芸者の評判が悪いような人は出世が難しかったのである。芸者に軽んじられるようでは駄目だというのが、日本の普通の組織における男の教育の一部だった。それは日本では常識のようなものであったが、アメリカと表現方法や発露形態が違うので、日本人は「アメリカ人は弱虫」などと誤解することになったのだろう。

## 名実ともに人種差別国家だったアメリカ

話がだいぶ逸れたが、少なくとも一九五〇年代から六〇年代に燃え盛った公民権運動を経る前のアメリカは、名実ともに「人種差別国家」であったといってよい。

スプルーアンス太平洋艦隊司令長官は、その自叙伝で、アジア系や黒人などの有色人種は厨房以外では使わないと書いている。もし、他の部署で使って、彼らが功績を上げたら出世させざるをえなくなる。そうなったら、その有色人種の部下につかなくてはならなくなる白人が出ることになるが、そんなことを当時の白人が我慢できるはずがない、という理屈である。まことに、あけすけな人種差別である。

このような感覚は日本人には、なかなか理解できないものであろう。もちろん、日本人の中には、朝鮮人を低く見るような人もいただろう。だが、朝鮮人が上官になって従わないなどということはなかった。げんに、有名な例としても、洪思翊中将や金錫源大佐（日本名は金山錫源）らがいるし、後の韓国大統領・朴正熙や、朝鮮戦争の英雄・白善燁は満洲国軍の中尉だった。

私はよく、当時のアメリカの人種差別を少しでも実感したいなら、映画『ジャイアンツ（Giant）』を見るといい、と勧めている。エドナ・ファーバーの小説を原作とし、ジョージ・スティーヴンスが監督、ジェームズ・ディーン、ロック・ハドソン、エリザベス・テイラーが主演した一九五六年製作の映画だ。

この映画の話の背景として描かれるのが、ヒスパニック系に対する差別である。

テキサスの富豪の息子がヒスパニック系の娘と結婚したためにさまざまな人間模様が起きるのだが、見目麗しい俳優・女優たちが演じていることもあって、正直なところ日本人からすると白人とヒスパニック系の区別がなかなかつかず、どうして差別されているのか理解に苦しむことになる。

こんなシーンもある。あるとき富豪の息子の嫁が美容院に行くと、ヒスパニックであることを理由にサービスが受けられない。富豪の父は怒り心頭に発し、「われわれはサービスを拒否する権利を持ちます」と書かれた看板を掲げた店に入ったときに店主と殴り合いの大ゲンカをするのである。また、ヒスパニックであるという理由で白人の医者が患者を診たがらないというシーンもある。

こんな映画を見ると、ヒスパニックでこれだけの差別をされていたのだから、黒人やアジア系はさぞや酷い目に遭っていただろうことが、たちまち想像できる。

アジア系についていうと、まず最初に迫害されたのがシナ人であった。シナ人は十九世紀中頃にアメリカ、とくに西海岸に多数移民してきた。苦力（クーリー）といわれていた。大陸横断鉄道などの建設現場で奴隷的に働く労働力として使われたのである。鉄道建設労働者の九割がシナ系であったという記録も残っている。

ところがシナ人は、いまの中華街を見ればわかるように、団結力もあるし、商魂も逞しい。成功して土地を買い、豊かになる成功者も出てきた。そうなると白人たちは収まりがつかない。シナ系移民を迫害するようになるのである。アメリカ西部では、シナ系住民を殺害して、その土地を収奪するような事件まで次々に発生した。そして連邦政府は明治三十五年（一九〇二）にはシナ人移民を完全に禁止する法律をつくるのである。清国政府は満洲人の政府であり、その統治下のシナ人の運命には無関心といってよかった。

そんなアメリカにシナ人の次にやってきたアジア系移民が日本人であった。日本人が数多く移民するようになるのは日清戦争（明治二十七年〈一八九四〉）の前後からであった。日本人は勤勉で教育水準も高いから、これまた次々と成功者が出始める。

そうなるとまた白人たちは嫉妬に燃え、差別と排斥が燃え上がる。だが、日本はロシアに勝利した国であり、強力な軍隊も持っている。日本政府は日本人の運命に無関心ではない。シナ人たちに対するように無法な殺害などの実力行使を重ねるわけにはいかなかった。

そこで排日移民法が、カリフォルニア州などで次々と成立することになった。

## 渋沢栄一の「悔し涙」演説

いまの日本人がわからなくなっているのは、このアメリカによる日本からの移民禁止に対して、当時の日本人が抱いた悔しさだろう。

大正十三年（一九二四）にアメリカで、いわゆる排日移民法として知られる新移民法ができたとき、アメリカ大使館の隣の井上子爵邸で切腹する人さえいたのである。元来は親米的だった学者や思想家、実業家の間にも、反米感情が現われた。

日本の近代資本主義の発展に貢献した財界の大御所である渋沢栄一でさえ、大正十三年四月十七日に帝国ホテルで開催された汎太平洋倶楽部の例会で、アメリカでの排日移民法成立に憤る演説をしている。悔し涙を流しつつ語ったといわれる演説である。排日移民法ができるまでの流れや、当時の雰囲気がとてもわかりやすい演説なので、ずいぶん長くなるが主要部分を抜粋したい（読みやすさに配慮して、文字遣いや表記を適宜変更し、読点や改行などを施している）。

〈私は少年の頃よりいささか漢籍を修めていたために、おのずから内を尊び外を卑しむの風になずみ、その極み、当時の攘夷論者の中に加わって、皇室を尊崇し、外国を排斥するの説を主張したのであります。しかし、ただ論じただけでありますから、大いなる効果はなかったけれども、これは全然間違ったこととは申されないのであります。

しかして、その頃の攘夷論者は何を目的として外国を非難したかというと――一昨年までわが同盟国であったイギリスのことを申すのは心苦しいことでありますが、彼の支那の道光年中にイギリスと支那との間にいわゆる阿片戦争が起こった。その事柄の詳細は知りえませんけれども、イギリスのほうが無理であったと思います。つまりイギリスから支那人民の害となる阿片を売り込んで、その結果戦争となって、結局支那は土地を割譲して和を講じたのであります。

この阿片戦争のことを知った当時のわが有志家は、これは日本のために大変だ、アメリカもイギリスと同じことをやるのではないかと思うて、痛切に攘夷論を唱えたのであります。

然るに、その後私は家を出て京都に上り浪人となり、それから一橋家の家来となってだんだん境遇が変わるとともに、外国を知るべき機会を得まして、明治維新の前年にはフランスに渡航したが、その頃から攘夷論の夢が醒めました。ことに爾後のアメリカとの国交を観察すると、同国は正義により、人道を重んずる国であるということを、種々の事実について知りえたので、ぜひ一度行って詳しい事情を知りたいと思いました。

要するに十数年の歳月と時勢の進運とが、私をして当初の謬見を革(あらた)めしめ、明治元年の冬、フランスから帰朝しました頃には、多少ヨーロッパの実状を知り、昔日の攘夷主義は全然いかぬと考定しました。

ヨーロッパさえ左様であるから、アメリカに対しては殊に慚愧(ざんき)の念深くして、往時悪(にく)むべしと思ったと反対に、懐かしいという感情が加わり、自分の国以外には第一に親しむべき国と思っておりました。

渋沢栄一

ことにアメリカが修交以来、わが国に対して正義によって交わりを厚くしてくれたことは色々あるが、まず条約の改正、または治外法権の撤廃その他、すべてについて親切に処置してくれました。その後、経済上の関係、すなわち貿易の有り様はことに順調にして、アメリカに向かっては輸出も多くあり、またアメリカの産物を購買することも少なくない。ゆえに経済上、政治上、だんだんと親密の度の進みゆくのを見て、私は昔日の謬見をいっそう深く恥じたのであります。

然るに、世の中は好いことばかりはないもので、ようやく国交も増進し、貿易の関係も良好にして、ことに日本から行った移民もカリフォルニア州、その他太平洋沿岸の各州において、アメリカの人々にも喜ばれ、広い荒野を開墾したのは、いわゆる天の配剤よろしきを得ていると喜びつつあったのも束の間で、そこに端なくも大いに憂うべき問題が起こりました。それは明治三十九年から翌四十年頃に、カリフォルニア州にいる日本人に対してカリフォルニア州の人々が排斥運動を起こし、まず学童を差別待遇しようとし、その後、明治の末期にわたって漸く排日運動を進めてきたのであります。

実に私は意外の感に打たれたのである。なぜに白人は外国人を嫌うのか。東洋人だから嫌うのか、日本人だから嫌うのかと思うと、再び昔時の感想を思い起こさざるをえないのでありました。

その頃、わが外務大臣は小村（寿太郎）侯爵でありまして、日米国交上、種々の折衝から、茲に紳士協約というものができたと記憶します。私は政治上のことに詳しくないから、心覚えを述べるまでであります。間違ったらお許しを願います。

紳士協約ができた後、わが外務大臣は、アメリカに対しては樽俎(そんそ)の折衝（宴会とともに行なわれるような折衝）ばかりではいかぬ、国民同士で交際を厚くしなければいかぬということをとくに申され、而して小村侯爵は、われわれ実業界の有志者に向かって、

「こういうわけで紳士協約はできたが、アメリカとの国交は国民同士の外交でなければならぬから、両国民が互いに往来するような途を開きたい。まず同国太平洋沿岸の八つの商業会議所の人々と連絡をつけたいから、日本のほうも商業会議所において尽力してもらいたい。渋沢は永い間、商業会議所の会頭をしていた関係もあるから、東京その他の商業会議所の人々と相談して、まず米国からの団体旅行を促されたい」

ということでありました。

それで明治四十一年に、サンフランシスコをはじめ八商業会議所から来遊の人々を招致したのであります。そのときは五十余人という大勢が来られて、各所で相当なる待遇をいたし、演説も討論も談合もいたしまして、そして国民外交の端緒を開いたのであります。次いで明治四十二年には、アメリカから日本の六会議所の人々を招きました。これに応じたものは各会議所の会頭をはじめ、その他の実業家およ

び婦人など総計五十三人が、その年の八月十九日に横浜を出発して、十二月十七日に帰朝するまで、米国内五十五、六カ所を巡回して、到る所で歓待を受け、かつ私ども国民の意思を徹底せしむるために、各所で思うところを陳述した。

これがいかなる効果を奏したかは知らぬが、とにかくようやく国民外交の端緒を開いたというので、大いに意を安んじておりました。

然るにどうしたものか、数年後の大正二年にはカリフォルニア州に土地法が制定されました。而してその目的は全く日本移民を妨げるためであるということでありました。そこで私どもは大いにこれを憂い、添田（寿一）博士、神谷忠雄氏らを派遣しましたが、その苦心も努力もまったく無効に終わってしまいました。

土地法制定の理由を聞くと、日本の農民は勉強して賃金が安いために、土地所有者から歓迎を受けるから、白人労働者の妨げになるというのが、主なる理由だということでありました。人種の相違もあり、風俗の一致を欠くこともあろうけれども、その主なるものは経済上の関係からであるということを聞いて、私は実に情けないことと思いました。

つまり、地方の政治家が議員の候補に立つごとに、投票の多数を得るために、無関係の日本人排斥を叫んで、衆愚の人気に投じようとするのである。これを見た私は、アメリカの人でも、すべてが仁者ばかりではないということを考えざるをえざるようになりました。

そこで私は、これは一時的の観光団くらいでは効果は見えぬ、日米両国の間に国民同士で仲間をつくって、互いに声息を通じ、あるいは論じ、あるいは援（たす）けあっていくようにしたいと考えた。

一九一五年にサンフランシスコにおいてパナマ開通の記念博覧会のあったとき、ちょうど欧州諸国は戦争のために出品者がなかったが、日本はこれに賛同して多数の出品をしたので、カリフォルニア州人も大いに喜んだのであります。

そのとき、私は再びアメリカに参りました。当時、西部のほうは移民問題について、また東部においては、その前年からの支那との経緯（日独開戦に際して日支間に問題となったいわゆる二十一カ条に関する紛議）で、米国人は日本に疑いをいだいていたから、私はニューヨークにもサンフランシスコにも行って、同士と相談した結果、日米両方に日米関係委員会という常置的の団体をつくりました。

而してサンフランシスコのほうは二十二名の会員があり、東京は私をはじめ金子（堅太郎）子爵、阪谷（芳郎）男爵、添田博士、藤山（雷太）商業会議所会頭、また実業家では三井、岩崎なども入って三十二名で、それは大正四年に成立したのであります。

そのときにサンフランシスコの商業会議所会頭のアレキサンダー君が、移民問題について日本の世論が聞きたいから、腹蔵なく陳述してくれるようにという希望を申し出ました。そこで私は、世論を開陳するの準備はできていないから、これが日本の世論とは申せないが、自分の考えを遠慮なく披瀝(ひれき)するといって、第一に紳士協約が成立した以上、日本国民はこれを厳守し、向後、移民はその制限以上に行くことはない。たとい入国を望むものがあっても、必ず日本人相互の力で防止することができる。

第二には、現在の移民に、習慣の相違から同化せざることがあったならば、つねに忠告して矯正しようから、アメリカのほうでも、日本人だからといって移民に差別待遇をしないということを実行して貰いたい。こうしたならば、両国間に紛議の起こるはずはないと申し述べましたら、アレキサンダー氏はじめ満場の人々はその通りであるといいました。こうしてアメリカ側に関係委員会ができるし、私も日本に関係委員会をつくりました。

然るにその後、大正九年（一九二〇年）になると、カリフォルニア州に人民投票が行なわれたのであります。大正二年の土地法に続いて、移民に対してさらに厳重なる制限が加えられることになりました。

このときには米国の関係委員会の人々と協議をいたしたいと思いまして、その年三月の末にカリフォルニア州からアレキサンダー君はじめ六名の委員が日本に来られて、十日間の協議会を開きました。また支那関係の紛議もあったから、ニューヨーク方面の有志諸君と協議するの必要を感じて、同年四月末にヴワンダリップ氏一行十二名を招致して十日間の会議をつくしました。

この両回の会同には種々の問題もありましたが、結局両国間に政府任命の高等委員会をつくり、その委員に移民問題を充分に協議させて、その結果を政府に具申し、両国政府において然るべく決定するのがよい。つまり、高等委員会はその下調べをするのである。而してその会議はなるべく公開してやりたいというのであった。その相談を定めて後、両国の関係委員から両国政府にそれを申し出したが、米国政府において採用するところとなりませんでした。

そのうちに人民投票が成立して、土地法、借地法、その他も峻厳に改められたのであります。

その翌年、すなわち大正十年にはワシントン会議が開かれた。これは軍備縮小、太平洋問題および山東の処分などを議するのであったが、われわれはカリフォルニア州移民問題をもこの会議で解決したいと希望して、時の総理大臣原敬氏に進言しましたが、カリフォルニア州問題はついにこの会議には加えられなかったのであります。

ただしワシントン会議は甚だ重要のことだと思ったから、私は大正十年の冬、日本を発ちまして、国民の使節として米国に旅行しました。

米国到着後、各方面に内運動しました。しかしワシントン会議は軍備縮小、太平洋問題および山東問題を都合よく協定したが、移民問題には最初から立ち入らぬというので、私はその中旬（十二月十一日）にワシントンを引き揚げてカリフォルニア州に至り、サンフランシスコ、ロスアンゼルス、サンディエゴ、シアトル、ポートランドなど、北に南に往来して二週間ばかり奔走しておりましたが、サンフランシスコの関係委員の申されるには、これはどうしても、前に日本側委員の提議したる高等委員会を組織するよりほかには途がないと考えるというので、その案を定めて私に提供しました。

そこで私は十一年一月、日本に帰着早々、関係委員会を開き、その議を決定してわが政府にその希望を申し入れました。またアレキサンダー氏はアメリカ政府にそれを申し出したが、日本では埴原（正直）外務次官が、アメリカ政府が応ずるなら同意するという意向を漏らされた。しかしアメリカ政府では、事柄はよいが、その時期でないというて、ついに応諾せられなかったのであります。

私はこの頃、米国議会においてジョンソン案、ショートリッヂ案（排日移民法案のこと）がそれぞれ上下院を通過したということを聞きまして、永い間、アメリカとの関係を継続して骨を折っていた甲斐もないと、あまりに馬鹿らしく思われ、社会が嫌になるくらいになって、神も仏もないのかというような愚痴さえ出したくなるのであります。

現外務大臣の松井（慶四郎）男爵が前日任命になったという本年一月早々に、金子子爵と二人で外務省に往訪して、爾来のことどもを詳細に話したこともあり、次いで総理大臣または外務大臣を、金子、阪谷、添田、団（琢磨）氏らとともに訪問して、この際、誰か一人米国に行って実状を視察し、臨機の措置を執ることを要する旨を進言したが、それがかえって邪魔になるといかぬといっているうちに、事態は悪いほうにばかり進んだのでありました。

私は下院は通過するとも上院は通るまいと思っていた。然るに上院までも大多数で通過したということを聞いたときには、七十年前にアメリカ排斥をした当時の考えを、思い続けていたほうがよかったかというような考えを起こさざるをえないのであります。しかし真理は必ず最後の勝利者であろうと思う。私はいま、無遠慮に自己の希望を申しあげると、願わくはアメリカ大統領が右の両法案に対して拒否権を行使してもらいたいのであります。そうしてその後において高等委員会を組織して、それによって完全なる根本的解決をしてほしいのであります。これは日本のために良いのみでなくして、日本両国のために適当なる処置であると、かたく信じて疑わないのであります〉（『青淵先生演説撰集』〈龍門社〉、昭和十二年）

これをお読みいただければ、アメリカの排日移民法に至る動きは手に取るようにわかるだろう。そして当時の日本人の悔しさも痛いほどに伝わってくる。

「永い間、アメリカとの関係を継続して骨を折っていた甲斐もないと、あまりに馬鹿らしく思われ、社会が嫌になるくらいになって、神も仏もないのかというような愚痴さえ出したくなる」

「七十年前にアメリカ排斥をした当時の考えを、思い続けていたほうがよかったかというような考えを起こさざるをえない」

渋沢ほどの人物が、きわめて激しい言葉を使っているが、それほど悔しかったということであろう。だがそういう感情を、いまの日本人はまったくわかっていない。

それと同様に、昔のことでわれわれが知らないことはずいぶんあるものだ。われわれは明治維新のことをほとんど知らない。五・一五事件や反米思想については多少知っているかもしれないが、かつてアメリカで移民が禁じられたことで、なぜ日本人があれだけ悔しがっていたのかを知る人は非常に少ない。

## 人種平等案否決が大東亜戦争の遠因

人種差別といえば、第一次世界大戦後のパリ講和会議で新しく国際連盟をつくるための委員会において、日本が「人種的差別撤廃提案」をしたことは知る人も多いだろう。日本は、「各国均等の主義は国際連盟の基本的綱領なるに依り締約国は成るべく速に連盟員たる国家に於る一切の外国人に対し、均等公正の待遇を与え、人種或いは国籍如何に依り法律上或いは事実上何等差別を設けざることを約す」という内容を規約に盛り込もうとしたのである。

国際会議において、人種差別の撤廃を訴えたのは日本が初めてであった。このことは、ぜひ強調しておくべきことである。

しかも日本は無理な主張をしてはいない。アメリカの国内事情なども斟酌して、期限など設けずに「なるべく速やかに」と書いているのである。現在から見れば崇高な意義のあることを、真っ正面から、しかし控えめに打ち出したのだ。

この提案に賛意を寄せる心ある人々も多かった。だが、この案には反対が出されて、流されることになる。当時、植民地を抱えていた主要国からすれば、人種差別撤廃など、とても呑めない話であった。人種差別の国・アメリカでは上院で「人種差別撤廃提案が採択されたならば、アメリカは国際連盟に参加しない」という決議まで行なわれていた。当時の国際社会では、「日本は白人を中心とする世界秩序を混乱させるために、あえてこんな提案をしているのではないか」という疑心暗鬼さえ持たれたのである。

それでも日本は食い下がった。国際連盟委員会の最終会合で日本は、連盟規約前文に「国家平等の原則と国民の公正な処遇を約す」という文言を入れる修正案を提案したのである。この場でも反対意見が出されたが、日本は「これは理念を謳っているもので内政干渉ではない。これに反対するのは他国を平等と見ていない証左だ」と主張して採択を求めた。

その結果、賛成したのは日本、フランス、イタリア、ギリシャ、セルビア、クロアチア、チェコスロバキア、ポルトガル、中華民国。反対はアメリカ、イギリス、ブラジル、ポーランド、ルーマニアであった。条文に規定がない内容を前文に入れるのはおかしいという理由での反対もあったが、それでも賛成票が反対票を上回ったのであった。

だが、議長だったアメリカのウィルソン大統領が、こう述べる。

「全会一致でないので、本修正案は否決された」

日本は「多数決での決定もあったではないか」とさらに食い下がるが、ウィルソンは「このような重要な問題は全会一致、あるいは反対票なしの決定だった」と一蹴したのである。日本は、提案の趣旨と賛否数を議事録に残すことを要求して引き下がるしかなかった。

これは、新しい理念を打ち出すべき国際連盟が、「これからも人種差別は世界の基準だ」と判定したも同然の決定であった。日本国内では「そんな国際連盟なら参加する必要はない」という猛反対の声が澎湃（ほうはい）と湧き上がった。

『昭和天皇独白録』（文藝春秋）にも、大東亜戦争の遠因として、冒頭に次の文言がある。

〈この原因を尋ねれば、遠く第一次世界大戦后の平和条約の内容に伏在してゐる。日本の主張した人種平等案は列国の容認する処とならず、黄白の差別感は依然残存し加州（カリフォルニア州）移民拒否の如きは日本国民を憤慨させるに充分なものである。又青島還附を強いられたこと亦然りである。

かゝる国民的憤慨を背景として一度、軍が立ち上がつた時に、之を抑へることは容易な業ではない〉

世界全体に「差別は悪」ということが共通認識（実態がどうかは別として）として広がった現代を生きる日本人の中には、もしかすると「それで戦争になってしまうくらいなら、別にそこまで熱くならなくてもよかったのではないか」などと思う人もいるかもしれない。だが、これは人間としての誇り、人間の尊厳に関わる問題である。実際に差別に直面していた当時の日本人は、世界を覆う人種差別に、耐え難い憤りを感じていたのである。

## 日本型資本主義の精神と渋沢栄一

話は少し逸れるが、ここで渋沢栄一について少し考えてみたい。明治時代に渋沢栄一という人物が出たことが、いまの日本経済の独特な精神と形をつくったことは間違いないことだからである。

渋沢は若かりし頃、ある縁で徳川慶喜の弟・昭武に随行し、旧幕府時代にヨーロッパ諸国を訪れている。フランスで初めて近代的な経済制度などに触れる一方、慶喜から預かった資金を運用して儲けた。彼はおそらく日本人で初めて、外国で投資して儲けた人である。ところが渋沢たちが渡欧している間に維新が起こる。幕府の留学生たちは帰国できずに困っていたのだが、渋沢が儲けたお金を工面して、彼らは無事に帰国することができた。

渋沢は帰国してから慶喜のもとに身を寄せたが、大隈重信に「新政府は神代に八百万の神々が集まって日本国をつくるような気持ちでやっている。お前も出てこい」と勧められ、大蔵省に入省した。ところが「入るを量りて出ずるを制す」（収入をきちんと計算してから支出の計画を立てる）ことが財政政策の根本であるにもかかわらず、「まず金を出せ」という大久保利通と意見が合わず、渋沢は野に下り、第一国立銀行を設立することから事業を始めたのである。

彼は世界を見ていたから、「日本ではまだ商人はぺこぺこするしか道はないが、外国ではけっして商人の地位は低くない。向こうでは商人は市長や大臣とも対等に話をしているではないか」と考え、日本を代表する実業家への道を歩んでいった。渋沢自身が「私が財閥をつくろうと思えば、三菱や三井よりも大きなものができただろう」という趣旨のことを書いているが、これは本当だと思う。彼は世界を見ていたから、何をどうすれば儲かるのかがわかっていたが、それでも自分では財閥をつくらなかった。

渋沢の心意気がよく伝わってくるのは、あるとき三菱財閥の創始者・岩崎弥太郎が隅田川に船を浮かべて、渋沢を招き「私と手を組まないか。手を組めば日本の経済は自由に動かせる」と話したのに対し、はっきり断ったエピソードであろう。実際、当時の三菱は規模の大きな政商というぐらいで、三井も呉服業を分離して三井銀行と三井物産を設立してまもない頃だった。だから渋沢の考え方一つで、どんな財閥でもつくれたのだが、株式会社方式（合本主義）を日本に広め、商人の地位を高めることが渋沢の目指す道だった。

その後、渋沢は、当時の海運業を独占していた郵便汽船三菱会社に対抗し、益田孝らと共同運輸会社を設立し、岩崎弥太郎と激しく対立する。折れたのは三菱側だった。渋沢といつまでも争っていると、「三菱が何か悪いことをして儲けているのではないかと国民に思われるから、渋沢さんのいうことは聞いておけ」というようなことだったようだ。当時の日本の財界におけるリーダー中のリーダーだった渋沢が出ていけば、経営問題からこうした争い事に至るまで、まとまらないものはなかったのである。

ちなみに渋沢の持論だった合本主義とは、公益を追求するべく、最も適した人材と資本を集め、事業を推進させるという考え方であった。

ここで痛感するのが、日本経済と韓国経済の違いである。韓国では十大財閥の売り上げがＧＤＰの七割を占め、財閥の子弟たちは、親が儲けた金でさらに儲けに走っている。公益を追求するどころか、財閥が国の富を独占しているため、韓国民のほうは疲弊する一方だという。

韓国の経済発展の基に、もし渋沢栄一のような人物がいれば、その姿はずいぶんと変わったものになっただろう。一人の人物の存在が、「国のかたち」をいかに左右するかを、渋沢栄一の事例がよく教えてくれる。

## ハリマン提案を蹴った「深みのなさ」

その点でいうと、「国のかたち」を悪いほうに左右してしまった一人として挙げられるのが、本書で何度も取り上げてきた幣原喜重郎であろう。幣原は豪農の家に生まれ、東京帝大をいい成績で卒業し、三菱財閥三代目総帥の岩崎久弥の妹と結婚している。人の悪いところを疑わない、素直な人物に育ったのではないかという気がする。素直に育つことは悪いことではない。だが、素直に育つことの怖さもある。そのことを、もしかすると現代の日本人は理解できないのではないだろうか。

明治維新の元勲たちは、下級武士からのし上がってきて、いつ斬り殺されてもおかしくない状況で生きてきたから、どこかに煮ても焼いても食えない部分があった。たとえば日清戦争までの日本外交を手がけた陸奥宗光は、西南戦争で西郷隆盛の挙兵に呼応して政府転覆を謀った立志社事件に関与して捕まり、投獄された。下手をしたら文字通りクビが飛んだ人物だったが、有能だったから外交官として復活し、日清講和条約の調印を成功させた。

ところが、日露戦争後のポーツマス講和会議の全権を務めた小村寿太郎の世代は、もはや維新の白刃の下をくぐっていない。彼は大変な秀才で、現在の東大法学部にあたる開成学校（大学南校より改組）の法学部で学んだあと、ハーバード大学で法律学を専攻し出世している。

もちろん、ポーツマス講和会議での小村寿太郎の貢献はきわめて大きなものであった。だが、その一方で小村寿太郎は、自分が講和会議で不在中に仮締結された南満洲鉄道経営に関する桂・ハリマン協定（明治三十八年〈一九〇五〉）に反対し、協定を解消させている。

アメリカの鉄道王とも呼ばれるエドワード・ハリマンは、日露戦争の折に、有名なジェイコブ・シフなどと並んで日本が発行した戦時公債に巨費を投じて日本を助けた人物であるが、日露戦争後、南満洲鉄道の共同経営を日本側に申し入れてきたのであった。資金不足の日本からすれば、これはけっして悪い話ではなく、伊藤博文、井上馨、渋沢栄一、それに桂首相といった維新の元勲や財界人たちはみな賛成したが、ポー

小村寿太郎

ツマス条約締結から帰ってきた小村寿太郎は、「そんなのはけしからん、自分に相談もなしに何だ」と言い出したのだ。小村の言い分は「満洲の権益は日本軍が血を流して得たものだ。それをアメリカと一緒にやる必要はない」ということで、誰も当時反対できない議論だった。それにみんな屈したのだ。

ハリマンは日本で桂首相と仮協定を結び、喜び勇んでアメリカに帰国したが、そこで待っていたのは「協定は破棄する」という通知であった。ハリマンが怒りに燃えただろうことは、想像に難くない。

あのとき米資本家のハリマンと手を結び、南満洲鉄道を共同経営していたら、その後の歴史は大きく変わっていただろう。満洲問題も、そしてアメリカの排日移民政策も。というのも、ハリマンは当時アメリカ国内でも有数の実力者だったからである。彼が帰国してまもなくサンフランシスコで日本人学童隔離問題〔明治三十九年〈一九〇六〉〕が起きている。もし、ハリマンが日本との共同事業を進めていれば、その後、あのように最悪のかたちで日本人移民が排斥されることはなかった可能性もある。

ハリマンの提案を断ったのは理知的には正しいことではあったかもしれない。だが、はたして全体的な判断から、さらに人情の機微からして正しい判断だったかどうかは、議論の分かれるところであろう。そのような深みが、小村には欠けていたと批判されても致し方あるまい。

小村寿太郎以降の世代の人間に比べて明治維新の元勲たちは、本当に「食えない」連中だったと思う。だいいち彼らは、最初は幕府軍に仕えていながら、そのうち公武合体運動を進め、旗色が悪くなると尊王攘夷を唱え出し、さらに開港を進めて幕府の経験者を数多く取り込んでしまったのである。

私はときどき思うのだが、外交上の条約やビジネスの契約を結ぶ際、交渉担当として、ヤクザのようなというと語弊があるが、それほどガッツがある人間を雇うべきではないか。条約にせよ契約にせよ、交渉事にはガッツが非常に重要になる。ガッツがあれば、勝つために良いことはもちろん、悪いこともできる。清濁併せ飲む度量がある。だが、ガッツがない人は良いことだけをやろうとする。清濁の「濁」を自分の腹一つで飲み込む勇気がない。それでは、国運や社運を賭けた真剣勝負には勝てないのである。

逆にいえば、トップの人物にいかにガッツが必要か、ということである。ガッツはあっても頭があまりよくないトップなら、頭の良い参謀役がつけばいい。ガッツはあるが人情がないトップなら、人情味あふれる補佐役がつけばカバーできる。ところがガッツがないリーダーだけは、誰も補佐することができない。

振り返ってみると、明治の人たちが国政や外交で下した判断の中で、良かったものを考えてみると、結局、意思決定者であるリーダーたちにガッツがあったからだと思えるケースが少なくないのである。

## 西洋人たちに見下されてたまるか

東大の建築学科の先生に、あるところで講演をしていただく機会があった。その先生の話によると、工部大学校(東大工学部の前身)造家学科の第五期生である土木工学者・田辺朔郎が卒業論文で書いた琵琶湖疎水の工事計画が当時の京都府知事に高く評価され、彼の卒業論文をもとにして琵琶湖から京都まで疎水が引かれたという。

「現代の大学生にこんなことができますか」と尋ねると、いまの学生たちは卒業論文でもこんなことは考えていないということだった。しかも当時は、いまのように重機もないから手掘りである。それでも工部大学校を卒業したばかりでまだ二十三歳だった田辺朔郎は、京都府御用係として、前代未聞の大土木事業をやり遂げた。

その先生に「なぜ当時の学生にそんなことができたのか」と聞くと、非常に感心したことに、「あの頃の学生の愛国心でした」との答えであった。「西洋人たちに見下されてたまるか」とか「彼らにできることができないで、たまるか」という愛国心の強烈さが、難事業を成功させる力になっていたということだった。人間には、ヘッドもハートも重要だが、やはりガッツがとびきり重要であることを、つくづく思い知らされる話であった。

戦後の日本は、「頭のいい子供」を育てようとして、受験戦争に勝つような教育ばかりを一所懸命に行なった感じがある。それから「優しい子供」を育てるために、幼稚園などの運動会では、一等賞もビリもないように「みんなで手をつないでゴールに入りましょう」という教育まで行なわれた。いま問題になっている生活保護と同様に、どんなに怠惰で働く気のない人でも生活は保障してあげましょうという、ある種の思想に似てはいないか。

琵琶湖疏水の傍らに
建てられた田辺朔郎像
（京都・蹴上疏水公園）

日本の戦後教育では知識や優しさは

重視されても、ガッツを教えられることはなかったと思う。だが、かつての日本では、頭の良さや心の優しさ、人柄の良さは美徳ではあっても、ガッツがなければ武士としては失格だった。いつでも腹が切れる覚悟がある人でなければいけなかった。

いずれにしても、子供たちに勉強ばかりさせるのは怖いものだ。その点、韓国を見てみると、あんなに受験勉強ばかりの国では駄目だと思う。

エドモンド・デュモランという人が書いた『Anglo-Saxon Superiority: to what it is due』という、一八九七年にフランスで出版された本がある。『なぜイギリスは優れているか』。それはイギリスのパブリックスクールでは勉強よりもスポーツを重んじるからであるというようなことがうまく書いてあって、フランスの秀才は官僚か軍人だけに適すると述べられている。

これは当時よく読まれた本で、出版後二カ月で五刷の版を重ね、日本でも戦前、どこの校長室にも一部はあったといわれている。私は英訳書を持っているが、この本を誰かうまく訳してくれないものかと思っている。

「Anglo-Saxon Superiority」という意味では、現在のイギリスのスペリオリティ(優位性)はかつてほどのものではないかもしれないが、他国との比較でいえば、案外うまい教育を維持しているように見える。

## 早熟度がはげるとき

「頭がいい子供を育てる」という受験勉強主体の教育風土においては、私はそこに「早熟」という問題点が現われざるをえないように思う。

私の恩師である佐藤順太先生が、「秀才と呼ばれる人の大部分は早熟であり、世間では早熟のことを秀才といっているのです」と、よく話しておられた。デュモランの『Anglo-Saxon Superiority』を私に勧めてくださったのも、佐藤先生である。

たしかに考えてみると思い当たるふしがある。私は田舎町のさらに田舎の端の生まれで、幼稚園がないところに育ち、小学校に入るまでは、ドジョウをとったり、木に登ったり、そんなことばかりして遊んでいた。

一方、江戸時代に高級武士だった家の子弟は、田舎町ではあるが幼稚園のある中央部に住んでいて、優等生は小学校に入る前に幼稚園に行ったり、武士の躾（しつけ）などを受けていた。先生はだいたい高級武士の出身である。

彼らに比べると、私などは事前に何の訓練も受けずに小学校に入ったから、当初はその差は天と地ほどに思われた。ところが小学校の五年、六年生になると、めっきがはげてくるように、優等生たちの早熟度がだんだんはげてくる。私が学んだ小学校は藩校で、早熟の優等生がたくさんいたが、旧制中学に入ってみると、かつての優等生は一人ぐらいしかいない。みんな入学試験に落ちていて、彼らはどこに行ってしまったのだろうと不思議に思った。

旧制中学で一番成績の良かった人は、陸軍幼年学校に行ったが、彼らの多くは戦争が終わって帰ってきてから大学に入っている。私の大学時代に仲の良かった友人が陸軍幼年学校の出身で、「お前、優秀だなあ」とよくいったものだが、彼は大学を落第してしまった。遊んでいて落第ではなく、勉強して落第しているのだ。佐藤順太先生がおっしゃっていたように、早熟度がはげたのだなと私は思った。

陸軍幼年学校を出て将校になっても優秀な人はいるし、将校になったあたりで早熟度がはげてしまった人もいるだろう。その早熟度が、いつ頃にはげるかが問題なのであり、早熟度と才能を誤解しないようなシステムが重要ではないかと私は思う。

たとえば、家庭が裕福で親にも教養があり、いい塾とかいい先生が付いた子供は、日本の大学では一番難しいとされる東大に行き、公務員でも一番難しいところに入るだろう。聞くところによると、官僚は減点主義だから、ミスを犯さなければ出世する。

ところがそのうちの少なからぬ人たちが、出世の途中で早熟度がはげてくるはずだ。

普通の会社なら、大卒の二十二歳でいい成績で入っても、そのまま重役になるのは稀である。才能を発揮しなければ、途中で幹部コースから外されてしまうからだ。

しかし官僚の場合、ある程度頭が良ければミスはそうは犯さないから、するりと出世していってしまう。そして権力だけはどんどん大きくなっていく。もちろん中には本当に優秀な人もいるわけだが、多くの人は、遅くとも三十〜三十五歳で早熟度がはげてくる。

とするなら、私は財務省の役人の中にも、すでに早熟度がはげてしまった人たちが数多いのではないかと思うのである。そうでなければ、景気が悪いときに税金を上げればいい、などと考えるはずがない。

これは由々しきことである。昔の殿様でさえ、おいそれと増税をしてはならなかったのだが、頭の良い人たちには、そういうことがわからなくなってしまったのだろうか。これはかつてのイギリスでも同様で、頭の良い人たちが税金を上げてしまい、結局、サッチャー首相が増税を止めている。

そこで私は世の中を見るときに、人の早熟度を基準にして物事を考えることにしているのである。

たとえば昔の大蔵省は秀才コースの典型で、いまは少し変わっているかもしれないが、昔は三十歳になるかならないかのところで地方税務署の署長になった。床の間を背負い、苦労を重ねて商売をしている経営者たちから奉られる中で、勘違いをするかどうかも大きいのだが、そこで本人の早熟度がはげるかどうかのほうが、もっと大きい。

早熟度が最も問題にならなかったのは、やはり明治維新の頃だろう。当時は出世コースというものがなかったから、維新の志士たちがしょっちゅう斬られたり、ドロップアウトしていた。社会が安定し出世コースが固まると、それなりにプラスのことも大きいが、マイナスの部分が大きく出てくる。これは、大問題である。

かつての海軍でも、艦隊司令長官クラスになると、ガッツとは関係なく出世していた。実際、海軍の提督たちは海軍大学校で優秀な成績を収めた秀才揃いだった。彼らは、普通の状況では臆病ではないのだが、いざというときにガッツ不足で、九仞の功を一簣に虧いてしまうのだ。

## なぜ「ガッツ」のない人間ができるのか

最近の事例でリーダーのガッツのなさを痛感するのが、福島第一原発事故だ。菅直人首相をはじめ、当時の政府・民主党のリーダーたちの体たらくは、改めて指摘するまでもない。当時の東電社長だった清水正孝氏も、事故直後に立ち上げられた東電・政府の合同対策本部を一週間にわたって離れ、その後入院して公の場から一時期姿を消した。

それから、こういったら語弊があるかもしれないが、他の電力会社の社長もみなガッツがなかった。悪名高い菅直人首相が、静岡県御前崎市の浜岡原発について、運転停止を命令するわけにはいかないから、海江田万里経産相を通じて運転停止を要請したのだが、電力会社は慌ててその要請に応じ、運転を停止してしまった。

これが松永安左エ門なら、「千年に一度の津波は、めったに起こるものではありません。津波が来ても、浜岡原発は老朽化が著しい福島第一原発と方式が違いますから、水をかぶりません。念のために、さらに守りを堅くします」と毅然とした態度を示していただろう。福島第一原発事故後に日本の原発が止まってしまったため、二〇一三年度には火力発電への依存度が約九割になり、年間三・六兆円、毎日百億円の燃料費が余計にかかるようになった。あのとき原発を止めていなかったら、そのぶんの国富を、中東を中心とした産油国につぎ込む必要もなかった。

これまで戦前の例と戦後の例をそれぞれ挙げたが、ガッツを考えるときに、一つだけ違いを踏まえておいたほうがいい点があると思う。それは、戦前の日本が現在と大きく異なる点の一つとして、農村もしくは地方の裕福な家から偉い人が出ているケースが少なくなった、ということだ。

戦前の偉い人たちの場合はまだしも、上とは異なる意見を述べて出世が止まったあと、職を辞して帰郷しているケースがわりとあった。昔は、そういう人たちの実家はたいてい金持ちだったから、家でごろごろしていても一向に構わない。そのうちに情勢が変わり、また中央に呼び戻されて自分のことをうまく使ってくれる上司の下でバリバリ働くことも少なくなかった。明治の頃にはよくあった話だが、いまはおそらくそんなことはないだろう。

だから私は相続税や贈与税、さらには世界的なベストセラーとなった『21世紀の資本』の著者、トマ・ピケティ教授がいう富裕税のような財産税をかけて、国民の富を吸い上げるような政策は間違っていると思うのである。財産税がなければ、もっと世の中がおおらかになり、正しいことを、職を賭して貫く勇気のある人間が、もっと出てくるような気がする。

ともあれ、いざというときに何が正しいのかが、自分でもはっきり見えていればガッツが出てくると、私は思う。武士ならば、いざというときには腹を切るという覚悟こそがガッツだということになる。しかし現代を生きる人々はそれが見えないから、その場しのぎの対応をするのだろう。どのみち、愛国心や公に殉じる心も持たずに、出世だけを目的とするようではガッツが出ないのはいうまでもあるまい。

## 華々しく勇敢だった若者に去来した思いとは

いま、ガッツを育むために必要な教育はどのようなものであるかについて、いささかならずわき道に逸れることも恐れずに考察してきた。だが、あくまで大切なのは、心の「核心」に何を育むかであることは、忘れてはならないことであろう。強いガッツを心に持つためには、心の「核心」に、より情念的な部分が必要だということである。

言い方を換えるならば、先ほど「早熟がはげる」という話をしたが、それは早熟な人間の場合、城の本丸にあたる「核心」を育まないまま、早期教育で「城の堀や城壁」ばかりつくってしまった結果ではないか、とも思う。その核心こそ、「負けてたまるかという人間としての誇り」であり、「命を懸けても守らなくてはならない正義・理念」であり、「愛国心」などといったものであろう。

そういう意味では、先の大戦では、その「核心」の部分を強固に培っている日本人が多かった。特攻隊の例を見てもわかるように、国のため、家族や愛する人たちのためには死んでも構わないという青年たちが、日本にいくらでもいた。そのような方々を数多く失ってしまったことが、実に惜しくてたまらない。

たとえば、パレンバン空挺作戦〈昭和十七年〈一九四二〉〉を成功させた落下傘部隊（空挺部隊）だ。彼らは「空の神兵」とも呼ばれた。歌にもなっている。

『空の神兵』（梅木三郎作詞、高木東六作曲。昭和十七年〈一九四二〉）

1　藍より蒼き　大空に大空に
忽ち開く　百千の

真白き薔薇(ばら)の　花模様
見よ落下傘　空に降り
見よ落下傘　空を征(ゆ)く
見よ落下傘　空を征く

2

世紀の華よ　落下傘落下傘
その純白に　赤き血を
捧げて悔いぬ　奇襲隊
この青空も　敵の空
この山河(やまかわ)も　敵の陣
この山河も　敵の陣

3

敵撃摧(げきさい)と　舞い降(くだ)る舞い降る
まなじり高き　つわものの
いづくか見ゆる　幼顔(おさながお)
ああ純白の　花負いて

ああ青雲に　花負いて
ああ青雲に　花負いて

4

讃（たた）えよ空の　神兵を神兵を
肉弾粉と　砕くとも
撃ちてし止まぬ　大和魂（だま）
我が丈夫（ますらお）は　天降（あまくだ）る
我が皇軍は　天降る
我が皇軍は　天降る

それまで落下傘部隊が飛行機からパラシュートで降下して行なう空挺作戦で大戦果を上げるのは、どの国にとっても困難極まることであった。世界でも、日本陸軍航空隊によるパレンバン空挺作戦と、海軍航空隊のメナド攻略戦（昭和十七年〈一九四二〉）がほぼ唯一の成功例だといってよい。

なかでもロイヤル・ダッチ・シェルの大規模な油田と精油所を有するインドネシア・スマトラ島のパレンバンでは、施設が破壊されないように作戦を進める必要が

出撃前、満面の笑顔で握手を交わす奥山道郎大尉(左から三人目)以下、義烈空挺隊員たち

あったため、落下傘部隊が降下して奇襲し、ほぼ無傷で占領を行なった。彼らは、占領された側であるオランダ人が「こんなに勇ましい連中がいたのか」と驚嘆して書くほど、勇敢だった。

かくまでに華々しく、勇敢だった幼顔の若者たちは、その後どうなったか。

パレンバン空挺作戦を行なった陸軍の落下傘部隊が所属していたのが、陸軍挺進団の第一挺進団という部隊である。同部隊から、大東亜戦争末期に義烈空挺隊が出ている。米軍に占領された沖縄の飛行場に強行着陸して斬り込みをかけ、敵機を破壊すべく最期の瞬間まで戦って、戦って、戦い抜こうという、壮絶な作戦であった。

昭和二十年（一九四五）五月二十四日、義烈空挺隊員を乗せた爆撃機十二機が飛び立った。米軍の激しい対空砲火で次々と撃墜されるが、一機だけが沖縄の北飛行場への強行着陸に成功。飛行機や航空燃料などを破壊したのち全員戦死している。

彼らは隊長の奥山道郎大尉以下、みな二十代、十代の若者だった。航空畑のエリートだから、当時の日本青年の中で最も優れた知能や体格、運動神経を兼ね備えていたといってもいい。そういう人たちが数多く亡くなっている。

死を決して敵陣深く斬り込んだ彼らは、最期にどんな景色を見たのだろうか。彼らの胸に去来した思いは、どのようなものだっただろうか。

あの頃の兵隊さんたちの勇ましさが、いまでもつくづく思い起こされるのである。

## なぜ対英米開戦に爽快さを覚えたのか

大東亜戦争の折の若い人々が、なぜあそこまでのガッツを発揮できたのか。

本章の冒頭で、アメリカ人にガッツがあったのは、「黄色い人間たちが生意気にも卑怯な手段で攻めてきた」ことに「負けてたまるか」と敵愾心を燃やしたからではないか、と述べた。一方、当時の日本人が抱いていた「負けてたまるか」の根底にあったものこそ、本章で見てきた「人種差別への憤り」であっただろう。

白人に虐げられている有色人種を解放しようという理念は、当時の日本人にとって間違いなく、自らの誇りにかけて戦うべき正義であった。しかもそれは、幕末維新以来の「尊王攘夷」の気風とも、一直線につながるものであった。言葉を換えれば、それが「大東亜共栄圏」というものへの強烈な思いにつながっていったのである。

真珠湾攻撃で対英米戦争が始まったと聞いたとき、私は小学校五年生の頃だったが、すーっと胸のつかえが取れたような感じがした。かつて、東洋史家の岡田英弘氏と対談した折に話がこのことに及び、私が開戦時のそのような感慨について話すと、岡田氏も「まったく長い間、胸につかえていたのが取れたようないい気分でしたなぁ」とおっしゃっておられた。岡田氏も開戦の折には小学校五年生くらいであった。

このような気分は当時の少年だけのものではない。対英米開戦を聞いて、白樺派の作家の長與善郎は、「生きているうちにまだこんな嬉しい、こんな痛快な、こんなめでたい日に遭えるとは思わなかった。この数カ月と言わず、この一、二年と言わず、我らの頭上に暗雲のごとく蔽いかぶさっていた重苦しい憂鬱は、十二月八日の大詔渙発とともに雲散霧消した」と書いた。斎藤茂吉は「何なれや心おごれる老大の耄碌国を撃ちてしやまん」という歌を詠んでいる。小林秀雄も「それみた事か、とわれとわが心に言ひきかす様な想ひであつた。何時にない清々しい気持で上京、文藝春秋社で、宣戦の御詔勅捧読の放送を拝聴した。僕等は皆頭を垂れ、直立してゐた。眼頭は熱し、心は静かであつた。畏多い事ながら、僕は拝聴してゐて、比類のない美しさを感じた」と記している。岩波書店の創業者である岩波茂雄も、シナ事変には反対であったが、日米開戦は歓迎している。

　誤解されては困るが、このような爽快感は、けっして緒戦の日本軍の赫々たる戦果に対してのみ表明されたものではないのである。これまで述べてきた、人間としての尊厳を傷つけられるような人種差別に対する憤りがあればこそ、それに対して敢然と立ち上がったことへの熱い思いがこみ上げたのだ。

　さらにいえば、この爽快感の裏には、シナ事変での英米のあからさまな利敵行為、ＡＢＣＤ包囲網といわれた経済封鎖などに対する憤りもあった。前の章で見たように、シナ事変は日本のせいで起こったとはいえない戦争である。にもかかわらず、これに対して英米は戦争を仕掛けてきているといいうるほどの圧迫を加えてきた。そのことに対する憤りは、多くの日本人が共有するものであった。

大東亜戦争をあれだけ勇敢に戦った若者たちの胸にも、そのような思いがあったはずである。彼らは何も、国家主義や天皇主義に狂信的になって死地に赴いたのではないし、彼らの愛国心は、けっして偏狭なものではない。これまで人種差別を振り回し、アジアを支配してきた西洋諸国に抗議の声を上げ、そのような世界秩序を打破しようと立ち上がった日本という国に身を捧げようとしたのである。

もちろんあの戦争の折に、アジア各地で日本がしたことが理想的なことばかりではなかったことは事実であろう。だが、自らの生命と引き換えに、新しい歴史を切り開こうとした若者たちの思いを蔑ろ（ないがし）にするようなことがあってはなるまい。

## 大東亜会議を再評価せよ

そして現実に、戦後、アジア諸国はみな独立をした。あのとき日本が戦っていなければ、独立はとても難しかっただろう。

その意味で、私は重光葵外相が開催に尽力した大東亜会議（昭和十八年〈一九四三〉十一月五〜六日）を改めて評価すべきだと考える。

この会議に参加したのは、錚々たるアジアの人士であった。

ビルマ国：バー・モウ内閣総理大臣
満洲国：張景恵国務総理大臣
中華民国国民政府：汪兆銘行政院長
タイ王国：ワンワイタヤーコーン殿下（首相代理）
フィリピン共和国：ホセ・ラウレル大統領
自由インド仮政府：チャンドラ・ボース首班

ちなみに、インドネシアの独立の闘士スカルノとハッタは会議直後に来日し、昭和天皇より皇居に招かれている。まだ独立していないため、正式メンバーとして出席できなかったのである。

この大東亜会議のことは深田祐介氏が『大東亜会議の真実』（PHP新書）で詳しく書いておられる。そこに描かれているのは、当時、現地での日本軍憲兵の行きすぎた振る舞いなど日本の至らぬ点に対しては率直に苦言を呈しつつ、しかし、日本が掲げた理念に対して賛同する各国指導者たちの姿である。

ビルマのバー・モウは、こう演説している。

「私は亜細亜の夢を見続けて参りました。私の亜細亜人としての血は、常に他の亜

大東亜会議に参加した各国首脳たち。左からバー・モウ、張景恵、汪兆銘、東條英機、ワンワイタヤーコーン、ホセ・ラウレル、チャンドラ・ボース

細亜人に呼び掛けてきたのであります。昼となく夜となく、私は自分の夢の中で、亜細亜が其の子供に呼び掛ける声を聞くのを常としましたが、今日此の席に於て私は、初めて夢に非ざる亜細亜の呼声を現実に聞いた次第であります。我々亜細亜人は、此の呼声、我々の母の声に応えて茲に相集うて来たのであります」

名演説家としても名高かった汪兆銘は、こう述べた。

「本年一月九日以来、日本は中国に対し、早くも租界を還付し、治外法権を撤廃し、殊に最近に至り日華同盟条約を以て、日華基本条約に代え、同時に各附属文書を一切廃棄されたのであります。国父孫先生が提唱せられました大亜細亜主義は、既に光明を発見したのであります。孫先生が日本に対し、切望致しました所の、中国を扶け、不平等条約を廃棄するということも、既に実現したのであります」

「重慶（引用者注：蔣介石政府のこと）は他日必ずや、米英に依存することは東亜に反逆することになり、同時に国父孫先生に反逆することとなるべきを自覚し、将士及び民衆も亦悉く飜然覚醒する日の到来することは必定たるべきことを断言し得る次第であります」

チャンドラ・ボースは、大東亜共栄圏の建設は「全アジア民族、全人類の重大関心事」で「強奪者の連盟に非ずして真の国家共同体への道を拓くもの」であり、「（大東亜会議の）出席者各位は、新日本、新アジアの建設者としてのみでなく、新世界の建設者として永く其の名を歴史に止められるであろうことを、私は確信するものであります」と高らかに語った。

そしてこの、アジアで最初、かつ世界初の有色人種によるサミットである大東亜会議で、共同宣言が採択された。この文章をぜひ紹介したい（読みやすさに配慮して文字遣いや表記を適宜変更し、句読点などを補う）。

〈そもそも世界各国が各その所を得、あい倚り、あい扶けて万邦共栄の楽を偕にするは（万邦共栄の喜びを共有するのは）、世界平和確立の根本要義なり。

然るに米英は自国の繁栄のためには他国家・他民族を抑圧し、特に大東亜に対しては、飽くなき侵略搾取を行ない、大東亜隷属化の野望を逞しゅうし、遂には大東亜の安定を根底より覆さんとせり。大東亜戦争の原因、ここに存す。

大東亜各国は、あい提携して大東亜戦争を完遂し、大東亜を米英の桎梏より解放して、その自存自衛を全うし、左の綱領に基づき大東亜を建設し、以て世界平和の確立に寄与せんことを期す。

一、大東亜各国は協同して大東亜の安定を確保し、道義に基づく共存共栄の秩序を建設す
一、大東亜各国は相互に自主独立を尊重し、互助敦睦の実を挙げ、大東亜の親和を確立す
一、大東亜各国は相互にその伝統を尊重し、各民族の創造性を伸暢し、大東亜の文化を昂揚す
一、大東亜各国は互恵の下、緊密に提携し、その経済発展を図り、大東亜の繁栄を増進す

一、大東亜各国は万邦との交誼(こうぎ)を篤(あつ)うし、人種的差別を撤廃し、普(あまね)く文化を交流し、進んで資源を開放し、以て世界の進運に貢献す〉

これは、いまでも一言も変える必要がないほど立派な内容である。

この大東亜会議の再評価、すなわちリビジョンが必要だ。当時の首相は東條英機大将で、彼が大東亜会議の主役を務めた感があるが、この大東亜会議を構想した重光外相は本当に偉かった。

## アジア独立こそ日本の生きる道だった

ちなみに、共同宣言の最後の条目に「進んで資源を開放し、以て世界の進運に貢献す」とあるのも、このときの日本の思いをよく象徴している。

当時、アウタルキーという言葉があった。これは「自給自足国家」「自己完結経済」というほどの意味である。つまり、他国から輸出入をしなくてもやっていける国ということを意味する。

イギリスやオランダ、フランスなどは多くの植民地を抱えていたから、もちろんアウタルキーである。アメリカやソ連も広大な領土に資源がたくさんあるからアウタルキーだ。

一方で問題なのは、非アウタルキー国家の日本やドイツ、イタリアであった。ホーリー・スムート法が成立したために世界貿易が縮減し、景気が急激に冷え込んでくると、アウタルキーの国々は他国との貿易を制限して自国経済を守るために、どんどん関税障壁を高め、ブロック経済化を推し進めた。こうなると、非アウタルキー国家はたまったものではない。

しかも、日独伊三国同盟やシナ事変などによって態度を硬化させた英米は対日禁輸策を打ち出してきていた。

これを打開するには日本はアジアに資源を求めざるをえない。だが日本は、アジア侵略によって資源を入手しようと考えていたのではなかった。アジアを解放して、アジア諸国を独立させることによって自由貿易を進め、資源を確保しようと考えたのである。その思いが、共同宣言の最後の条目に込められているのである。

アジアの独立こそが、日本の生きる道であったことは、きちんと踏まえておかねばならぬ点である。

## 最後まで失われなかった誇り

この大東亜共同宣言に掲げられた「万邦共栄の楽を偕にする」「大東亜の安定」という言葉は、米英開戦時に渙発された「米国及英国ニ対スル宣戦ノ詔書」でも使われている言葉である。

〈抑々東亜ノ安定ヲ確保シ、以テ世界ノ平和ニ寄与スルハ、丕顕ナル皇祖考丕承ナル皇考ノ作述セル遠猷ニシテ、朕カ拳々措カサル所。而シテ列国トノ交誼ヲ篤クシ、万邦共栄ノ楽ヲ偕ニスルハ、之亦帝国カ常ニ国交ノ要義ト為ス所ナリ〉

この文章にも関連することであるが、開戦当時の首相であった東條英機が、東京裁判での宣誓供述書で次のように述べている。長文になるが、本章で見てきた日本人の思いがよく伝わるものであるので抜粋引用したい。

〈東條内閣が大東亜政策を以て開戦後之を戦争目的となした理由につき簡単に説明

いたします。従前の日本政府は東亜に於ける此の動向に鑑み又過去に於ける経験にも照らして、早期に於て東亜に関係を有する列国の理解に依(よ)り之を調整するのでなければ永久に東亜に禍根を為すものであることを憂慮致しました。そこで一九一九年（大正八年）一月より開催せられた第一次世界大戦後の講和会議に於ては我国より国際連盟規約中に人種平等主義を挿入することの提案を為したのであります。しかし、此の提案は、あえなくも列強に依り葬り去られまして、その目的を達しませんでした。依って東亜民族は大いなる失望を感じました。一九二二年（大正十一年）の「ワシントン」会議に於ては何等此の根本問題に触るることなく寧(むし)ろ東亜の植民地状態、半植民地状態は九ケ国条約に依り再確認を与えられた結果となり東亜の解放を希(ねが)う東亜民族の希望とは益々背馳するに至ったのであります。次で一九二四年（大正十三年）五月米国に於て排日移民条項を含む法律案が両院を通過し、大統領の署名を得て同年七月一日から有効となりました。これより先、既に一九〇一年（明治三十四年）には濠州政府は黄色人種の移住禁止の政策をとったのであります。斯(かく)の如く東亜民族の熱望には一顧も与えられず常に益々之と反対の世界政策が着々として実施せられました。そこで時代に覚醒しつつある東亜民族は焦慮の気分をもってその成行を憂慮いたしました。その立場上東亜の安定に特に重大なる関係を有する日本政府としては此の傾向を憂慮しました。歴代内閣が大東亜政策を提唱致しましたことは此の憂慮より発したのであって、東條内閣はこれを承継して戦争の発生と共に之を以て戦争目的の一としたのであります〉

そして、東條は大東亜会議で謳われた政策方針を説明しつつ、こう供述する。

〈斯の如き政策が世界制覇とか他国の侵略を企図し又は意味するものと解釈せらるるという事は夢想だもせざりし所であります〉

人種差別をし、アジア侵略をしてきたのは英米などではないか。日本はそれに立ち向かうという意義を掲げて戦ったにもかかわらず、相手から「世界制覇を目指していた」「侵略国だった」などと断罪される——そのことに対する静かな怒りが、この言葉から伝わってくる。

結果として、日本は敗戦を迎えることになる。だが、最後まで誇りは失われなかった。昭和二十年（一九四五）八月十五日に発せられ、玉音放送のかたちで昭和天皇がお読みになった「終戦の詔勅」の中にも、「万邦共栄の楽を偕にする」という言葉が、そのまま使われている。

〈抑々（そもそも）帝国臣民ノ康寧（こうねい）ヲ図リ、万邦共栄ノ楽ヲ偕ニスルハ、皇祖皇宗ノ遺範ニシテ朕ノ拳々（けんけん）措（お）カサル所〉

そして、詔書の後半では、非命に斃（たお）れた日本国民に対する思いが語られ、そして有名な「然レトモ朕ハ時運ノ趨（おもむ）ク所、堪（た）へ難キヲ堪へ、忍ヒ難キヲ忍ヒ、以テ萬世ノ為ニ太平ヲ開カムト欲ス」に続いてゆくが、実はそれらの言葉の前に、大東亜戦争をともに戦ってくれたアジアの友邦への、心からのお詫び、謝意が置かれているのである。

〈朕ハ、帝国ト共ニ終始東亜ノ解放ニ協力セル諸盟邦ニ対シ、遺憾ノ意ヲ表セサルヲ得ス〉

大東亜戦争が終了したあとも、インドネシアやベトナムなどで数多の日本軍将兵が残留し、現地の独立闘争を支援して旧宗主国との戦いに身を投じた。戦死した者も多い。戦争が終わったのに、なぜ彼らは残ったのか。そして、なぜ戦ったのか。

その事実からも、当時の日本人の燃えるような思いが伝わってくる。

この章で述べたことは、日本の勝手な言い分だと見做(みな)されてきた。東京裁判はこの日本の言い分を抹殺した。しかしその裁判の終結から二年経つか経たないうちに、東京裁判そのものであったマッカーサー元帥は、アメリカ上院の軍事外交合同委員会において、「日本人の戦争の目的は主として自衛のためであった」と証言したのである。

近年、私は幾度となくこの証言について言及してきた。なぜ、この証言を何度でも繰り返す必要があるのか。そしてわれわれは日本人として何を考え、何をなすべきなのか。そのことを最終章で見ていきたい。

# 第七章

# 歴史を愛する日本人の崇高な使命

## 真珠湾攻撃を「騙し討ち」にした大失態

これまでの章で、大東亜戦争に至る歴史の大きな流れを概説してきた。あの時代、さまざまな思惑により激動していく国際情勢の中で、日本人が何を考え、どう行動したかということに着目して、歴史を物語のように記述することを試みた。単純なる東京裁判史観ではけっして語れぬ部分があることを、おわかりいただけたのではないかと思う。そして日本人の正義、日本人のガッツの源がどこにあったのかも。

しかし、国の名誉ということを考えた場合、どうしても許してはいけないことが起きてしまった。

対米戦争開始時のこと——つまり、真珠湾攻撃を「日本の卑怯な騙し討ち（スニーク・アタック）」にしてしまった、許すべからざる外務省の出先機関の業務遅滞である。

御前会議で対米戦が決定したあと、天皇陛下は東條英機首相に開戦手続きをきちんと行なうように伝え、山本五十六連合艦隊司令長官も、対米最後通告が間違いなく真珠湾攻撃前に届く手筈になっているかどうかを、何度も確認していた。

現地時間で昭和十六年（一九四一）十二月六日の朝、東郷茂徳外務大臣からワシントンDCの駐米日本大使館に宛てて、「対米覚書を発信するので明日、本国からの訓令十四部が届き次第、アメリカ政府にいつでも手渡せるよう準備するように」と命じるパイロット電報が届いた。

ところが六日夜は、戦後に『昭和天皇独白録』を書いたことでも知られる寺崎英成一等書記官の送別会があり、大使館員たちは出払っていた。翌朝七時に最後の十四部が届いたが、大使館員は出勤しておらず、大使館に膨大な電報が届いているのを見つけた海軍の実松譲駐在武官補佐官が大使館員に連絡したという。

日本大使館には、最後通告をワシントン時間の十二月七日午後零時半（日本時間の十二月八日午前二時半、ハワイ時間の七日午前七時）にアメリカ政府に渡すよう命令があったが、そのあと三十分繰り下げてワシントン時間の午後一時にアメリカ政府に渡すように指示された。そこでハル長官に一時に会ってもらうことにしたが、暗号解読とタイプが間に合わない。そこで、なんと彼らは、とんでもない判断を下した。ハル長官に電話をかけて、独断で「面会時間を延ばしてほしい」と頼んだのだ。結局、野村吉三郎大使と来栖（くるす）三郎特命全権大使が最後通告をハル長官に手渡したのは一時間二十分遅れの二時二十分で、真珠湾攻撃後すでに五十分が経っていた。

これはアメリカにしてみれば、まさに最悪の状況で騙し討ちをされたことになる。外交交渉の途中に攻撃されたことになったのだ。だが、第二次世界大戦への参戦に消極的だったアメリカの世論が大きく変わることを喜んだルーズベルト大統領は、「私は議会に対し、一九四一年十二月七日、日曜日に日本によって行なわれた不当かつ卑劣な攻撃以来、合衆国と日本帝国は戦争状態にあることを宣言することを求める」という演説を行なったのである。

戦争の始まり方がこうだったものだから、アメリカ人の心には日本人を敵視する感情が深く刻み込まれた。結果的には宣戦布告の遅れが、原爆投下を含む無差別爆撃の口実にさえなってしまった。

自分たちの怠惰のために日本が騙し討ちをしたといわれることになったと知ったとき、明治時代の駐米日本大使館の館員たちならば責任をとって、ワシントンDCのペンシルバニア・アベニューで揃って切腹していたかもしれない。

時代遅れかもしれないが、私は、切腹して然るべきだったと思う。そうすれば、「日本は卑怯な人間の集まりだ」という汚名をすすぐことができたかもしれない。現実に、その汚名のために、戦時中および戦後からいまに至るまで、日本は計り知れない被害を被ってきたのである。

しかし実際には、当時、駐米大使館にいた責任者たちは、その後、外務省の中で偉くなっている。亡くなった人を非難するのは良くないし、私自身は個人的には好きだった人物だが、開戦当時の駐米日本大使館員たちを出世させた吉田茂も悪かった。良く解釈すれば、吉田茂は当時のことをあまり知らなかったのかもしれないが、悪く解釈すれば、吉田茂は日本の名誉よりも外務省の名誉を守ったことになる。

## 宣戦布告遅延の責任はどこにあるのか

もちろん、このような私の「極論」には異論も出される。

たとえば、国際法ではきちんと戦闘行為に入る意志を表明しなければいけないと書いてあるのに、あのときの日本政府の最後通告には、対米交渉を打ち切るという文言はあっても、宣戦布告が明記されておらず、本来の意味での開戦通告になっていなかったという意見がある。

実は、昭和十六年（一九四一）十二月一日の御前会議で対米開戦が裁可された二日後の十二月三日に、条件付き開戦宣言を含む「帝国政府の対米通牒覚書（案）」が起案されていた。ところが、五日付案になると宣戦布告の部分が意図的に削除されてしまっていたというのである。

こうした、たび重なる対米通牒覚書の内容変更の背景には、軍部の大きな圧力があった。海軍側は、奇襲攻撃を成功させるために、開戦の通知をギリギリまで遅くせよ、と外務省に強硬に迫っている。外務省からすれば「それさえなければ」ということだ、という主張である。

また、当時駐米日本大使館にいた井口貞夫参事官の息子さんの井口武夫氏が、パール・ハーバーは駐米大使館員たちにとって青天の霹靂（へきれき）だったと戦後に話しているという。つまり当時は日本軍によるハワイ空襲など、とても考えられないような状態で、そこにいきなり長文の電報が送られてきて、翻訳やタイプに手間取ったという背景があるというのである。

この話を受けて、出先の駐米日本大使館よりむしろ、東京の本省の責任が主だったのではないか、とする主張もある。だいいち、宣戦を布告するなら日本の外相が東京の在日アメリカ大使を呼びつけて開戦を通告すれば、法的には何の問題もなかったではないか、というのである。それはまさに、昭和二十年八月九日のソ連対日参戦の際、モロトフ外相がモスクワで佐藤尚武大使に対日宣戦布告を行なったのと同じ方法だ。

してみると、本来は東京の外務省本省の責任が「主」であったにもかかわらず、その罪を駐米日本大使館に押し付け、そのために責任をかぶるかたちになった大使館員たちは気の毒なので出世させたのではないか、という推論になる。

私には、その背後の事情はよくわからない。ただ、私自身は、当時のことを知る外交官に、ワシントンの日本大使館のそのときの状況を聞いて、確認はしている。そもそも、前日に送別会をやったために間に合わなくなり、「何時に渡せ」といわれている命令に背いて勝手に時間を変更するなど、怠慢以外に何と表現できるだろうか。

## 「軍国主義」より「官僚制度の罪」を猛省せよ

間違いないのは、結果として明らかにアメリカに徹底的に利用される口実を与えてしまったということである。そういう事実がある以上、うやむやにすることなど、断じてあってはならなかった。第五章の最後に、「軍は外務省のことを恃みとも思わず、外務省は『あれは軍がやったこと』と頬被りする」体質があったと書いたが、身内の罪はかばい合い、他者に押し付けられるものは押し付け、全体としては恬（てん）として恥じぬという有り様は、まさに万死に値する。

本書のここまでの話からもわかるように、戦前の日本は、軍官僚の派閥抗争も含めた「官僚制度の罪」によって、何度も危地に陥れられてきた。もちろん、官僚個々人が悪であったとはいわない。むしろ日本人らしく、まじめに勤勉に努力した人が多かったはずだ。だが、組織としてそういう失敗に陥る可能性を抱えているとするならば、その組織の病弊は何としても抉（えぐ）り取るべきであろう。

その意味からも、宣戦布告遅延によって日本の名誉を失墜させるという大失態を起こしたならば、やはり、切腹するほどの責任の取り方をせねば、到底許されることではなかったと思う。われわれが猛省すべきは「軍国主義」というより、むしろ、いかにすれば「官僚主義」が失敗に陥らなくてすむかという点ではなかろうか。

もう一つ疑問に思うのは、あの「ハル・ノート」がどうして公開されなかったのかということだ。あのとき「ハル・ノート」を全世界に公開していれば、日本よりむしろアメリカのほうが先に最後通告を突きつけてきたようなものだということが、広く知られていたはずである。

事実、ヘンリー・スティムソン陸軍長官は自身の回想記に、野村・来栖両大使に「ハル・ノート」を手渡したハル国務長官から「私はこの件から手を引いた。あとはあなたとノックス海軍長官の出番だ」といわれたと書いている。

岡崎久彦氏はかつて、「もし、大東亜戦争がああいう始まり方をしていなければ、硫黄島の戦い（昭和二十年〈一九四五〉二月十九日〜三月二十六日）のあとに和平の話が出ていたのではないか」と語っておられた。

硫黄島は、表面の大部分が硫黄の堆積物に覆われている小さな火山島で、地形的にも防御が難しく、地下壕を掘るにも、固い岩盤と高熱、硫黄ガスに阻まれ非常に苦労した。

ところが日本軍はアメリカ軍が上陸の際、猛爆撃と艦砲射撃を繰り返し受けながらも予想以上に健闘した。日本軍の戦死傷者が約二万千人であったのに対し、アメリカ軍は総兵力約六万一千人のうち戦死傷者が二万八千人を超えた。米軍の死傷者数が、日本軍を上回っていたのである。

その直後に始まった沖縄戦（昭和二十年〈一九四五〉三月二十六日〜六月二十三日）でも、アメリカ軍の戦死者は一万二千余名に上っている。日本軍の敢闘は凄まじく、沖縄上陸軍最高司令官のサイモン・バックナー中将を戦死させたほどであった。だから、始まり方がああいうかたちでなかったなら、戦争の途中でいろいろ手を打てたのではないかと思わずにはいられない。

## 世界に恥ずべき虚構を広めた朝日新聞

国の名誉を貶めた罪で、もう一人、腹を切ってもらいたいのが朝日新聞の社長である。

どうしても腹だけは切りたくないというならば、せめて海外に行ってもらい、同社がこれまで行なってきた、いわゆる「従軍慰安婦」や「強制連行」といった歴史の捏造および歪曲報道を取り消してもらいたい。まずは「従軍慰安婦」の銅像が立っているアメリカの街を一つひとつ回り、市長に会ってこう話してほしいのである。

「貴市に設置されたいわゆる『従軍慰安婦像』は、韓国系市民の運動によって建てられたものでしょう。しかし、彼らの主張はすべて、私どもの新聞に掲載されたインチキ記事が発端になっているもので、事実無根です。まことに恥ずかしいことですから撤去してください。その費用は弊社で持たせていただきます」

ここまでいったら市長も否定できないだろう。

それからアメリカの議会でも、できることなら外務省の斡旋でスピーチまたは公聴会を開いてもらい、こう述べてもらうのだ。

「アメリカ議会でも、あの『アメリカ合衆国下院一二一号決議』をはじめとする、いわゆる『従軍慰安婦』謝罪要求決議および非難決議が可決されましたが、それも、私どもの新聞のインチキ記事によるものです。それらの決議の中で述べられていることは、事実ではありません」

国連人権委員会に任命された特別報告者のクマラスワミ女史も、世界のどこの軍隊にでもいた慰安婦の問題も、日本だけの強制連行によるセックス・スレイブ（性奴隷）の問題として、「軍隊によって、または軍隊のために性的サービスを強要された」「戦時中の軍の性奴隷」だったと、裏付けのない証言や事実誤認などに基づき、日本に対して不当な批判を行なっている。外務省が訂正を求めても応じなかったという。

朝日新聞の社長がクマラスワミ女史に会い、「あなたが日本の批判の根拠として挙げられたことは、すべて私どもの新聞のインチキ記事によるものです」といっても、「朝日新聞だけではなく、オーストラリア人作家のジョージ・ヒックス氏の『The Comfort Women』も参照しました」というかもしれない。ところが「その『The Comfort Women』に書かれている『慰安婦奴隷狩り』も、当社がすでに捏造だと認めて取り消した吉田証言によるものです」と朝日新聞社の社長にいわれたら、クマラスワミ女史も「そういう事実は間違いなくあります」とはいえないだろう。

もう一つ、マグロウヒル社が出版したアメリカの歴史教科書もひどいものである。これも日本の外務省が抗議したにもかかわらず、まったく聞く耳を持たないらしい。

なにせ、日本軍が二十万人もの若い朝鮮人女性を拉致してセックス・スレイブにしたという、世紀の大虚報が朝日新聞の記事を発端にして広まり、世界をあっといわせたわけだから、一大センセーショナルである。こうした虚報を崩壊させるには、さらなるセンセーションが必要だ。

そのために朝日新聞社の社長に腹を切れとはいわないまでも、世界各国を行脚し、いわゆる「従軍慰安婦」や「強制連行」といったインチキを一つひとつ否定して、「大東亜戦争を戦った日本国と日本人祖先を貶め、いま生きている日本国民の名誉と誇りを傷つけ、それを国内の日本国民だけでなく、世界中に歴史事実の捏造歪曲を振り撒き、世界各国に住む在留邦人の名誉を棄損し、人権を侵害し、その生命財産の安全をも脅かした」罪を償ってほしいのである。

朝日新聞は何十年にもわたり、根拠のない記事で、われわれの先祖や先輩、われわれ自身、われわれの子供、孫などのすべての世代に、日本人が外国人の前に顔も上げられないような恥をかかせた。本来、これは十分に切腹に値する。

そうでなければ、彼らは「日本人の恥」というものを、いったいどう考えるのか。

朝日新聞は紙面で何やら検証めいたことをしているが、それらは単なる言い訳にしか聞こえてこない。彼らが謝罪したとしても、それは朝日新聞読者に謝っているだけであり、日本人に謝罪していないばかりか、朝日新聞のインチキ記事を信じ込んでいる海外の人たちには何の説明もしていないに等しいのである。

## なぜシナや韓国は反日に熱を上げるのか

朝日新聞は今後どうするつもりかわからないが、現在シナや韓国が仕掛けている「歴史戦争」は、戦争に勝った側の戦時プロパガンダに必ず戻るだろう。

戦時プロパガンダといえば、大東亜戦争当時には、われわれも「鬼畜米英」といっていたのと同様に、アメリカ人たちもわれわれのことを「黄色い野蛮なサル」とか「野獣」と呼んでいたからお互い様である。だが戦争が終わってから、日本にもアメリカにも、そんなことを言い続けている人はいない。にもかかわらず、第二次世界大戦の戦勝国でもない国々があたかも戦勝国のふりをして、戦後七十年が経つ いま、日本を「戦犯国」などと貶めている。

思うに、相も変わらず「歴史戦争」と叫んでいるような国は、日本の敗戦によって得をした「敗戦利得国」である。毛沢東自身が昭和三十九年(一九六四)、当時、日本社会党副委員長であった佐々木更三に「日本は何も謝ることはありません。日本軍国主義は中国に大きな利益をもたらしてくれました。これのおかげで中国人民は権力を奪取できたのです。日本軍なしでは不可能だった」とジョークめかして語っているごとく、中国共産党は日本と蔣介石とを戦わせて、その漁夫の利で政権を獲得したようなものである。韓国も、日本の敗戦をきっかけに独立した国であり、アメリカが連れてきた初代大統領・李承晩は徹底的に反日の人物で、ひどい反日教育をすることで政権の求心力を高めようとした。いってみれば、彼らは日本が敗戦したおかげで政権を獲得した人々であり、反日が政権のＤＮＡのようなところがある。

それにしても、なぜシナや韓国はあれほどまでに反日に熱を上げるのか。

ある人が、米戦略国際問題研究所（ＣＳＩＳ）上級アドバイザーのエドワード・ルトワック氏が語ったという、非常に興味深い話を紹介してくれた。

ルトワック氏が、戦後すぐに親に連れられてヨーロッパを旅行したときのことである。戦後まもない頃であったにもかかわらず、パリではドイツ人が闊歩していた。だが、オランダに行くと、民宿にはみな「ドイツ人お断り」という張り紙が貼ってあったという。

その理由をあれこれ考え、いろいろと調べてみて気づいたのは、オランダは第二次世界大戦でドイツ軍の攻撃開始からたった五日間で降伏している。その負い目があるから、ドイツ人に対して「憎さ百倍」ということになったのだろうということのだ。一方、フランスはドイツとそこそこ戦ったから、戦いが終われば「また以前のようにやっていこう」という気持ちになれた。しかしオランダ人たちは、いつまで経っても「憎きドイツ人め」と思わなければやっていけなかったのだ。

ルトワック氏は続けて、「朝鮮半島は（当時のオランダに）似ている。朝鮮は、日本に併合されて良い生活ができるようになったので、反抗運動らしきものもほとんどなかった。そういう民族の歴史に対して非常に負い目があるので、自身のプライドを保つために、『日本に強制された』と言い続けないと国がもたない。だからいくら韓国に謝罪しても解決にならないのだ」と話していたという。

シナにしても、日本が対英米戦争に突入しなければ戦争に勝つ目はなかった。中国共産党に至っては、彼らが描く歴史譚とは異なり、実態はほとんど奥地に籠もりつつ国民党支配地域への勢力浸透を目論むばかりであった。

アメリカとベトナムは、昭和四十年（一九六五）から四十八年（一九七三）までの約八年間、ベトナム戦争を戦った。この戦争で、北ベトナムおよび南ベトナム解放民族戦線の戦死者は推定約九十八万人に上り、アメリカ軍では約五万八千人が戦死した。

かといって、いまアメリカ人たちがベトナムに行っても、「過去を真摯に受け止めて反省せよ」とか「歴史を鑑（かがみ）にせよ」といわれることはない。お互いにあれだけ死力を尽くして戦ったのだから、過去のことをいちいち謝れとはいわずに、アメリカとベトナムも仲良くやっているわけだ。真剣勝負で戦った人たちの間には、お互いに「敵ながらあっぱれ」だという気持ちが生じるものである。先の坂井三郎氏もその一人であるが、その典型は、日米のパイロット同士による戦後の交流だろう。「あのときはお互いによく戦った」と、相手に敬意を払い、褒めたたえている。

昭和二十六年（一九五一）一月、韓国の李承晩大統領は「対日講和会議に対する韓国政府の方針」を発表し、同年九月に開催されたサンフランシスコ講和会議への参加を希望した。ところが日本の反対をアメリカが認めたため、韓国は講和会議にオブザーバーとして参加することはできたが、サンフランシスコ平和条約の署名国の地位を得ることはできなかった。

いま韓国の歴史教科書では、中国に韓国亡命政府があって独立運動を行なっていたことになっている。中国に反日の韓国人がいたことは事実である。だが、彼らが実際に何をしたのだろうか。韓国は自国の歴史に負い目があるから、一所懸命にそう言い続けなければ国がもたないのだ。

ある人から、韓国の朴槿惠（パク・クネ）大統領の尊父である朴正熙（パク・チョンヒ）元大統領を讃える会をつくってはどうかとの提案を聞き、興味深く思った。朴正煕元大統領は元来貧家の子であったが、日本のおかげで小学校に進んだ。そこの日本人の先生のおかげで師範学校に進んだ。さらにそこの日本人の先生の推薦で昭和十五年（一九四〇）に満洲国軍軍官学校に入学したが、入学願書とともに血書まで書いている。成績は非常に優秀で、同校を首席で卒業し、満洲国皇帝の溥儀から金時計を下賜された。その後、日本の陸軍士官学校に学び、三番で卒業したあと、満洲国軍の中尉として終戦を迎えている。生前に「日本の朝鮮統治はそう悪かったと思わない」とも語っている。

こうした朴元大統領の素晴らしい功績を、日本側が顕彰・表彰して広く宣伝すればよいのではないか、というのである。「讃える会」なのだから文句をいわれる筋合いはないだろうというわけだが、そういう奔放な外交も良いのではないだろうか。

## 「敗戦利得者」が強調した「暗い戦前」

シナや韓国などの「敗戦利得国」と同様に、戦後日本で偉くなった人たちの中にも、「敗戦利得者」が数多くいる。昭和二十年（一九四五）八月十五日の敗戦によって非常に得をした人たちである。この勢力が、いかに日本の戦後の言論を歪めてきたことか。

たとえば憲法九条信者や護憲派が後生大事にしている日本国憲法（昭和二十二年〈一九四七〉五月三日施行）が、主権国家の憲法ではないことは、憲法学者なら誰もが知っている。日本は敗戦後にＧＨＱ（連合国最高司令官総司令部）の間接統治を受けていたから、日本国憲法はいわば間接統治基本法であり、それゆえ占領軍側の素人の集まりで一週間程度で草案ができあがったのである。

日本の主権が回復するのはサンフランシスコ平和条約の調印（昭和二十六年〈一九五一〉九月八日）後であり、主権がないと憲法ができるわけがないことを、憲法学者が知らないはずはないのだ。

ところがそれを憲法だと、憲法学者の宮沢俊義東大教授はいった。明らかに無理のある憲法改正であるにもかかわらず、「ポツダム宣言受諾によって天皇は国民へ主権を移譲したのであり、一種の革命である」などという愚にもつかない「八月革命説」を打ち出して正当化してみせたために、ＧＨＱの覚えめでたく、学界の地位を確立した。

国際法学者・横田喜三郎東大教授も戦前からの社会主義者であり、東京裁判を熱心に擁護したことで自らの地位を固め、皇室否定も盛んに唱えていた人物であった。そのうち世の中が落ち着いてきたのを見て、天皇制を批判した自著を買い集めて廃棄したといわれる。そして、めでたく最高裁判所長官になった。

このような人たちのことを、私は「敗戦利得者」と呼んでいる。

京都帝国大学法学部の滝川幸辰教授もそうだ。昭和七年（一九三二）に中央大学で行なった「トルストイの『復活』に現はれた刑罰思想」と題する講演や、無政府主義的主張を述べた『刑法読本』が危険思想とされ、その翌年に京大を辞職することになった「滝川事件」で有名な人物である。その彼が、敗戦の翌年である昭和二十一年（一九四六）、凱旋将軍のように京大教授に返り咲くのである。滝川氏はその後、法学部長を経て京大総長になった。滝川事件で連名辞職した人たちの多くが、同様に復職を果たしている。

東京帝国大学経済学部助教授の大内兵衛氏も、人民戦線事件（昭和十三年〈一九三八〉）で検挙されたが、敗戦後まもなく復職した。

かつて「東大の大総長」と呼ばれた東京帝国大学経済学部の矢内原忠雄教授はキリスト教徒で、プロテスタントとしては立派な人らしいが、マルキシズムの信奉者で、論文で政府の大陸政策を批判し、ある講演で「どうぞ皆さん、若し私の申したることが御解りになつたならば、日本の理想を生かす為めに、一先づ此の国を葬つて下さい」(『矢内原忠雄全集　第十八巻』)と述べたことがきっかけとなり、辞表を提出した。

この言葉が、キリスト教の終末論に端を発する部分があることも理解できる。矢内原氏が私立大学の教授であったなら、あまり大きな問題にはなっていなかっただろう。

案外いわれていないことだが、左翼運動や共産主義運動で辞めさせられた教授たちは、帝国大学に多かった。逆にいえば、「辞めた」のは帝大の教授だったからである。

帝大は天皇陛下が建てられた学校だというのが戦前の概念である。一方、当時の日本共産党は、ソ連共産党の国際機関であるコミンテルン(共産主義インターナショナル)の日本支部であり、昭和七年(一九三二)に発表されたいわゆる「三二年テーゼ」では、「天皇制の転覆」をスローガンに掲げていた。そんな共産党にシンパシーを抱き、支持するような人を帝大に置くのはおかしい、というのは、ある意味で至極もっともな考え方である。私立大学とは、まったく話が違うのである。

しかも日本では、彼らは帝大の職を辞したのみであって、牢獄にぶち込まれたのでもない。滝川氏も、京大退職後に弁護士業を営んでいる。

ところが、こういう元帝大教授たちが、戦後になって凱旋将軍のように戻ってきているのである。

彼らは戦前の日本を絶対に褒めることはない。ことさら日本という国の暗い部分だけをあげつらう。いかなる時代のいかなる社会でも、暗い部分だけ探せば、暗いものだらけに映る。日本はもちろん、イギリスで最も栄華を極めたヴィクトリア朝時代でさえ、暗い部分だけを探せば、世界で一番みじめな社会ということになるだろう。

先の凱旋将軍たちがやったことは、それであった。いうなれば歴史の歪曲である。

しかも、彼らのような「偉い先生」たちが大学を牛耳りだすと、その「偉い先生」たちに可愛がられない限り、大学に職を求めることはできなくなる。その論理に基づいて、「偉い先生」の可愛い弟子たちが旧帝国大学に研究者として残り、さらに雨後の筍のように方々にできた新制大学にも教授として送り込まれていった。そして、可愛い弟子たちが、それぞれの大学で凱旋将軍と同じことを行なうようになる。

それであっという間に、凱旋将軍たちがガン細胞のごとくに振る舞うことになったのだ。彼らは朝日新聞や岩波書店などを中心に、活発に言論活動を行ない、東大、京大はじめ、次々と学界を牛耳っていったから、日本の秀才中の秀才たちが、いつの間にか「敗戦利得者史観」に陥っていったのである。

## 「捧げし人のただに惜しまる」

「敗戦利得者」が他人を貶めて自分の地位を得ていくような戦後日本の姿を、鋭く衝いてやまない一首がある。

昭和元年（一九二六）から半世紀にわたる昭和時代のさまざまな短歌を集めて取りまとめた『昭和万葉集』（講談社）という歌集に収録されている、ある戦争未亡人の歌である。

かくまでに醜き国となりたれば　捧げし人のただに惜しまる

「捧げし人のただに惜しまる」という、その未亡人の気持ちが、私には痛いほどよくわかる。

前章で紹介した「義烈空挺隊」をはじめとする、本当に勇敢で、本当に優秀だった若者たちが、あの戦争で数多く亡くなっている。彼らの胸の中には、日本の未来のために、そして日本とアジアの人々の幸せのために一身を捧げる、という思いが強くあったはずだ。自分の父を、夫を、兄を「捧げた」親や妻や子供や弟妹も多かったのだ。

だが戦後日本は、日本の戦争は侵略戦争だったと断じ、国のために命を捧げた人々を「無駄死に」だと面罵（めんば）して憚（はばか）らない。しかも、そうすることでＧＨＱに媚びを売り、自らの地位を固めた人々が偉そうにふんぞり返っている醜悪な姿が随所にあった。

これでは、まさに「捧げし人のただに惜しまる」という心境にならざるをえない。

戦前につくられた『靖国神社の歌』（細渕国造作詞、和真人作曲）には、こんなフレーズがあった。

幸御魂（さらみたま）　幸（さき）はえまして　千木高く　輝くところ

この歌は非常に本質を突いているところがあって、戦死者の魂を「幸御魂」と呼んでいる。

われわれは戦後、戦死した人たちは、ただただ「かわいそう」だと思わされてきた。しかし、武士の伝統からするならば、戦場で戦果を上げて立派に死んだら、それは非常に名誉なことであった。そもそも昔の日本人には「幸いなる死に方」という発想があった。

われわれ現代の日本人はすっかり忘れているが、戦死者はただ憐れむべき存在ではないという考え方が、戦前では普通であったのである。「名誉の戦死」という考え方が一般であった。

否、戦後日本のような「醜き国」ではない、世界中ほとんどの真っ当な国において、国のために戦場に散った人々の名誉は本当に大切にされている。当たり前のことである。その方々は、現在を生きるわれわれのために戦死されたようなものなのだから。むしろ、そういう戦死者を貶めることで禄を食むような人間は、心の底から軽蔑すべき対象以外の何物でもないのである。

同じく『靖国神社の歌』の中には、こんな一節もある。

ああ大君の　ぬかづき給う　栄光の宮　靖国神社

天皇陛下は、皇室の祖先を祀る二所宗廟の伊勢神宮と石清水八幡宮には参拝されても、普通の神社に足を運ばれることはまずない。だが陛下も、靖国神社で「ぬかづき給う」のが、戦前では普通のことだった。英霊とは、そういう存在であった。戦場で普通の死に方をすれば、場合によっては無縁仏になる可能性があって、自分が死んだあと、誰も祈ってくれなくなる恐れがある。ところが靖国神社に祀られれば、無縁仏になることもなく、天皇陛下に毎年お参りしていただける。そういう思いを抱いて多くの日本人が戦場に向かい、「靖国で会おう」といいながら戦死されたのだ。

その意味でも、やはり靖国神社こそは、天皇陛下が深々と頭を垂れて参拝し給う唯一の場所にふさわしいのである。

## マッカーサーは東條証言をそのまま認めた

東京裁判（極東国際軍事裁判）の被告席

だが現在、天皇陛下に靖国神社を御参拝いただけない状況が続いている。「A級戦犯合祀」の問題をマスコミが大騒ぎし、シナや韓国がヒステリックに抗議を繰り返してくるからだ。

「A級戦犯」といわれると、いかにも極悪人のように思ってしまう人も多いだろう。だが、その戦犯を指定し、裁いた東京裁判とは一体何だったのか。

第一章で見たように、東京裁判は連合国側に都合のいい史料だけを集め、籠絡（ろうらく）した証人に検察側が筋書きに沿った証言をさせて「物語」をつくりあげるような裁判だった。そんなことが可能だったのはGHQ最高司令官のマッカーサー元帥が連合国から権限を委譲されて、国際法によらず、ニュルンベルク国際裁判所条例にならって制定した極東国際軍事裁判所条例を基準にして審理を行なったためである。この極東国際軍事裁判所条例は、「マッカーサー・チャーター（マッカーサー条例）」とも呼ばれた。その意味で、東京裁判はマッカーサーの意思そのものであったといっても過言ではないだろう。

そのマッカーサーが後日、何を語ったのか。

私が繰り返し引用しているマッカーサーの言葉を、再び引用したい。

ＧＨＱの最高司令官を務め、日本の占領政策を進めたマッカーサー元帥は、朝鮮戦争（昭和二十五年〈一九五〇〉六月二十五日～二十八年〈一九五三〉七月二十七日休戦）の際、国連軍最高司令官に任命された。ところが彼はトルーマン大統領と方針が合わず、本国に呼び戻されて上院軍事・外交合同委員会で証言を行なうことになる（昭和二十六年〈一九五一〉五月三～五日）。その証言の中で、戦前の日本について言及した部分に、こんな言葉があるのである。

"There is practically nothing indigenous to Japan except the silkworm. They lack cotton, they lack wool, they lack petroleum products, they lack tin, they lack rubber, they lack a great many other things, all of which was in the Asiatic basin.

They feared that if those supplies were cut off, there would be 10 to 12 million people unoccupied in Japan. Their purpose, therefore, in going to war was largely dictated by security."

〈日本は絹産業〔蚕〕以外には、固有の産物はほとんど何も無いのです。彼らは綿が無い、羊毛が無い、石油の産出が無い、錫（すず）が無い、ゴムが無い。その他実に多くの原料が欠如してゐる。そしてそれら一切のものがアジアの海域には存在してゐたのです。

もしこれらの原料の供給を断ち切られたら、一千万から一千二百万の失業者が発生するであらうことを彼らは恐れてゐました。したがつて彼らが戦争に飛び込んでいつた動機は、大部分が安全保障の必要に迫られてのことだつたのです〉

（小堀桂一郎編『東京裁判　日本の弁明』〈講談社学術文庫〉）

これは、マッカーサーがバイブルに手をついて宣誓を行なったうえでの証言である。

東京裁判の法的根拠だったといってもよいマッカーサーが、聖書に誓って、「日本が戦争を行なったのは、大部分が安全保障の必要に迫られてのことだった」と、公の場で語っていたことは、きわめて重要である。

なぜなら、この証言は、彼が裁かせた東京裁判において東條英機が供述したことをそのまま認める内容だからだ。

東條英機は宣誓供述書の中で、こう述べている。

〈此の戦争は避けたきことは政府は勿論統帥部も皆感を同じうする処でありますが、連絡会議に於いて慎重研究の結果は既に内奏申し上げた如く、事、ここに至っては自存自衛上開戦止むを得ず〉

マッカーサーは、東條英機の基本主張が正しかったことを、自ら、約一年半後に証明したのである。

ちなみに私は、東京裁判における東條英機の証言は、日本人から見て最も信用できる証言の一つだと考えている。そこで私は『東條英機　歴史の証言』という書籍を世に問うた。同書は文庫本にもなっているが、東京裁判で提出された東條大将の宣誓供述書を丁寧に読み、その原文を紹介するとともに注釈とコメントをつけたものである。

なにも私には、東條英機を弁護する意思はまったくない。彼に敗戦責任があることは、明々白々な事実である。にもかかわらず、私が東京裁判を知りたいなら東條証言を読んでほしいといっている第一の理由は、大東亜戦争に関する限り、昭和十九年（一九四四）のサイパン陥落で首相を辞めるまで、彼が日本で最も責任ある立場にいた人物だからだ。そういう人の証言を抜きにして、あの戦争を語ることができるか、ということなのだ。

しかも東條大将は、はなから助命嘆願など考えていなかったことは明らかだ。彼一個人のために虚偽証言を並べ立てる動機は、甚だ薄かったといってよい。

ところが私がこの本を出した時点では、私の知る限り、戦後に日本史を書いた人で、東條証言を利用した人は誰もいなかった。みんな東京裁判の史料を使うのに、東條大将の証言は使わないのだから奇妙な話である。

第二の理由は、東條証言が単なる覚書や日記ではないということにある、宣誓供述書であるから嘘をいうことはできないわけだ。嘘でもつこうものなら、とくに敵意のある検事は些細な点も漏らさず、厳しく追及しただろうことはいうまでもない。その意味で私は、この東條証言は第一級史料の一つであると考えている。

第三番目の理由は、昭和史を見ていく中での東條証言の意味合いである。歴史を人間の体に譬(たと)えれば、頭蓋骨から背骨に至る部分や腕の部分、足の部分、指の部分、爪の部分、爪の中の垢の部分に至るまで、さまざまな部分から成り立っている。その点、東條証言では末梢的な事柄ではなく、まさに昭和史における頭脳から脊髄の部分が語られている。その意味でも、東條証言はもっと広く読まれるべきであろう。

## なぜ重要な証言が知られなかったのか

さて、マッカーサーが昭和二十六年(一九五一)五月三日に、アメリカ上院軍事・外交合同委員会で語ったマッカーサー証言の中でも特筆すべきは次の部分であろう。

"Their purpose, therefore, in going to war was largely dictated by security."
(したがって彼らが戦争に飛び込んでいった動機は、大部分が安全保障の必要に迫られてのことだったのです)

これは大変重要な言葉なので、私は学生に限らず多くの人に、これを英文で暗記することを勧めている。

だが、このマッカーサー証言を使って、日本政府が歴史問題に対する反論を行なった例を私は知らない。それどころか、私が出会った外交官の中でマッカーサー証言を知っていたのはたった一人で、それも最近知遇を得た人である。私はこの分野ではまったくの素人だったが、こういう証言があることは噂で聞いていた。しかし実物を見なければ真実がわからないので、東大の小堀桂一郎氏に「だいたいこのあたりを調べていただけませんか」と依頼した。すると小堀氏は東大の新聞研究所でニューヨーク・タイムズ紙に出たマッカーサー証言を探し出し、ファックスを送ってくれた。小堀氏も、これは重要なことだと理解して探してくださったのである。

その一部分を日本語に訳し、私は日本のメディアで初めてＰＨＰ研究所の月刊誌『Ｖｏｉｃｅ』に載せた。

マッカーサーがこの証言をした昭和二十六年（一九五一）五月といえば、連合国による日本の占領がまだ続いていた頃だ。その当時、ニューヨーク・タイムズ紙にも出ているこんな重要なニュースが、日本の新聞あるいはＮＨＫで放送されていたら、と思わずにはいられない。

当時は、戦地から引き揚げてきた軍人たちが数多く生きていたから、彼らはどんなに喜んだことか。あるいは自分の夫や兄弟、親、親族が戦場で倒れたり亡くなった人たちも、「彼らの死はけっして無駄ではなかった。日本を守るために戦ってくれたんだ」と、もっと誇りに思ったのではないだろうか。

ところが日本のマスコミは、このニュースを一切報道しなかった。

彼らはアメリカで、その記事が出ていることを知らなかったわけではない。たとえば朝日新聞の縮刷版を見れば、マッカーサーが証言したことについての記事はきちんと出ている。だが、日本のマスコミは、マッカーサーが「日本は自衛のために戦った」と証言した部分を省いて報道しているのだ。

あえて善意に解釈すれば、当時はまだ占領軍がいたから「その部分は省け」と命令された可能性はある。ならば、その翌年にサンフランシスコ平和条約が発効し、日本は主権を回復しているのだから、マスコミはその時点で、「実はマッカーサーはこんなことを証言していた」と報道すべきだった。ところが私の知る限り、それ以降、現在にわたって新聞や地上波のテレビがマッカーサー証言を取り上げたケースはない。

これはまったくの希望にすぎないが、もし、ＮＨＫでゴールデンタイムに毎日五分ぐらいの枠を取り、マッカーサー証言を読むことを半年でも続ければ、こうした知識は普及するだろう。政府が後押しすることは難しいかもしれないが、そういうことができれば、いま日本がさまざまな面で手をつけられないでいることも一気に解決する。東京裁判そのものがご破算になるから、教育にも抜本的な変化が起こるに違いない。

「事、ここに至っては自存自衛上開戦止むを得ず」という東條証言に加え、日本が戦争を行なったのは「大部分が安全保障の必要に迫られてのこと」だったと言明しているマッカーサー証言が広く知られるようになれば、戦後に荒廃してしまった日本人の精神が復興していくに違いない。

## 太平洋戦争における最大のリビジョニストはマッカーサー

さらにいえば、日本の外交官でも、民間の海外駐在員でも、この証言を世界に広めてもらいたいものである。こんなに重要なことを、いまのアメリカの政治家や外交官は知らないし、学校でも教えるわけもなく、勉強するはずもない。外交官の場合、外交ルートを通じて公の場でこのようなことばかりをいうのは角が立つ場合が多いが、プライベートな範囲でいろいろな人に会えるだろう。ぜひこのマッカーサー証言から始めてもらいたい。マッカーサー証言は「歴史戦争」に勝つ鍵であり、そこから日本の弁明は始まらなければならないのだ。

ところがいま、海外でうっかり順序を間違えて「日本の大東亜戦争は自存自衛のための戦争だった」と表明すると、すぐに修正主義者を意味する「リビジョニスト(revisionist)」といわれかねない。英語圏で「リビジョニストだ」といわれると、人種差別的な意味も含めて強硬なナショナリストだという、非常に悪いイメージで見られてしまうから、たじろぐ人も多いだろう。

リビジョニストという言葉は、十九世紀後半頃のイギリスで、教会の儀式をどうするかといった議論の中で使われた。その古い言葉が再び流行り始めたのは、一九〇〇年頃にドイツの社会主義者ベルンシュタインなどに対して、マルクス主義の用語として修正主義者なる批判が使われるようになったことによる。日本でも一九六〇年代に、モスクワと北京が出した統一見解に日本共産党が反対し、修正主義者として批判されている。リビジョニストはいつも批判される側なのである。

第一次世界大戦後のアメリカでもリビジョニストという言葉が使われていた。第一次世界大戦にアメリカが参戦する際、参戦の理由がいろいろ掲げられたが、国民にはあまり理解されなかった。それでいてアメリカは同大戦で多数の死傷者を出したので、戦後になって「これはおかしい」という声が出てきたのである。敗戦国のドイツだけが悪いのではない、フランスのレイモン・ポアンカレ大統領も悪かったというように、プラスでもマイナスでもなく、歴史をきちんと見直そうという人たちをリビジョニストといったのだ。

ところが、そういう歴史見直し主義が一定の支持を得始めた頃に、ナチス・ドイツが台頭してきたため、歴史の見直しが誤ってナチス擁護と取られるようになってしまった。そのため、いまでもリビジョニズム（修正主義）といえば、ナチスを擁護する理論だと短絡的に受け止められてしまいがちなのである。

だからそこで私は、こういうスローガンを掲げたい。

「第二次世界大戦の対日戦、すなわち太平洋戦争における最大のリビジョニストはマッカーサーである」

事実、アメリカ議会での証言で自ら東京裁判をひっくり返してしまったのだから、マッカーサーほど完全なリビジョニストはいないだろう。

## 身をもって体験した「赤化の危険」

私はずっと、マッカーサーが議会でなぜあんな証言をしたのか不思議に思い、いろいろと調べてみたのだが、それは彼が朝鮮戦争で勝たせてもらえなかったことが非常に大きいと思う。

われわれの常識からいっても、戦争末期に日本にやってきたアメリカの勢力はとてつもない規模だった。沖縄上陸作戦に参加した米軍艦艇は約千五百隻で、空母だけでも四十隻を超えていた。そこまで強大なアメリカ軍を中心とする国連軍が、毛沢東の人海戦術ごときに負けるはずがないのだ。

朝鮮戦争が始まると、マッカーサーは在日連合国最高司令官のまま国連軍最高司令官に任命された。マッカーサーはアメリカ軍司令官ではなく、一応、国連軍最高司令官という肩書きだったが、最初東京に置かれ、のちにソウルに移された国連軍司令部からの指示が、どういうわけか徹底さを欠いていた。東シナ海の港の封鎖や、橋の破壊など許可されなかったという。そうなると、いくらアメリカ兵が良い装備を持とうが、優位性が失われてしまう。かたや兵隊はいくら死んでも構わないという、人海戦術で怒濤のごとく押し寄せる毛沢東軍の猛攻で、マッカーサー率いる連合軍は大きな損害を被った。マッカーサーには、そうした仕打ちに反発する感情があったのではないかと思う。

事実、マッカーサーはトルーマンと意見が合わず、シナの人民義勇軍の参戦で押し戻された戦線を立て直すため、原爆の使用を主張して解任されている。そこで彼は、議会では本当のことを話してやろうと考えたのではないかと私は思うが、これはあくまで想像だ。

もう一つ、マッカーサーは東京裁判の一部始終を見て、日本が一方的に悪かったのではないことを身に沁みて感じていたはずだ。

東京裁判でも、最初は〝悪魔のごとき〟日本人の弁護など御免被ると、アメリカ人で日本側被告の弁護人を務めようとした者はほとんどいなかった。指名されても辞退する人もいた。極東国際軍事法廷を一応の裁判の形式で進めるために、無理矢理に弁護人を引き受けさせられたわけだが、裁判が始まるや、アメリカ人弁護人たちは真実を追及してあの戦争の実相を知り、誠心誠意弁護に努め、文字通り完全燃焼したのである。そういう人たちの姿を、マッカーサーも見ていたはずだ。

それでも一応のケリをつけるために、A級戦犯七人の死刑は認めた。ところがパル判事は被告人の全員無罪を主張し、ベルト・レーリンク判事も死刑に反対した。広田弘毅元首相の場合、六：五とわずか一票差で死刑が決まったほどである。そのことも、マッカーサーは知っていた。

また日本に進駐したアメリカ兵も、日本人はそう悪い人間ではないことを肌身で理解していたと思われる。

いまでもはっきり覚えているが、私の故郷の山形県鶴岡市にはアメリカ軍は駐屯していなかったけれども、それでもアメリカ兵たちがときどき回ってきて、市内の旅館に泊まっていた。その頃、私たちは英語クラブをつくっていて、アメリカ兵たちのいる旅館によく押しかけていった。アメリカ兵たちも最初のうちは相手にしてくれないが、何度も遊びに行くと気心が知れるようになる。しばらく相手をしてくれてから、「君たちはこのトランプで遊んでいなさい。でも、これにだけは触っちゃいけないよ」といって拳銃を指差し、バーに繰り出していった。拳銃を置いていっても平気なほど、日本は治安がいいことを、アメリカ兵たちも実感していたのである。

こういうことも、マッカーサーが知らないわけはない。日本に六年も滞在して東京裁判も見ていれば、日本および日本人を見直すようになっても不思議はない。

しかも彼自身、北朝鮮やシナ人民解放軍の攻撃に直面して、東京裁判で日本側が口々に証言した「アジア赤化の危険」「国際共産主義運動の脅威」がいかなるものかを、身をもって体験することとなった。

これは私の想像だが、マッカーサーが自分をクビにしたトルーマンのもとで議会証言を行なったとき、彼は意図的に「日本が戦争をしたのは自衛のためだった」ということを暴露したのではないか。

何度も繰り返し強調するが、東京裁判を裁いたのは、国際法ではなくマッカーサー条例であり、マッカーサーは東京裁判そのものである。その彼が日本の戦争を侵略戦争といわず、「彼らが戦争に飛び込んでいった動機は、大部分が安全保障の必要に迫られてのことだったのです」と証言したことには大きな意味がある。

その意味で、日本が「歴史戦争」において立脚すべきはマッカーサー証言である。私は、マッカーサーこそ太平洋戦争における最大、かつ最も正しいリビジョニストであると、高らかに宣伝したいのだ。

## 国連で喝采されたA級戦犯

話が前後するが、そのマッカーサー証言から半年も経たないうちにサンフランシスコ平和条約が調印され、日本は主権を回復し国際社会に復帰した。

当初、アメリカ軍は日本を数十年は占領するだろうといわれていたから、対日講和条約がいつ結ばれるのかについては皆目見当がつかなかった。ところが、朝鮮戦争が引き金になって、連合国と日本は講和に向けて大きく動き出したのである。

よくいわれるように、サンフランシスコ平和条約に日本を非難する言葉は入っていない。シナや朝鮮などにおける権益を放棄するという条項はあるが、日本を責めてはいない。

しかも前文に、日本と連合国との関係を、「共通の福祉を増進し且つ国際の平和及び安全を維持するために主権を有する対等のものとして友好的な連携の下に協力する」ものとすると記されているように、サンフランシスコ平和条約は本当の意味での講和条約なのである。

同条約の第一条で「日本国と各連合国との間の戦争状態は（中略）この条約が日

本国と当該連合国との間に効力を生ずる日に終了する」と定められている。その意義深いサンフランシスコ平和条約を無視し、日本人がいまだに東京裁判にとらわれていることに、私は大きな疑問を禁じえないのである。

日本がいまだに「A級戦犯」を忌避し、海外から糾弾されてたじろぐのは、単に無知だからだとしか思えない。

たとえば、A級戦犯・重光葵（前章で見た大東亜会議を推進した外相）をどう考えるか。

重光 葵

彼は東京裁判でA級戦犯として起訴され、禁錮七年の有罪判決を受けたが復帰し、第一次鳩山内閣（昭和二十九年〈一九五四〉十二月十日～三十年〈一九五五〉三月十九日）の外務大臣兼副総理を務めている。昭和三十一年（一九五六）十二月十八日の国連総会で、日本が国際連合への加盟を全会一致で認められた際、重光葵外相は加盟受諾演説を行ない、こう述べている。

「わが国の今日の政治、経済、文化の実質は、過去一世紀にわたる欧米及びアジア両文明の融合の産物であつて、日本はある意味において東西のかけ橋となり得るのであります。このような地位にある日本は、その大きな責任を充分自覚しておるのであります」

重光外相の演説を聴いた国連総会の出席者たちは、万雷の拍手を惜しまなかった。

そして彼は「これで私は日本国に尽くせるだけのことをした」と言い残し、その翌月の一月二十六日にこの世を去った。その死を悼み、国連総会では追悼の黙禱が行なわれたという。

これだけを見ても、日本にはすでにA級戦犯はいなくなっていたことは明らかだ。

A級戦犯で、しかも有罪だった人がなぜ日本の外務大臣として国連で大演説を行なうことができたのか。それは、サンフランシスコ平和条約の規定に基づき、国際的にも戦犯がなくなったからである。こんなにわかりやすい例はほかにない。

重光葵は実に立派な人物であった。敗戦を迎え、軍部の大臣たちがアメリカ海軍の戦艦ミズーリ号での降伏文書調印に二の足を踏むなか、政府を代表して重光外相が降伏文書調印式に臨んだが、そのとき、こんな歌を詠んでいる。

願わくは御国の末の栄え行き　我が名さげすむ人の多きを

（将来、日本が栄え、降伏文書に署名した私の名を蔑む人が増えることを願う）

降伏文書の調印式のあと、ＧＨＱは日本政府から司法権と通貨発行権を剥奪し、公用語を英語にするという布告を突きつけた。そこでマッカーサー司令部を説得し、一晩のうちに間接統治に切り替えさせたのも重光葵であった。

戦犯についてさらに述べるならば、日本国内でも約四千万人もの署名が集まり、昭和二十八年（一九五三）八月三日の衆議院本会議で「戦争犯罪による受刑者の赦免に関する決議」が可決している。国内法的にも、もはや戦犯が存在しないことになっているのだ。

## 「サンフランシスコ平和条約第十一条」問題

外交評論家の岡崎久彦氏は「会社が潰れたときの係長クラスの人物が、いまの政府を運営している」とおっしゃっていた。となると、あの頃に潰れた会社の代表取締役社長なら経営がよくわかる。その代表取締役社長クラスが、東京裁判で戦犯に指定された世代であった。重光外相をはじめとする代表取締役社長クラスがのちに復帰したから、日本は再び立ち直ることができたのである。

彼らは、「自分たちはけっして悪いことをしていない、朝鮮半島は日本の援助で生活が豊かになったのだから、むしろ感謝されて然るべきだ」と毅然とした態度を示していた。彼らにはいまの日本人に見られるような劣等感などはなく、文字通り一歩も引かなかった。

だがその後、「会社が潰れたときの係長クラスの人物」が日本を運営するようになると、大いにブレて右往左往するようになる。それを象徴するのが、「サンフランシスコ平和条約」第十一条の解釈であろう。なんと、「日本は東京裁判を受諾した」と言い募るようになったのである。

そもそも、被告全員の無罪を主張したインドのラダビノッド・パル判事が書いた「パル判決書」を読めば、日本人が東京裁判を受諾する必要がないことは明らかである。パル判事は東京裁判で「平和に対する罪」や「人道に対する罪」といった、これまで国際法になかった新たな法理を適用するのは事後法であり、法の不遡及の原則に反していると、実に明晰な判断を下している。

だが敗戦国としては、戦勝国が下した判決には従わなければならなかった。すでに死刑にされた人間を生き返らせるわけにもいかない。

その意味で、東京裁判という「裁判」を受諾するのか「判決」を受諾するのかは、絶対に混同してはならないことなのである。

サンフランシスコ平和条約第十一条に書かれている「戦争裁判の受諾」という部分の英語原文は、“accepts the judgments”である。この“judgments”という言葉を外務省が「裁判」と訳したのは、悪訳もしくは誤訳だ。複数形になっているので、厳密にいえば「判決」でもなく、「諸判決」とすべきである。

絞首刑（東條英機ほか六名）、終身禁錮（賀屋興宣ほか十五名）、禁錮七年（重光葵）などが、この諸判決に当たる。独立を回復した頃の日本政府や国会は、この条文を正しく解釈していた。

安倍晋三首相は、その点を理解しているので、「裁判」でも「判決」でもなく英語で「ジャッジメンツ」といっている。それも一つの手であり、安倍首相になってから、だいぶ答弁がよくなった。

麻生太郎副総理は外務大臣時代に、「日本は東京裁判を受諾して国際社会に復帰した」といっているが、それは大きな間違いである。日本が国際社会に復帰したのはサンフランシスコ平和条約の調印後であり、東京裁判ではないのだ。おそらく外務省がそう答弁するようにレクチャーしていたのだろう。

「東京裁判を受諾する」といってしまったら、日本が東京裁判が正当だと認めたことになる。日本は、「東京裁判の内容には問題があるが、サンフランシスコ平和条約でその『ジャッジメンツ』を受け入れているのは事実だ」と表明すべきなのだ。

その根拠を確認するには、サンフランシスコ平和条約第十一条の原文を見て、「ジャッジメンツ」の解釈の出た文章にどんな動詞が使われているかを見ればいい。

「日本国は東京裁判（極東国際軍事裁判所）ならびに日本国内外の連合国による戦争犯罪法廷のジャッジメンツ（諸判決）をアクセプト（受諾）し（Japan accepts the judgments of the International Military Tribunal for the Far East and of other Allied War Crimes Courts both within and outside Japan）、それによって日本国に拘置されている日本人に科せられたセンテンスィズ（刑）をキャリーアウト（執行）するものとする（and will carry out the sentences imposed thereby upon Japanese nationals imprisoned in Japan）」

つまり、日本は東京裁判をアクセプトしたのではなく、諸判決を受諾し、それによって科された刑をキャリーアウト（実行）することを求められているだけなのだ。したがって、法定刑を忠実に執行し、刑期を終えた人を出所させた時点で、日本の義務は終わっている。その意味で、サンフランシスコ平和条約のような条約を「処分的条約（transitory conventions）」といい、同条約の第一条で「日本国と各連合国との間の戦争状態は（中略）この条約が日本国と当該連合国との間に効力を生ずる日に終了する」と定められている。

しかも、サンフランシスコ平和条約第十一条の後半には、

- （日本国内外の連合国による戦争犯罪法廷については）各事件について刑を科した一つまたは二つ以上の政府の決定ならびに日本国の勧告があるか
- （極東国際軍事裁判所で刑を宣告された者については）同裁判所に代表を出した過半数の政府の決定ならびに日本国の勧告があること

を条件に、拘禁されている者を赦免、減刑および仮出獄させる権限を行使できる

ことさえ明記されているのだ。

## 東京裁判史観が崩れるとき

ちなみに、「裁判」を受諾するのか「判決」を受諾するのかという問題は、ソクラテス裁判以来の話である。

ソクラテスはアテネの裁判で、青年たちを堕落させた罪を問われて死刑になり、収監された。脱獄を勧められたソクラテスは、裁判は受け入れ難いが、判決を受け入れなければ法治国家は成り立たないといい、刑死を選んだ。つまりあの時代に、ソクラテスは裁判と判決をはっきり区別していたのである。

現代でも戸塚ヨットスクールの戸塚宏氏は、生徒が死んだとき、暴行致死でその親に訴えられ有罪にされた。しかし入獄中の戸塚氏は模範的だったので何度も刑期短縮の提案をなされたが、戸塚氏はすべて断り満期を務めて出所した。それは刑期短縮のためには「暴行致死させた」ことを認めなければならない。戸塚氏は業務上過失致死なら認めるが、暴行致死という「裁判」は認めなかった。しかし「判決」には法治国家の人間として従ったのである。ソクラテスのように。

こうした区別を、日本政府がつけられないというのは、どういうことであろうか。外務官僚たちが、「日本は東京裁判を受諾した以上、謝罪し続けなければならない」とか「中国には何をいわれても仕方がない」という趣旨の発言をしているのを、私自身も直接聞いている。

こうした誤った解釈が、どれだけ日本の名誉を傷つけてきたことか。シナをあのように図に乗らせ、「世界第二の経済大国」になってからもなお、ＯＤＡ（政府開発援助）を提供し続けてきた根拠は、外務省のこうした誤った「東京裁判史観」にあるというほかはない。

だが私は、朝日新聞の一連の「誤報」のように、そのうち東京裁判史観も崩れるのではないかと思っている。

私はもう四十年も朝日新聞社と論争を続けてきたが、同社はまるで「岩壁」のようだった。こちらが明らかに勝ってもまったく動じない。それでも金槌で叩き続けていれば、そのうちに崩れるときが来るのではないかと思い、四十年間、その「岩壁」を叩き続けてきたのである。

すると最近、意外なところから「岩壁」の崩落が始まった。その発端になったのが、福島第一原発の吉田昌郎元所長が残した「吉田調書」に関する誤報事件であった。次いで朝日新聞は、慰安婦を強制連行したと主張する吉田清治氏の証言、いわゆる「吉田証言」は虚偽だったとして、関連記事十六本を取り消さざるをえなくなった。

外務省でも最近は「日本は東京裁判を受諾した」という見解を取らなくなりつつあるという声も聞く。ぜひ期待したい。

## 日本の情報を世界に発信する重大性

歴史問題についての日本の主張が世界に広まらず、中韓の荒唐無稽なプロパガンダを真に受けている人が多いのは、日本が世界に向けた情報活動を真剣に行なってこなかったからだ。そこで私は、日本政府は、かつてあれだけの軍艦を建造したぐらいの熱心さや予算をもって、専門の翻訳会社をつくるべきだと思う。

もちろん、政府が直接つくった会社だと問題があるかもしれないから、政府の意向を受けた一般の会社でもいいだろう。その会社では、マッカーサー証言の解説書や、主にシナ・韓国による不当な誹謗中傷を正す歴史資料を英訳し、世界各国の大学や各種機関に配布する。

なぜ、そんなことが必要かといえば、現在、英語の小説を日本語に訳して出版する会社はいくらでもあるが、日本語を英語に翻訳して出版する会社や組織はほとんどないのが実情だからである。だいいち、日本語を英語に訳してくれる会社も、なかなかない。そうなると個人に頼むしかないが、大学の先生などはなかなか忙しく、そううまく事は運ばない。

だから日本語を英語に翻訳することがキャリアになり、朝から晩まで訳しても食うに困らない仕組みや組織が必要である。やはり外務省が本当に、ODAの一〇％でも使うぐらいの気構えで翻訳および海外への情報発信の仕組みを整えるべきだ。

何よりも、私の知る限り外国人たちは、日本のことを本当に知りたがっている。

現在は多くの国が近代国家になったが、戦前は欧米の列強以外に近代国家になれそうな国は日本以外にどこもなかった。ある意味で、日本は西洋文化を吸収したあと、シナや韓国などの外国に、〝電圧〟を落としてそれを紹介する変圧器のような存在だった。

しかも日本は数多くの漫画やアニメ作品を世界に送り出しているばかりか、歴史も非常に古く、独自の文化・文明を発展させてきた。戦争で国土の多くが焼け野原になり、どうにもならない小さな島国だと思われたが、あっという間に復興し、一時は一人当たりGNPがアメリカを超えていた。それゆえ外国人は、日本は不思議な国だと思っていて、日本のことをもっと知りたがっているのだ。ところが残念なことに、日本について書かれた英語の本がほとんどない。少しは出ているが、その内容を見ると、左翼系のものが多いのが実情だ。

外国人に日本語の本を読めといっても、とても無理である。私よりもずっと長く大学にいた外国人の先生たちは、会話はうまかったが、日本語の本は読めないのである。

そこでたとえば、前章で紹介した、排日移民法の成立を悲しむ渋沢栄一の演説を英語でアメリカ人に読ませてみてはどうかと思うのである。日米貿易の発展にあれだけ尽くした人が非常に憤慨し、「七十年前にアメリカ排斥をした当時の考えを、思い続けていたほうがよかったかというような考えを起こさざるをえない」と、涙とともに語ったメッセージを読めば、当時の日本の心情を多少は理解してもらえるのではないだろうか。

こうしたことを国が直接やる必要はない。民間の翻訳会社をつくり、そこに奨学金でも何でもいいから、ワンクッション、ツークッションを置いて国が補助すればいいのである。本当は、お金の出所のわからない機密費でやるべきことかもしれない。

いずれにしても、民間企業による英訳書の出版と海外への情報発信のために、お金が自由に使える状況ができることが理想的だ。とくに日本に関する基本文献のようなものは、大学の研究者などは、どんな人でも参考にするものである。

## 欧米の言葉・文脈・文化の中で反駁せよ

それにしても、アメリカで堂々とアメリカ人と議論できる人が少ないのは事実だ。そして残念なことに、そういうチャンスを与えられる人も非常に少ない。

私はフルブライト交換教授として、アメリカの四つの州、六つの大学で教えたことがある。その一科目である比較文明論（Comparative Civilization）の中で、私は先の戦争について日本の弁明を行なった。「そうか」と聞いてくれる人もいたが、たとえばノースカロライナ州の大学には軍隊の将校を養成する予備役将校訓練課程（ROTC）があり、わりと保守的だった。その大学では、私が真珠湾攻撃について、「対日石油全面禁輸で日本は首を絞められて落ちそうになったときに、つまりチョークされそうなときにパンチを出したのだ」と話すと、席を立ち部屋を出ていく学生が何人もいた。

それでもさすがに、私の発言を止める学生はいなかった。そのうちに私の発言に理解を示してくれる人たちも出てきて、私は彼らとずっと親しく付き合った。また市民の集まりに呼ばれて戦争中の話をしたこともある。「戦争中には鉄がなくて、われわれもおもちゃをみんな供出したんです」というと、レディたちが驚いていた。彼女たちにはそういう発想はない。日本では戦争中に、子供たちもブリキのおもちゃを供出していたというようなことを知ると、アメリカ人たちはやはり考えるらしい。

それから古書学会の会合でドイツに行ったとき、各国の研究者たちと一緒にお茶を飲む機会があった。あるユダヤ人が、「原爆投下は、戦争を早く終了させ、犠牲者を少なくするためのものであった」と話したので、私が「ちょっと待ってくれ。戦争を早く終了させるために何をしてもいいというならば、毒ガスを使ってもいいのか」と反論したら、彼は一瞬茫然(ぼうぜん)として「そこまでは考えなかった」と答えた。

それ以来、私はあれこれ考え、英語で書いたある文章に"Tokyo was a holocausted city"（東京はホロコースト〈大量虐殺〉を受けた都市である）と記したら、フランスの雑誌が喜んで論文を翻訳して掲載してくれた。これは重要なことだと思うのだが、日本は原爆投下などについて英語で発言するときは必ず「ホロコースト」という言葉を使うべきであり、無差別爆撃は「ジェノサイダル・ボミング(genocidal bombing)」と訳すべきである。「ホロコースト」や「ジェノサイド」という言葉を出されると、他国が反発しにくくなるからだ。

ナチス・ドイツのアウシュヴィッツ収容所でさえ、一日に殺されていたのは千人ぐらいだったといわれるが、東京大空襲（昭和二十年〈一九四五〉三月十日）では一晩で十万人が殺されている。これがホロコーストでなくて何なのか。そう話せば、ユダヤ人にはすぐわかる。日本はまさに「ホロコースト」や「ジェノサイド」をやられたわけだから、表向きはそれを批判することはしないにせよ、言葉としてはきちんと使うべきである。外交官は「ホロコースト・シティ」や「ジェノサイダル・ボミング」という言葉を表立って使うのは難しいと思うが、プライベートのときなどに少しでも使ってもらいたい。

## 英訳『細雪』がシナ事変を伝えてくれる

私の専門は英語学だが、日本の政治学者や経済学者、歴史学者は何をやっているのか、という思いがある。私は自分の専門分野ではないことで、こうした発言をしているのだ。

そもそも日本の戦後における政治学は、敗戦利得者の政治学者たちによって築かれた。日本のことを本当に考えていた学者たちが、公職追放に遭ってしまったからだ。作家の山本夏彦氏によれば、その公職追放令の穴を埋めたのは、本来なら「曳かれ者」である人たちだった。だから、いまの政治学や経済学、歴史学といった、本来なら日本のために弁明を行なうべき学者たちは、その多くが敗戦利得者であり、けっして日本の弁護はしない。敗戦利得者たちは、日本の敗戦によって地位を得、収入を得ていたわけだから、戦前の日本の良さとか言い分を絶対に認めるはずがないのだ。

たとえば東大は秀才が非常に多いが、残念ながら、そこで日本を弁護するような発言をしている人は、政治、経済、歴史関連の学部ではなく、英文科や独文科といった文学畑出身の先生である。その理由は非常に簡単で、ドイツ文学や英文学などの先生たちは、ほぼ公職追放に遭っていないからだ。ただそれだけの理由である。

先にも述べた通り、かつてある講演で「どうぞ皆さん、若し私の申したることが御解りになつたならば、日本の理想を生かす為めに、一先づ此の国を葬つて下さい」と述べた東大の矢内原忠雄元総長のような人物が戦後大手を振って活躍し、戦後の言論空間が形成されてきた。だからこそいま、国が本気になって、日本の弁護をしたり、日本語を英語に翻訳する人材を育てなければ駄目なのである。

非常に残念ではあるが、こういうことはむしろ、シナや韓国のほうが金に糸目をつけずに大々的にやっている。

繰り返しになるが、いま外国人は日本の本を非常に読みたがっている。だから専門的なものだけでなく、もっと基本的な本を英訳するのもいいだろう。

たとえば私は、谷崎潤一郎の『細雪』が〝The Makioka Sisters〟というタイトルで各国語に翻訳されていることに感謝したい。

『細雪』は、「こいさん、頼むわ」という書き出しで始まる、シナ事変の頃が舞台の作品である。東京裁判史観によれば、シナ事変の頃といえば、日本は軍国主義に染まった真っ暗な時代であるはずだ。ところが、この作品の中には、当時の関西のお嬢さんたちの姿が連綿として描かれていて、彼女たちの一番の関心事は、「来年、醍醐に花見に行くのにどんな着物がいいのか」ということなのである。

作品中にシナ事変の話も少し出てくるが、噂話程度である。それが誇張ではなくて歴史の真実であったことは、『キング』のような当時の雑誌を見ても理解できる。

そういうことを英語で知ることができるのが重要で、こういう作品に書かれた当時の模様がまさに動かぬ証拠になるわけだ。だいいち、シナ事変の最中に、良家のお嬢さんたちが、来年の花見に着ていく着物や縁談について話しているのである。そのどこに軍国主義があるというのだろうか。

また、作品の最後に出てくる、結婚を控えた三女の雪子が姉の結婚のときに詠んだ「きょうもまた 衣えらびに日が暮れぬ 嫁ぎゆく身の そぞろ悲しき」という和歌を思い出しているところがよい。「嫁ぎゆく身の そぞろ悲しき」という感性が小説で表現されているのは、やはりたいしたものである。谷崎潤一郎には国の弁護などする気はなかったと思うが、日本文学を代表する一大作品だから、それをもっと世界に広めれば読む外国人も多いだろう。

このように、日本文学も英語で読んでもらえば、外国人に日本を理解してもらううえで大きな助けになると私は思う。たとえば『太閤記』や『宮本武蔵』『半七捕物帳』といった作品を、わかりやすく嚙み砕いて英訳したらどうか。もっと肩の凝らない娯楽物でもいいかもしれない。要は、世界にもっと日本を知らせるということが大事なのであって、宣伝だけであっては、むしろいけないのである。

## 歴史を取り戻そう

残念ながら、東京裁判史観は過去の問題ではなく、現在進行形で続いている現代の問題である。

たとえば平成十八年(二〇〇六)、小泉純一郎元首相が靖国神社を参拝したが、当時の経済同友会は首相に靖国参拝を自粛するよう求めた提言を行なっている。

その幹事会の中で、こういう発言があった。

〈靖国問題と絡め「東京裁判は妥当だったか」との話があったが、「戦勝国の裁判が間違っていたと学んだとしても、60年前には戻れない(後略)」〉

(平成十八年〈二〇〇六〉六月八日付、産経新聞)

だが、戻ることができる。

いや、戻らなければ、シナや韓国が日本に仕掛けている歴史戦争に負けてしまう。その大きなポイントになる一つが、先のマッカーサー証言である。

歴史とは非常に面白いもので、ある出来事が起きてから六、七十年ぐらい経つと新しい史料が数多く出てきて、思わぬ方向に展開していくものである。

たとえば米国では、日米開戦当時の米大統領であるルーズベルトに対する批判もかなりある。ジョージ・ナッシュというアメリカの歴史家が、これまで非公開にされていたフーバー元米大統領のメモなどをまとめた『FREEDOM BETRAYED（裏切られた自由）』という本を発刊した。

フーバーはルーズベルトの前の大統領で、同書によれば、彼はルーズベルトを「対ドイツ参戦の口実として、日本を対米戦争に追い込む陰謀を図った『狂気の男』」と批判したという（平成十九年〈二〇一一〉十二月八日付、産経新聞朝刊）。同記事は、「マッカーサーも、『ルーズベルトは四一年夏に日本側が模索した近衛文麿首相との日米首脳会談を行い、戦争回避の努力をすべきだった』と批判していた」と指摘している。

アメリカで最も尊敬されている歴史家と呼ばれたチャールズ・A・ビーアドの著書（邦題『ルーズベルトの責任——日米戦争はなぜ始まったか』〈藤原書店〉）も、昭和二十三年（一九四八）に出版されてまもなく禁書になっていた。

ところが、戦後も半世紀以上が経つと、こういう本が出版されるようになってくる。同様にマッカーサー証言も、再びそれを世に出せば、少なからぬ人たちが反応してくれるような土台ができつつあるといってもいいだろう。

歴史は取り戻すことができるし、七十年前に戻ることもできる。戻らなければ、日本の精神的な再建はあろうはずがない。戻らなければならないのである。

さらにいえば、日本人が七十年前の精神に戻るのは、歴史を嘘で塗り固めることではなく、歴史の本当の姿を見るということなのだ。

そういうことができれば先の戦争も、「日本も悪い部分はあるが、日本の側からいえば、六分・四分、あるいは七分・三分で、あなたのほうも悪かったのではないか」といえるような立場になる。少なくとも喧嘩両成敗のレベルにまで戻さなければ、日本の歴史の名誉回復は実現しない。

それこそが日本の歴史を愛する者の矜持（きょうじ）であり、日本人の崇高な使命だと、私は思う。

著者紹介
**渡部昇一**（わたなべ　しょういち）
昭和5年、山形県生まれ。上智大学大学院修士課程修了。ドイツ、イギリスに留学後、母校で教鞭をとるかたわら、アメリカ4州の大学で講義。上智大学教授を経て、上智大学名誉教授。Dr.Phil.（1958）、Dr.Phil.h.c.（1994）。専門の英語学だけでなく、歴史、哲学、人生論など、執筆ジャンルは幅広い。昭和51年、第24回日本エッセイストクラブ賞。昭和60年、第1回正論大賞受賞。平成27年、瑞宝中綬章受章。平成29年、逝去。
著書に、『英文法史』『英語の歴史』『知的生活の方法』『文科の時代』『日本史から見た日本人』『皇室はなぜ尊いのか』など多数。

本文写真：国立国会図書館、國學院大學研究開発推進センター、
KGPhoto、毎日新聞社／時事通信フォト、GRANGER／
時事通信フォト／明治神宮

この作品は、2015年7月に弊社より刊行された『本当のことがわかる昭和史』を改題したものです。

本文中、現在は不適切と思われる表現がありますが、差別的な意図を持って書かれたものではないため、作品発表時の表現をそのまま用いたことをお断りいたします。

PHP文庫　昭和史の真実

2021年6月14日　第1版第1刷

著　者　渡部昇一
発行者　後藤淳一
発行所　株式会社ＰＨＰ研究所
東京本部 〒135-8137 江東区豊洲5-6-52
PHP文庫出版部 ☎03-3520-9617(編集)
普及部 ☎03-3520-9630(販売)
京都本部 〒601-8411 京都市南区西九条北ノ内町11
PHP INTERFACE https://www.php.co.jp/
組　版　有限会社エヴリ・シンク
印刷所
製本所　図書印刷株式会社

 ISBN978-4-569-90138-1



JASRAC 出 2103864-101

PHP文庫

# 渡部昇一の中世史入門

頼山陽「日本楽府（がふ）」を読む

渡部昇一　著

激動の中世とは、いかなる時代だったのか。武士の台頭から戦国時代の幕開けまでを躍動的に描くシリーズ第二弾。

PHP文庫

# 皇室はなぜ尊いのか

## 日本人が守るべき「美しい虹」

渡部昇一 著

神話に起源をもつ皇室は、世界がうらやむ日本の宝。二千年以上にわたり続く日本人と皇室の紐帯を、「美しい虹」として描き出した力作！